U0566575

海西求是文库

海西求是文库

台湾长期照顾服务体系的转型发展

沈君彬 / 著

STUDY on LONG-TERM CARE SERVICE SYSTEM TRANSFORMATION DEVELOPMENT in TAIWAN

社会科学文献出版社
SOCIAL SCIENCES ACADEMIC PRESS (CHINA)

总　序

党校和行政学院是一个可以接地气、望星空的舞台。在这个舞台上的学人，坚守和弘扬理论联系实际的求是学风。他们既要敏锐地感知脚下这块土地发出的回响和社会跳动的脉搏，又要懂得用理论的望远镜高瞻远瞩、运筹帷幄。他们潜心钻研理论，但书斋里装的是丰富鲜活的社会现实；他们着眼于实际，但言说中彰显的是理论逻辑的魅力；他们既“力求让思想成为现实”，又“力求让现实趋向思想”。

求是，既是学风、文风，也包含着责任和使命。他们追求理论与现实的联系，不是用理论为现实作注，而是为了丰富观察现实的角度、加深理解现实的深度、提升把握现实的高度，最终让解释世界的理论转变为推动现实进步的物质力量，以理论的方式参与历史的创造。

中共福建省委党校、福建行政学院地处台湾海峡西岸。这里的学人的学术追求和理论探索除了延续着秉承多年的求是学风，还寄托着一份更深的海峡情怀。多年来，他们殚精竭虑所取得的学术业绩，既体现了马克思主义及其中国化成果实事求是、与时俱进的理论品格，又体现了海峡西岸这一地域特色和独特视角。为了鼓励中共福建省委党校、福建行政学院的广大学人继续传承和弘扬求是学风，扶持精品力作，经校委研究，决定编辑出版《海西求是文库》，以泽被科研先进，沾溉学术翘楚。

秉持“求是”精神，本文库坚持以学术为衡准，以创新为灵魂，要求入选著作能够发现新问题、运用新方法、使用新资料、提出新观点、进行新描述、形成新对策、构建新理论，并体现党校、行政学院学人坚持和发展中国特色社会主义的学术使命。

中国特色社会主义既无现成的书本作指导，也无现成的模式可遵循。

思想与实际结合，实践与理论互动，是继续开创中国特色社会主义新局面的必然选择。党校和行政学院是实践经验与理论规律的交换站、转换器。希望本文库的设立，能展示出中共福建省委党校和福建行政学院广大学人弘扬求是精神所取得的理论创新成果、决策咨询成果、课堂教学成果，以期成为党委政府的智库，又成为学术文化的武库。

马克思说："理论在一个国家实现的程度，总是取决于理论满足这个国家的需要的程度。"中共福建省委党校和福建行政学院的广大学人应树立"为天地立心、为生民立命、为往圣继绝学，为万世开太平"的人生境界和崇高使命，以学术为志业，以创新为己任，直面当代中国社会发展进步中所遇到的前所未有的现实问题、理论难题，直面福建实现科学发展跨越发展的种种现实课题，让现实因理论的指引而变得更美丽，让理论因观照现实而变得更美好，让生命因学术的魅力而变得更精彩。

中共福建省委党校 福建行政学院

《海西求是文库》编委会

目录
Contents

图表目录
Contents

第一章
导　论

第一节　研究背景

随着台湾地区医疗设施的健全，公共卫生及环境质量的改善，该地区人口平均寿命不断延长，老年人口亦随之快速增长。1993 年台湾地区 65 岁以上老年人口在总人口中的比例突破 7%的大关，台湾社会正式迈入高龄化社会阶段。而根据台湾地区《2014 年至 2061 年人口推计》[①]，台湾地区 65 岁以上老年人口比例预计将于 2018 年达到 14.6%，进入高龄社会；2025 年台湾地区 65 岁以上老年人口比例将进一步攀升至 20.1%，进入超高龄社会。此外，值得关注的是，台湾地区从高龄化社会迈入高龄社会的时间区隔为 25 年，然而由高龄社会进入超高龄社会预计用时将仅为 7 年左右，人口老龄化速度可谓异常惊人。作为关联性话题，人口老龄化与长期照顾[②]往往同时进入相关领域学者的研究视域。

① 在台湾地区开展的这一人口推计中，因高龄人口数不受台湾地区出生假设的影响，因此，高、中及低推估高龄化时程是一致的。

② 在台湾地区社会保障、社会福利学界，与“长期照顾”极为类似并长期混用的一个概念是“长期照护”，这两个概念的具体区分可以参见本书第二章。多数台湾学者认为两者实质没多大区别，但鉴于台湾地区“长期照顾双法”在台湾地区长期照顾服务体系转型发展中具有举足轻重的地位，而此“双法”的正式名称由原本的“长期照护保险法”与“长期照护服务法”修订为最终的“长期照顾保险法”与“长期照顾服务法”。就台湾地区而言，这无疑是一个风向标，表明长期照顾业务愈加偏向社会政策与福利服务 （转下页注）

然而，应当指出的是，“人口老化不代表长期照顾需求一定增加或照顾会造成社会问题，其主要受到社会结构变迁，再搭配‘国家’卫生医疗制度、生活水准及其他社会人文等因素的影响。”[①]换言之，人口老龄化是国际性问题，但对于长期照顾服务的需求是否会成为沉重的社会负担，则各个国家和地区因其实际因应状况不同而具有显著差异性。

就台湾地区的实践而言，1980 年该地区密集颁行“老人福利法”“残障福利法”与“社会救助法”等“社会福利三法”，从此拉开了台湾地区长期照顾服务体系“法制化”发展的序幕。回溯自 1980 年至 2014 年前后共 35 年的发展历程，期间台湾地区长期照顾服务相关政策的演进历程经过了“萌芽期”“残补式附加型发展期”“整合式在地型发展期”的转型发展，目前正积极向“普惠式法制化发展期”转型。[②] 就这一时期台湾地区长期照顾服务体系发展的社会环境而言，如图 1-1 所示，比较不容乐观的是台湾地区的社会变迁对于长期照顾服务的供给与需求均造成了多元且显著的影响。具体来说，如下五个方面的社会变迁因素对台湾地区长期照顾服务体系的运营造成了较为沉重的压力：[③] 首先，台湾地区人口的平均寿命在不断增长；其次，台湾地区持续低生育率造成长期照顾服务人力减少；再次，台湾地区女性就业率提高，媳妇制变成配偶制；复次，台湾地区长期照顾服务需求人口快速持续增长；最后，台湾地区部分老年人居住

（接上页注②）领域。相应的，“长期照顾”的概念将逐渐取代“长期照护”。也正基于这一趋势考量，本书在涉及“长期照顾”相关概念时，一律称为“长期照顾”而非“长期照护”。应当指出的是在本书撰写过程中，将不可避免地提及、引用、参考一些以“长期照护”或者“长期看护”命名的台湾地区机构、计划、“法案”、文件、研究计划、论文、书籍及其他参考文献等，为尊重既成事实，文中一律以其原名称呼为准，而不再将其修改为“长期照顾”一词。

① 李孟芬、石泱、曾蔷儿等：《长期照顾概论——社会政策与福利服务取向》，台北洪叶文化事业有限公司，2013。

② 台湾地区长期照顾服务相关政策的发展历程可参见本书第三章“台湾地区长期照顾服务相关政策的发展历程与服务内涵”中的相关论述。

③ 造成台湾地区长期照顾供需失衡的五方面社会变迁因素可参见李孟芬、石泱、曾蔷儿等《长期照顾概论——社会政策与福利服务取向》，台北洪叶文化事业有限公司，2013。原文中，李孟芬认为台湾地区“老年居住安排及意愿，朝向独立自主”。然而，依据台湾地区《2013 年度老人状况调查报告》数据，就“理想的居住方式”，调查对象中 55~64 岁者希望自己在 65 岁之后能“与子女同住”的比例最高，占 66.2%。依据这一调查数据结合笔者在台北市的深入访谈，笔者认为将之修改为“台湾地区部分老年人居住安排及意愿倾向独立自主”应当是更符合台湾地区实际且更为严谨的表述。

安排及意愿倾向独立自主①。

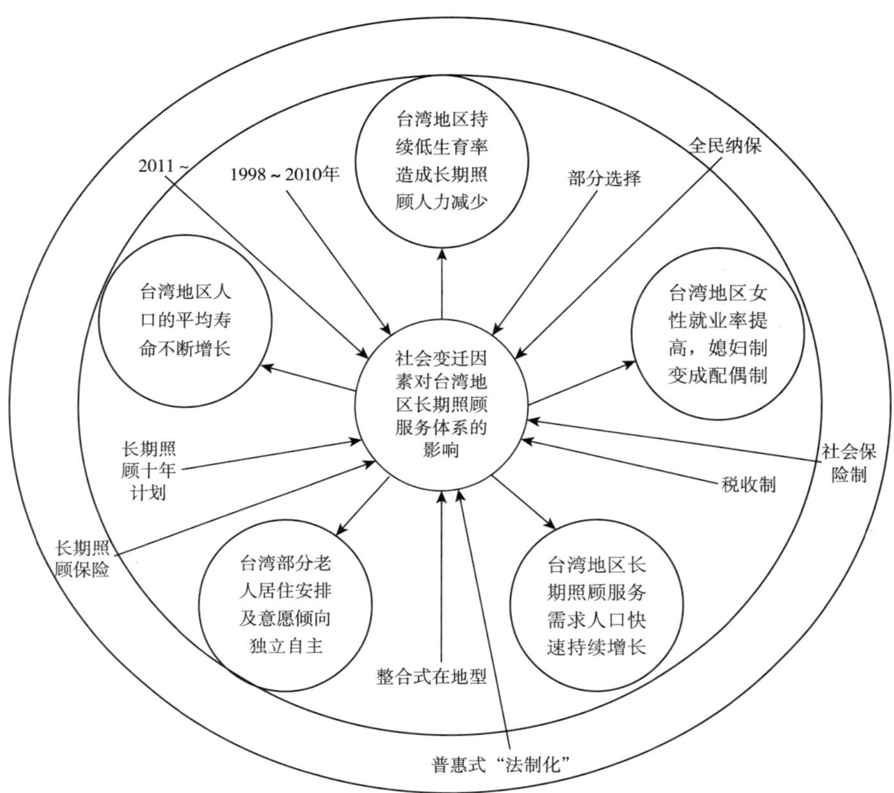

图 1-1 社会变迁对台湾地区长期照顾服务体系的影响及政策响应

资料来源：笔者自绘。其中，影响台湾地区长期照顾服务体系的五方面社会变迁因素参见于李孟芬、石泱、曾蔷儿等《长期照顾概论——社会政策与福利服务取向》，台北洪叶文化事业有限公司，2013，第5~6页。

此外，在台湾地区人口快速老龄化的背景下，以“长期照顾十年计划”为核心推进计划的台湾地区长期照顾服务体系的转型发展面临着许多现实困难。首先，与长期照顾相关的“法令”如“老人福利法”“退除役官兵辅导条例”“精神卫生法”“身心障碍者权益保障法”“护理师

① 以台北市为例，根据台北市社会局定期统计报告（2011）显示，台北市有独居老人4000多人。该数据可参见台北市社会局《台北市社会局定期统计报告（2011）》，http：//www. dosw. tcg. gov. tw/attachment_file/e0600/1001，独居老人数及服务概况，xls，2014-08-01。

法”可谓林立杂乱，且各“法令”条款中关于某项具有交叉性的长期照顾业务的规定常常存在冲突。与此相对应的是，2013 年 7 月之前与各类长期照顾业务管理相关的“部会”主要包括原“卫生署”“内政部”“退辅会”，而台湾地区“劳工委员会”“农业发展委员会”“台湾少数民族委员会”“经济部”“教育部”“交通部”等其他“部会”亦主管一些零星服务。2013 年 7 月台湾地区“卫生福利部”正式成立，标志着“卫政体系”与“社会福利体系”的长期照顾机构与业务在形式上开始走向整合，然而台湾地区“退辅会体系”仍保持相对独立，而其他“部会”在其“掌理”范围内依然单独编列预算发展各自领域内长期照顾服务的现状仍然没有改变。多龙治水的管理体制造成了台湾地区长期照顾制度框架与服务模式高度“碎片化”的困局。其次，由于现行“长期照顾十年计划”以税收为财源基础，因此其在财务稳定性上的固有缺陷已经严重影响了台湾地区长期照顾服务体系的可持续发展；与此同时，该地区长期照顾服务人力资源不足的瓶颈亦十分突出。最后，由于长期照顾服务网有待完善，当前台湾地区长期照顾服务处于供需失衡的状态之中，突出表现在机构式照顾服务相对过剩而社区式、居家式服务却不够普及；同时台湾地区长期照顾服务资源配置区域与城乡双重不均衡的现象比较突出，加之该地区由于历史原因造成了对外籍看护工的严重依赖，对本土长期照顾人力资源与服务的发展造成了比较负面的影响。

综上所述，通过调整现行长期照顾制度带动台湾地区长期照顾服务体系的转型发展，以因应人口老龄化带来的沉重长期照顾服务需求压力，已成为台湾当局社会福利政策的重要目标。[①] 基于这一现实考量，台湾行政主管部门及其下属的“卫生福利部”正积极推动“长期照顾服务法”与“长期照顾保险法”此“长期照顾双法”的“立法”进程，试图推动台湾地区长期照顾制度从“长期照顾十年计划”向“长期照顾保险制度”方向转型、重构，并力图以这一制度调整为突破口积极促进该地区长期照顾服

① 台湾行政主管部门：《台湾地区社会福利政策纲领——迈向公平、包容与正义的新社会》，http：//www.ey.gov.tw/Upload/RelFile/26/86027/%E4%B8%AD%E8%8F%AF%E6%B0%91%E5%9C%8B%E5%BB%BA%E5%9C%8B%E4%B8%80%E7%99%BE%EF%A6%8E%E7%A4%BE%E6%9C%83%EF%A8%9B%EF%A7%9D%E6%94%BF%E7%AD%96%E7%B6%B1%EF%A6%B4.pdf，2012-02-07。

务体系的转型发展。然而，在台湾地区政局“蓝绿变幻”的背景下“税收制”与“社会保险制”的争论不休，台湾地区社会各界在深度关切“长期照顾双法”的“立法进程”的同时亦尚未在其“立法”细节上达成共识。换言之，台湾地区长期照顾制度与服务体系究竟应何去何从，尚无定论。但唯一可以肯定是，对台湾地区的长期照顾服务体系而言，当前主要聚焦于如何改革，以及向什么方向转型发展，抑或如何更加顺利地促进其转型发展的问题，而非是否要改革的问题。基于这一基本判断，本书的研究目标就在于系统回溯台湾地区长期照顾服务相关政策的历史脉络、把握该地区长期照顾服务体系的发展现状、澄清该服务体系发展的各类焦点问题，同时在汲取实行以社会保险制推动长期照顾服务体系转型发展的OECD四国经验的基础上，立足于台湾地区酝酿推动长期照顾制度与服务体系进一步转型发展的关键历史节点上，分析、研判其可能的走向，从而为大陆地区长期照顾服务体系的规划与完善提供经验借鉴。

第二节 文献综述

一 国外文献综述

“在不久之前，在大多数国家，老年人的照顾责任仍被天经地义地被认为是家庭的责任，因此各国的社会政策制定者们并未聚焦于老年人长期照顾问题。然而，随着人口老化的加速，家庭结构的变迁，妇女劳动参与率的提升，以及人们对于非正式照顾态度及其价值认知的变化，所有的这一切都日渐对福利体系的充足性构成了严峻挑战。同时，究竟应该由谁来承担失能老人照顾责任的争论亦日趋激烈起来。特别是，照顾者不断减少而需要照顾者却不断增加的矛盾使得照护问题在许多国家从私人领域日渐进入了公众领域，成为社会关注的焦点问题。”[①] 正是在此背景下，娜塔

① Morel, N., 2006, “Proving coverage against new social risks in Bismarckian welfare states: the case of long term care”, in K. Armingeon and G. Bonoli (eds.), 2006, *The Politics of Post-Industrial WelfareStates: adapting post-war social policies to new social risks*, NY: Routledge. pp. 227-247.

莉·摩雷尔（Nathalie Morel）指出老年人的长期照顾问题已经被定义成为一种新的社会风险（new social risk）。也正因为如此，1991 年 12 月 16 日通过的《联合国老年人原则》因应人口老龄化的全球趋势将“照顾”列为六大原则之一①。在世界卫生组织（World Health Organization, WHO）所列举的关于老龄化和生命历程十个事实中，“长期护理日趋重要”居第六位。世界卫生组织认为，到 2050 年全球发展中国家的老年失能人口将增加 4 倍左右，无论基于身体机能问题还是心理残障，如此庞大的老年失能人群无疑将极大地考验各个发展中国家长期护理体系的承受能力②，具体而言，人口老龄化背景下发展中各国的家庭式照顾、机构式照顾抑或社区式照顾都将承受极大的考验与压力。

就总体而言，国外学者（文献）对于台湾地区长期照顾服务体系的相关研究极为有限，主要集中在分析台湾地区长期照顾保险制度设计以及台湾地区长期照顾服务体系的构建完善的相关情况的介绍方面。其中，就规划中的台湾地区长期照顾保险制度 Pamela Nadash 与 Yao-Chi Shih（2013）指出，台湾地区长期照顾保险制度将预计在 3~5 年内正式启动，在理顺该制度的结构性设计方面的问题，有如资金来源、管理机制以及如何完善建构长期照顾基础设施与长期照顾人力资源配备之后，该制度将预计为所有台湾民众提供基本的长期照顾服务保障。③ Shu-Yuan Chao 与 Patricia Roth（2005）基于 22 位年龄为 61 岁至 86 岁分别居住在四个长期照顾服务机构的老年人的半结构化访谈，揭示了台湾地区长期照顾机构照顾服务质量的六个面向。④ 基于对台湾地区长期照顾机构内长期照顾对象抑郁症状的关注，Li-Chan Lin 与 Michael J. Portwood 等学者（2004）针对台湾地区 18 个长期照顾机构内的照顾对象开展研究，结果表明所有接受调查的照顾对象

---

① 联合国：《联合国老年人原则》，http://www.un.org/chinese/esa/ageing/principle.htm，2014-07-25。

② 世界卫生组织：《关于老龄化和生命历程的 10 个事实》，http://www.who.int/features/factfiles/ageing/zh/，2012-04。

③ Nadash & Shih，2013，“Introducing Social Insurance for Long-term Care in Taiwan: Key Issues”，*International Journal of Social Welfare*，2013（22），pp. 69-79.

④ S.-Y. Chao，P. Roth，2005，“Dimensions of Quality in Long-term Care Facilities in Taiwan”，*Journal of Advanced Nursing*，52（6），pp. 609-619.

之中有 267 人（约占 52.05%的比例）患有抑郁症。[①]

二 国内文献综述

（一）台湾地区文献综述[②]

1. 有关台湾地区长期照顾服务相关政策发展历程的相关研究

根据各自的研究视角对台湾地区长期照顾服务相关政策的历史演进及其内涵发展进行界定与诠释，是许多台湾地区学者系统探讨台湾地区长期照顾服务体系转型发展问题的研究起点。就台湾地区长期照顾服务相关政策的发展与内涵演进，台湾地区家庭照顾者关怀总会理事长陈正芬（2011）指出，其经历了“照顾服务对象的扩大——从选择主义（selectivism）到普遍主义（niversalism）；长期照顾资源形式的多元化——从机构式服务到居家优先；照顾服务输送体系的建制——从地方分权走向中央统筹；财源筹措方式的制度化——从政府补助走向独立财源”[③] 等四个维度的变迁。而台湾地区年轻学者张育伟则认为，台湾地区长期照顾服务体系的发展演进包括“混沌期、萌芽期、开发期、制度建立与资源发展期、系统整合期、照护服务产业化期、协同合作与信息整合期、全方位服务体系之未来展望期”[④] 八个历史阶段。台湾学者王卓圣与郑赞源（2012）则基于历史制度论的“路径依赖”（path dependence）及“关键点”（critical juncture）概念为论述基础，将台湾地区长期照顾制度自 1980 年至 2012 年的发展历程划分为“长期照顾制度发展的起始点、长期照护先导计划的试办点、照顾服务产业的曙光点、长期照顾十年计划的巨擘点、长期照顾制度之建制点”[⑤] 五个历史节点。而台湾地区老人福利推动联盟秘书

---

① L. C. Lin et al.，2004，“Depressive Symptoms in Long-term Care Residents in Taiwan”，*Journal of Advanced Nursing*，51（1），pp. 30–37.

② http://long-term. hlshb. gov. tw/files/50-1053-39-1. php.

③ 陈正芬：《台湾长期照顾政策之规划与发展》，《社区发展季刊》2011 年第 1 期，第 197~208 页。

④ 张育伟：《台湾长期照护政策发展演进之重要历程》，https://market. cloud. edu. tw/api/download/151615/38044567/zip，2014-08-03。

⑤ 王卓圣、郑赞源：《台湾长期照顾制度之发展脉络及借鉴——历史制度论》，《社会科学学报》2012 年第 19 期，第 90~125 页。

长吴玉琴（2011）则从一个长期照顾服务相关政策制定参与者及长期照顾服务体系转型发展倡导者的角色，将台湾老人长期照顾服务体系的发展历程分为“‘贫困救济、收容安置期’、老人照顾是家庭完全的责任期、老人福利机构全面合法立案期、老人长期照顾多元实验方案蓬勃发展期、长期照顾整合期、长期照顾保险规划期”[①] 六个阶段。

2. 有关台湾地区长期照顾服务体系发展现状及其所面临问题的相关研究

台湾地区学者有关台湾地区长期照顾服务体系发展现状及其所面临问题的相关研究比较散乱，基于社会福利政策的分析框架（四维三分法），笔者认为除了台湾地区长期照顾“行政体系”划分，以及“法规”完善主题的相关研究外，可将这一研究主题的相关成果置于“分配基础、分配内容、服务输送以及资金筹付”四个维度上。就台湾地区长期照顾“行政体系”及现行“法规”主题的研究，许多台湾学者均指出，因台湾地区当前长期照顾“行政体系”与“法规”林立而造成长期照顾制度设置与长期照顾服务提供高度碎片化的问题。李孟芬（2013）指出，当前台湾地区的“主要照顾服务体系，包括卫生医疗体系、社会福利体系、‘退除役官兵辅导委员会’体系、其他‘政府’相关部门。”[②] 刘淑娟等学者（2013）指出，“现行长期照护制度之行政体系及法规均相当分歧。”[③] 林万亿（2012）亦指出，“社政、卫政、退辅整合不足……但是，要整合也需要花时间沟通，因为两边的服务系统、观念、给付条件差异颇大”[④]。可见，台湾地区长期照顾“行政体系”以及现行“法规”亟待整合已成台湾地区学界共识。然而，大道至简，知易行难。

就分配基础的维度，台湾地区学者的既有研究主要聚焦于家庭照顾者、49 岁之下的身心障碍者以及失智症患者[⑤]等几个长期照顾服务不足的

---

① 吴玉琴：《台湾老人长期照顾政策之回顾与展望：老盟观点》，《社区发展季刊》2011 年第 4 期，第 251~263 页。

② 李孟芬、石泱、曾蔷儿等：《长期照顾概论——社会政策与福利服务取向》，台北洪叶文化事业有限公司，2013。

③ 刘淑娟、叶玲玲、蔡淑凤等：《长期照护（2 版）》，台北华杏出版股份有限公司，2013。

④ 林万亿：《台湾的社会福利：历史与制度的分析》，台北五南图书出版股份有限公司，2012。

⑤ 一般来说，身心障碍者包含失智症患者群体，但这里因为强调 49 岁以下身心障碍者未被纳入长期照顾十年计划之中的问题，而且失智症患者群体的长期照顾服务需求又具有一定的特殊性，因此将其视为两个群体。

弱势群体之上。在台湾地区家庭照顾者关怀总会等相关社会组织的呼吁之下，家庭照顾者负荷过重的问题已引起台湾地区学者的极大关注。就这一长期照顾服务体系中“欠缺的一角”[①] 的照顾压力的来源及其弱势地位的形成，台湾学者认为其原因是多方面的，有如“社经地位往往是影响照顾者人选排序的关键因素，没有固定工作或薪资最低者往往被视为照顾的第一顺位”。[②] 又有如，“目前长期照顾管理中心评估指标中虽纳入照顾者负荷评估量表，但其对应的照顾支持服务仅有喘息服务，无法响应照顾者因应照顾生涯产生的多元需求，对象亦以全职照顾者为主”。[③] 徐慧娟系统回溯了台湾地区长期照顾相关政策的发展进程中各具体长期照顾计划对于家庭照顾者负荷“服务给付”的因应变化，指出近年来民间团体对于家庭照顾者的关注日益增加，因此也有许多资讯和训练是针对家庭照顾者提供的。[④] 此外，就家庭照顾者的负荷问题，2009 年以后的一个争论热点在于，如何通过“长期照顾保险法”与“长期照顾服务法”此“长期照顾双法”的“立法”积极回应、解决这一原本视为“照顾者”群体自身的“被照顾”需求？台湾地区 49 岁以下身心障碍者约为 10 万人的长期照顾服务需求未被纳入长期照顾十年计划，以及失智症综合照顾服务发展的相对滞后的问题已经引起台湾地区社会各界的关注。就此，林惠芳指出台湾地区 49 岁以下身心障碍者未被列入长期照顾十年计划是政策制订博弈的结果；[⑤] 而陈丽华等学者则指出，“就失智症的照顾服务模式，应考虑失智个案与家庭照顾者的需求与资源，来介入不同的照顾服务模式”。[⑥] 卢美秀等学者则特别关注了失智症家庭照顾者的社会支持问题，她指出，“失智症者的照顾非常艰辛，尤其对于家庭照顾者更应提供相关资源，让他们了解可以

---

① 陈正芬：《台湾长期照顾体系欠缺的一角：照顾者支持服务》，《社区发展季刊》2013 年第 1 期，第 203 页。

② 陈正芬：《“我想念我自己”——照顾者的刻板印象》，http：//www. familycare. org. tw/index. php/newscenter-news/1250-2015-03-02-05-41-23，2015-02-26。

③ 陈正芬：《台湾长期照顾体系欠缺的一角：照顾者支持服务》，《社区发展季刊》2013 年第 1 期，第 203~213 页。

④ 徐慧娟、叶玲玲、朱侨丽等：《长期照护政策与管理》，台北洪叶文化事业有限公司，2013。

⑤ 林惠芳：《长期照顾推动的关键焦点——充实照顾服务网络减轻全民照顾负荷》，《社区发展季刊》2009 年第 3 期，第 205 页。

⑥ 陈玉华：《失智症综合照顾》，《社区发展季刊》2013 年第 1 期，第 343~353 页。

从哪里获得支持与协助，以运用社会资源，给自己喘息的空间。”[①]

基于分配内容的维度，长期照顾各类服务模式之中机构式照顾服务相对过剩、而社区式照顾与居家式照顾服务相对不足的问题引起了台湾地区学者的高度重视。就此，台湾地区长期照顾十年计划的主要规划者林万亿认为，社区式、居家式服务方案仍不够普及，而机构式照顾服务品质参差不齐。[②] 就台湾地区社区长期照顾服务体系的完善建构，台湾地区学者黄源协提出了七点建议，包括“（1）发展多层级的照顾模式；（2）奠基于公民权利的理念；（3）建立明确的政策为指南；（4）设计一套照顾服务标准和评鉴制度；（5）有效统整社区资源并建构资源网络；（6）引进照顾管理机制；（7）强化照顾人力资源管理体系”[③]；等等。

在服务输送的维度上，台湾学者有关台湾地区长期照顾服务体系转型发展所面临问题的研究主要集中在长期照顾服务人力资源不足、外劳依赖问题等方面。其中，该地区长期照顾服务人力资源不足的现状引起了台湾地区社会各界的共同关注，“长期照顾服务虽随着长期照顾十年的政策蓬勃发展，但长期照顾服务目前面临照顾服务人力不足的困境，如何充实照顾服务第一线的人力，以因应未来长期照顾服务的需求，是台湾照顾政策正面对的重要课题”。[④] 在分析台湾地区长期照顾服务的人力需求与培训现况，并分析 OECD 国家对基础长期照顾人力训练与留任措施以及台湾照顾服务员人力培训与留任措施的基础上，吴玉琴阐述了台湾照顾服务员群体面临的挑战与困境，并对照顾服务员培训与留任提出了具体政策建议。[⑤] 作为历史遗留问题，外劳依赖始终是台湾学者关注的热点，但随着长期照顾十年计划的实施这一问题非但没有解决，反而愈发突出。究其原因及其后果，林万亿认为，台湾地区对外籍看护工的依赖甚深，挤压本土籍照顾

---

① 卢美秀、陈静敏、张淑卿等：《长期照护：护理综论》，台北华杏出版股份有限公司，2013。

② 林万亿：《台湾的社会福利：历史与制度的分析》，台北五南图书出版股份有限公司，2012。

③ 黄源协：《社区长期照顾体系的建构》，《国家政策季刊》2005 年第 4 期，第 41~68 页。

④ 吴玉琴：《照顾服务人力的培育与留任》，《社区发展季刊》2013 年第 1 期，第 113 页。

⑤ 吴玉琴：《照顾服务人力的培育与留任》，《社区发展季刊》2013 年第 1 期，第 113~130 页。

人力的培育空间。[①] 而吴晋玮则从外籍看护类移工逃跑现象出发，分析了同样都是赴台工作谋生的外籍劳工，为何不同行业及工作项目会产生差异性极大的逃跑人数？借此揭示台湾地区外籍照顾服务员相关政策的得与失。[②] 台湾监察主管部门周阳山、赵荣耀、吴丰山、洪昭男等人则研究了台湾地区外佣引进的政策及缺失，通过与日本、韩国、新加坡、中国香港等地引进外佣的政策规范与制度比较，就台湾地区引进外佣政策与发展长期照顾制度的关系，以及聘用外佣的管理方式，外佣人权保障等重大问题开展研究。[③] 虽然台湾地区学界对于外籍劳工问题愈发重视，但囿于该地区民众对于外籍看护工长期照顾服务的刚性需求，外籍看护工引进、使用与管理等相关政策的走向仍不明朗，不少台湾学者认为只有通过“长期照顾保险法”与“长期照顾服务法”的制定完善，并大力发展本土长期照顾服务资源与人力，充分满足台湾地区民众的长期照顾服务需求，才是解决这一问题的根本。

就台湾地区长期照顾服务体系的资金筹付问题，早在 1997 年，徐慧娟即对台湾地区长期照顾服务的财源措施规划提出了两点建议：（1）服务体系采用单一进入体系，整合多项财源统筹运用；（2）“长期照护”财源应寻求公共财源与私有财源的平衡点。[④] 随着“长期照顾十年计划”的推行及运营进程中财务稳定性问题的出现，在资金筹付的维度上，台湾地区学者的相关研究转而集中到以“长期照顾十年计划”为核心引领计划的台湾地区长期照顾服务体系财源不足的表征、测度、制度设计根源及其对策的探讨之上。有如，在其博士论文《台湾长期照护财源筹措论文集》中，周台龙分析了台湾地区多层次“长期照护”财务保障架构的概念与内涵，提出了应积极规划“长期照护”社会保险，鼓励商业保险公司开发合适的保单，并探讨不动产反抵押的市场需求潜力和供给面的障碍，研拟相关“法律”规范，鼓励银行提供“长期照护”所需贷款，进而创造不动产反抵押

① 林万亿：《台湾的社会福利：历史与制度的分析》，台北五南图书出版股份有限公司，2012。

② 吴晋玮：《他们为什么逃跑？从外籍劳工逃跑现象检视台湾看护类移工政策》，台湾大学硕士学位论文，2012。

③ 周阳山、赵荣耀、吴丰山等：《台湾外佣引进及外佣人权问题之探讨》，2013。

④ 徐慧娟：《长期照护财源筹措》，《护理杂志》1997 年第 6 期，第 20~24 页。

的市场等具体建议。[①]

3. 有关台湾地区长期照顾服务体系进一步转型发展战略的相关研究

在台湾地区积极推进"长期照顾保险法"与"长期照顾服务法"（合称"长期照顾双法"）"立法"进程的背景下，当前台湾地区学者有关台湾地区长期照顾服务体系进一步转型发展战略的既有研究成果主要聚焦于两个方面问题的探讨：其一，台湾地区长期照顾服务体系的转型发展应该采取"社会保险制"抑或继续沿用"长期照顾十年计划"时期的"税收制"来推进？以台湾地区"长期照顾十年计划"的主要规划者台湾大学林万亿教授为首的一批学者认为"长期照顾保险不能躁进"[②]，其原因在于"'长期照顾十年计划'最大的目的是在建构台湾的长期照顾服务系统。照顾服务系统如果不建构完善，立即推出长期照护保险，就如同有健康保险而无医疗体系一般，长期照护保险会落得只不过是一套财务支付系统，由'政府'强制向人民收取保险费，但拿不出好的照顾服务给人民"。[③] 而李玉春、林丽婵、吴肖琪、郑文辉、傅立叶（2013、2014）、卢美秀（2014）等学者则认为，放弃"税收制"转而以"社会保险制"推动台湾地区长期照顾服务体系的转型发展不仅十分必要，而且迫在眉睫。在《台湾长期照护保险之规划与展望》一文中，李玉春、林丽婵、吴肖琪（2013）等学者联袂指出，"未来因人口快速老化，对长期照顾需求将急遽增加，但服务供给不足，又缺乏充足稳定的财源，带动长期照顾资源的成长，而制度建制需5~10年才能成熟，不能再等。因此有必要即刻开始积极推动长期照顾保险，期能如全民健保一般，带动长期照顾资源快速成长，以满足民众之需要"。[④] 就同一问题，台湾地区护理师护士工会联合会理事长卢美秀教授（2014）认为，"长期照顾保险若能将凡属可治疗的归健保，属生活照护面的归长期照顾保险，并发展急性后期照护（中期照护）作为接轨桥梁，将一定期限内之急性后期照护由健保给付，同时发展整合照护服务模

---

① 周台龙：《台湾长期照护财源筹措论文集》，台湾政治大学博士学位论文，2009。

② 林万亿：《社会探索——长期照顾保险不能躁进》，http：//www.coolloud.org.tw/node/34787，2009-02-04。

③ 林万亿：《台湾的社会福利：历史与制度的分析》，台北五南图书出版股份有限公司，2012。

④ 李玉春、林丽婵、吴肖琪等：《台湾长期照护保险之规划与展望》，《社区发展季刊》2013年第1期，第33页。

式，透过综合性评估与整合性照护提供整合式之医疗与长期照顾服务，不但可提供需要照顾者无缝的服务，也可避免资源浪费。”[①] 先完善、扩充长期照顾服务资源然后再规划长期照顾保险，抑或先积极推动长期照顾保险建章立制以期带动长期照顾资源的快速增长，台湾地区学界似乎陷入了“先有蛋后有鸡抑或先有鸡后有蛋”的无休止的争议。为此，台湾地区还有一些学者转而指出，在人口老龄化的背景下台湾地区推行长期照顾保险虽然比较可行，但需要在制度规划、设计层面更加谨慎，否则将会欲速不达。有如，方敬纶、刘淑娟认为，“从各种客观条件评估，建立完善健全的长期照顾保险制度去因应人口老化、服务需求增加等社会问题，似乎是现行较可行的方案。但重点便在于这个制度的规划，确实需要审慎与周延续密的思考规划”。[②]

其二，因台湾地区社会各界就“长期照顾保险法”与“长期照顾服务法”此“长期照顾双法”的“立法”方向尚未形成充分共识，相应的，台湾地区学界对于“长期照顾双法”的“立法”精神以及各具体条款仍存在许多争议，为此关注长期照顾服务体系发展的台湾学者们纷纷撰文发表自己的观点。对“长期照顾保险法”的“立法”相关问题的探讨，以及“长期照顾保险法”（草案）具体条款的解读是其中的一个研究热点。早在2007年，在《台湾长期照护相关法规之探讨》一文中，吴肖琪、周世珍、沈文君等长期照顾制度与服务体系研究领域的12位台湾学者即联袂发文指出，台湾地区“长期照护”的“立法”目的包括如下三个方面。[③] 一是以宣示性的条文来保障“国民”接受“长期照护”的权益；明订“立法”目的以预防及照护失能者、保障失能者权益、促进失能者福利，以增进失能者身、心、灵的健康。二是在“照护”与管理体系方面，可以爰台湾“医疗法”，或比照德国与英国之机构基准法，将机构整合成由单一“法律”与“法规”命令规范汇整成单一“专法”，来规范“长期照护”服务与管理，以保障全民的“长期照护”。三是在财源筹措方面参考台湾“全

① 卢美秀、陈静敏：《长期照护：跨专业综论》，台北华杏出版股份有限公司，2014。

② 方敬纶、刘淑娟：《论台湾推动长期照顾保险与其可能带来的挑战》，《源远护理》2013年第7期，第12页。

③ 此三个方面的目的可参见吴肖琪、周世珍、沈文君等《台湾长期照护相关法规之探讨》，《长期照护杂志》2007年第1期，第35~50页。

民健康保险法”，将公保、劳保、福保、农保等十几种分别的“保险法”，汇整成全体“国民”皆被保障的“保险法”，例如“长期照护保险法”，以全民纳保的方式，提供“长期照护”的给付。蔡雅竹将德国长期照顾制度的实施经验与台湾地区“长期照顾双法”（草案）内容进行比较，一方面探讨了“政府”在台湾地区长期照顾保险制度中所扮演的角色，另一方面通过对长期照顾保险制度内涵的探讨，思考台湾应如何完善“长期照顾双法”的相关内容。[①] 对“长期照顾服务法”的“立法”相关问题的探讨以及“长期照顾服务法”（草案）具体条款的解读是另一个研究热点。台湾学者陆敏清（2013）“从政策规划的脉络切入，据以审视草案之内容，并分从需要评估、人员与机构之管理以及接受长期照顾服务者之权益保障面向，提出若干建议供‘立法’酌参，冀能响应草案所欲实现之‘立法’目的”。蔡金宏则指出，台湾地区长期照顾制度的推动是以长期照护服务网以及长期照顾保险为努力目标，而在“政府”需“依法行政”的前提之下，唯有持续推动“长期照护服务法”（草案）的“立法”，才能“依法有据”，具体建置长期照护网络，进而推动“长期照护保险”。[②] 台湾地区年轻学者蒋钦尧则另辟蹊径，对于台湾地区长期照顾服务立法的伦理基础展开研究，指出“‘长期照护’应得到‘立法’的保护，因为这是基于伦理上的义务”[③]。在“长期照顾服务法”（草案）公布之后，台湾地区民间长期照顾监督联盟[④]提出了九项修订主张：[⑤]（1）“立法”目的，应确保长期照顾服务之普及、优质、平价三大原则，并兼顾失能者、照顾工作者、家庭照顾者之各方权益；（2）建立民主组合审议机制“长期照顾服务审议委员会”，广纳各方民意融入决策，信息公开，公民监督；（3）增列“家庭照顾者支持服务”相关条文；（4）家庭聘雇看护工，应不分国籍，均纳

---

① 蔡雅竹：《论台湾长期照护双法草案及其法律问题——兼论德国之长期照顾保险制度》，台湾大学硕士学位论文，2014。

② 蔡金宏：《台湾长期照护制度之发展》，《经济前瞻》2011 年第 138 期，第 48~52 页。

③ 蒋钦尧：《长期照护立法的伦理基础》，《应用伦理研究通讯》2007 年第 44 期，第 67~77 页。

④ 台湾地区民间长期照顾监督联盟由团体盟员与个人盟员组成。其中，团体盟员包括妇女新知基金会、台湾地区家庭照顾者关怀总会、台湾失智症协会等多家社会团体组成，而个人盟员包括王增勇、林正芬、柯乃荧等多位学者组成。

⑤ 此九项修订主张可参见台湾地区民间长期照顾监督联盟《民间长期照顾监督联盟看“长期照护服务法”草案》，2013。

入“法规”中规范；（5）长期照顾服务应重视多元文化特殊性及性别敏感度；（6）提供多重的民众权益保障途径；（7）长期照顾人员之界定，应避免僵硬的证照专业主义，以制度性支持各类长期照顾人力；（8）增列反歧视条款；（9）明订长期照顾为基本权益，“政府”应满足人民需求。

（二）大陆地区文献综述

在人口老龄化的背景下关注台湾地区社会保障制度与服务体系的大陆学者非常少，囿于地域，大陆更鲜有学者专门、系统地深入研究台湾地区长期照顾服务体系的转型发展问题。其中，戴卫东介绍了台湾地区人口老龄化下长期护理政策及走向[①]；孙正成描述了台湾地区长期护理体系的发展背景和历程，并基于法律、服务提供和管理、服务内容、人员和培训等方面对其进行了分析和评价，以为大陆地区长期照顾体系的建构与完善提供若干启示。[②] 张卜泓则概述了台湾地区长期护理保险发展的相关经验，以及台湾地区的实践与经验对大陆的借鉴意义。[③] 方黎明介绍了台湾地区失能老人长期照护政策的形成背景及其主要历程，并对该政策的主要内容、变革及其对大陆地区的启示意义展开了研究。[④] 伍小兰、曲嘉瑶合编的《台湾老年人的长期照护》是当前大陆学者研究台湾地区“长期照护体系”的唯一一本编著，该书通过“介绍台湾地区‘长期照护’的发展状况，以期为我国大陆地区尚处于探索期的长期照护体系建构提供借鉴和启发”[⑤]。此外，铭传大学副教授蓝玉珠[⑥]及中南大学教授饶育蕾在《对台湾地区长期照护自负费用推估》一文中，运用统计方法探讨了台湾地区“长期照护”自负费用的相关影响因素，并建

---

① 戴卫东：《台湾地区人口老龄化下长期护理政策及走向》，《人口学刊》2011 年第 4 期，第 61～67 页。

② 孙正成：《台湾地区长期护理体系概述及启示》，《台湾研究集刊》2013 年第 1 期，第 31～37 页。

③ 张卜泓：《中国台湾地区长期护理保险发展经验及借鉴思考》，《金融发展研究》2013 年第 9 期，第 69～72 页。

④ 方黎明：《台湾失能老人长期照护政策的变革》，《台湾研究》2013 年第 2 期，第 48～52 页。

⑤ 伍小兰、曲嘉瑶：《台湾老年人的长期照护》，北京中国社会出版社，2010。

⑥ 该文发表时蓝玉珠署名身份中包含中南大学管理科学博士研究生，此外，此文是两位作者联合署名，因此将此文列在大陆学者的相关研究之中。

构出计量模型对该地区“长期照护”自负费用的增长趋势做了精确推估。[①] 除此之外，顾旻轶（2012）、王扣英（2014）、王菲与丁汉升（2013）、赵鹏（2013）基于各自角度对台湾地区“长期照护”模式的现状进行了概述性的介绍。梳理既有的大陆学者研究台湾地区长期照顾制度与服务体系的零星成果可以发现几个特点：首先，相关研究成果数量比较少，且绝大多数为文献分析类成果，大陆学者中缺乏专人奔赴台湾地区就其长期照顾制度与服务体系的转型发展问题开展实证性的研究。其次，相关研究成果更多是侧重对台湾地区长期照顾政策发展历程及其现状的概括性、介绍性的研究，既不系统，也不深入。再次，既有相关研究成果没有跟进台湾地区长期照顾制度与服务体系的最近转型发展动向，特别是台湾地区行政主管部门及其下属的“卫生福利部”在加快“长期照顾保险法”与“长期照顾服务法”的“立法”进程的关键历史节点，没有大陆学者开展其可能走势的跟踪研究。

三　文献述评与问题的提出

就发展与研究长期照顾的重要性及其复杂性，台北护理健康大学长期照护研究所所长李世代教授曾指出，“每一个人当无法排除有朝一日会成为‘长期照护’之对象，也均离不开面临‘长期照护’之情况。因此，‘长期照护’具全面性（comprehensiveness）、普及性（universality）、可近性（accessibility）、可转移性（portability）及公共事务性（public administration）等特性，可贯穿保健、医疗、福利、家庭、社会及国家……亦须触及政策规划、推动、社区化、自由化、产业化、市场化及永续化……”[②] 简言之，长期照顾政策既与民生密切相关同时又是一个牵一发而动全身的综合性话题。可见，台湾地区长期照顾服务体系的构建完善问题意义重大，相应的大陆学者如果能系统分析台湾地区长期照顾服务体系的发展实践，无疑对于大陆地区长期照顾服务体系的发展规划具有宝贵的经验价值。在人口老龄化的背景下鲜有大陆学者专门、系统地深入研究台湾地区社会保障制度

① 蓝玉珠、饶育蕾：《台湾地区长期照护自负费用推估的研究》，《保险职业学院学报》2007年第1期，第52~58页。

② 李世代：《“长期照护”的发展与推动》，《台湾医界》2010年第1期，第44~50页。

与服务体系的发展问题，而专门针对该地区长期照顾服务体系的转型发展问题展开深入研究且产出丰富学术成果的则更是寥寥无几，这无疑为本书开展相关主题的研究预留了足够大的空间。特别是当前台湾地区正处于“长期照顾服务法”与“长期照顾保险法”（合称“长期照顾双法”）“立法”进程的关键历史节点，亦是台湾行政主管部门及其下属的“卫生福利部”酝酿推动该地区长期照顾服务体系进一步转型发展的关键历史时期，如果能准确分析、把握台湾地区长期照顾服务体系的可能走向，则一方面有助于人力资源和社会保障部门、民政部门、老龄办等社会保障相关部门系统掌握台湾地区长期照顾制度与服务体系的发展状况，进而为大陆地区长期照顾制度与服务体系的培育、规划与发展提供可资借鉴的宝贵经验；另一方面亦有助于统战部门、台办等相关部门把握好“选票政治”下可能影响台湾地区政治走向的社会福利（长期照顾政策）因素。

如前文所述，国外学者对于台湾地区长期照顾服务体系转型发展问题的相关研究极为有限。就台湾地区长期照顾服务体系建构完善问题的研究，台湾本土学者的既有研究工作固然比较深入，但系统回溯其既有研究成果亦可以发现两个不足之处：其一，台湾地区学者有关长期照顾服务体系构建与完善相关的研究著述多以护理取向为主，从社会政策与福利服务角度对台湾地区长期照顾服务体系转型发展问题展开系统研究的相关学术成果比较匮乏。其二，基于政党政治下国民党与民进党执政地位“蓝绿变幻”的现实，身处“蓝天绿地”之中的台湾地区学者均难逃为其所支持的各党派背书的嫌疑，而大陆学者在分析研究此类社会保障政策时无疑可以处于相对客观、超脱的地位之中，借此可以对台湾地区长期照顾服务体系的历史发展脉络、现状、问题以及发展战略、规划做出比较比较客观、中立的判断。

第三节　基本内容与技术路线

本书的基本内容分为九章，其研究主题分别设定为“文献综述与研究设计、理论基础与分析框架、历史脉络分析、现状分析、问题分析、国际经验、制度重构、服务升级、经验与启示”。大致见图 1-2。具体来说，各章节主要包括如下方面的部分。

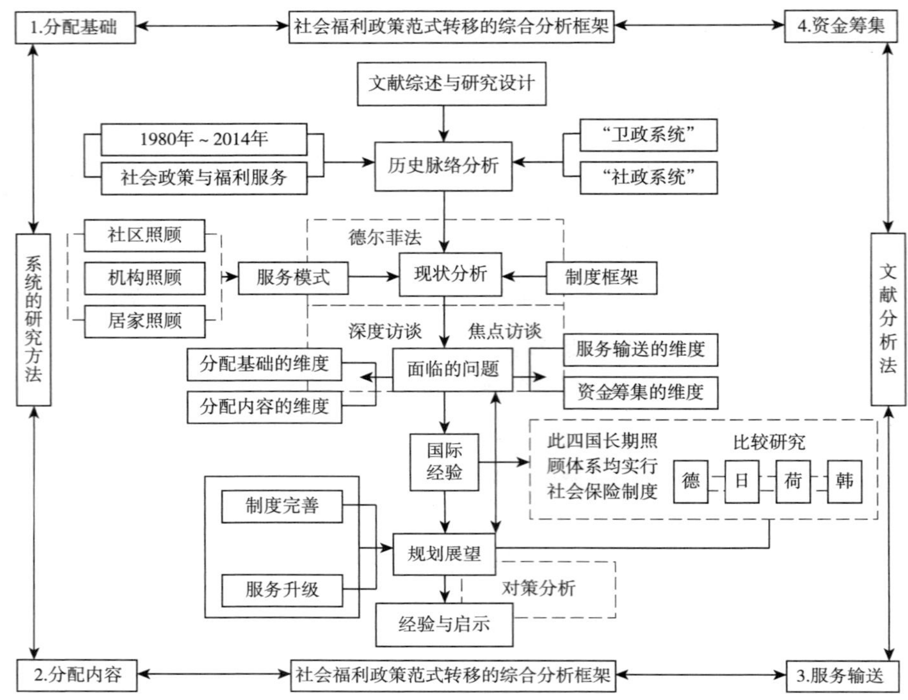

图 1-2　研究的技术路线

第一章为文献综述与研究设计。主要内容包括研究背景、国内外文献综述、资料来源、研究方法、研究创新与不足之处等。

第二章为理论基础与分析框架。主要内容包括相关概念界定、理论基础与分析框架设定。

第三章为历史脉络分析。本部分首先系统剖析了 1980 年至 2014 年台湾地区长期照顾服务相关政策的发展历程，基于社会福利政策范式转移的综合分析框架，将该地区长期照顾服务相关政策 35 年的发展历程划分为"萌芽期""残补式附加型发展期""整合式在地型发展期""普惠式法制化发展期"四个阶段。在明确四阶段划分的基础上，本章还详细梳理了"卫生医疗行政体系""社会福利行政体系""退除役官兵辅导委员会体系"等三大行政体系下，从"残补式附加型发展期"到"整合式在地型发展期"的 20 年间台湾地区主要长期照顾服务相关政策的服务内涵，从而助力于理解和把握台湾地区长期照顾服务相关政策在"普惠式法制化发展期"内的可能走向。

第四章为现状分析。重点分析了当前台湾地区长期照顾的制度框架与服务模式，并对制度框架的可持续性与服务模式的保障程度展开评价。在制度框架分析中，首先剖析了台湾“卫生福利部”成立前后台湾地区长期照顾“行政体系”的划分及其责任内涵，指出在“卫生福利部”成立后实际运作层面上虽然仍保持着“卫政体系”“社会福利体系”“退辅会体系”三足鼎立，其他“部会”各行其政的高度“碎片化”运行之势，但所“掌理”的长期照顾责任内涵正规划走向有机整合。其次，基于资金筹付的视角揭示了当前台湾地区长期照顾体系的保障层次。最后，基于文本分析，诠释了当前台湾地区长期照顾与服务体系的主要推进计划——“长期照顾十年计划”的规划背景、基本目标、具体目标、规划原则以及实施策略，进而从分配基础、分配内容、服务输送、资金筹付的四维度诠释该计划的运作逻辑，并同样基于此四维度对计划的运作绩效展开评价。在服务模式分析中，在对长期照顾的“机构式照顾、社区式照顾以及居家式照顾”的概念分别给予明确界定的基础上，逐一详述了此三种服务模式下典型的具体照顾服务类型，借此展示了当前台湾地区长期照顾服务的供给现状。此外，本章还采用德尔菲法对台湾地区长期照顾制度框架的可持续性与服务模式的保障程度展开了评价。

第五章为问题分析。详细阐述了以“长期照顾十年计划”为核心推进计划的台湾地区长期照顾服务体系转型发展所面临的供需失衡状况的相关焦点议题。本章采取焦点访谈与深度访谈相结合的研究方法，基于四维度分析框架，通过制度覆盖率、保障水平、服务输送症结、资金筹集困境等方面的分析表明，进一步推动台湾地区长期照顾服务体系的转型发展不仅确有必要，而且迫在眉睫。

第六章是国际经验借鉴部分。本章首先系统梳理、辨析了德国、日本、荷兰、韩国等采取社会保险方式办理长期照顾服务的 OECD 四国从原有的长期照顾制度设计走向长期照顾保险制度的转型发展历程，并对此四国长期照顾制度与服务体系的现状逐一展开分析。继而，从德国、日本、荷兰、韩国四国长期照顾制度与服务体系特别是其长期照顾保险制度与服务的个性差异与共性特征的双重维度，揭示其对于我国台湾地区长期照顾服务体系的转型发展的经验价值与借鉴意义。

第七章与第八章是本研究的重点章节，研究主题为台湾地区长期照顾服务体系进一步转型发展的规划与展望，具体研究内容包括制度重构与服务升级两个层面，指出制度重构是台湾地区长期照顾服务体系进一步转型发展的先决条件。该章首先阐述了推进台湾地区长期照顾制度从“长期照顾十年”向“长期照顾保险”转型升级的多元背景；其次，基于价值圈、能力圈与支持圈分析论证台湾地区长期照顾服务体系进一步的转型发展采取社会保险制的可能性与必要性；再次，笔者在台湾地区调研与资料收集的基础上阐释了台湾地区“长期照顾保险法”（草案）的“立法”进程与该“草案”基本架构。

第八章指出服务升级是台湾地区长期照顾服务体系进一步转型发展的当务之急，当前台湾地区长期照顾服务体系转型升级的重点任务应聚焦于如下四个方面：首先是通过实施“长期照顾十年计划——2012 至 2015 年中程计划”稳步扩大台湾地区长期照顾服务对象；其次是通过推行“长期照顾服务网计划”完善台湾地区“长期照护服务网络”；再次是通过“长期照顾服务法”的“立法”、实施将长期照顾服务纳入“法制化”轨道；最后是基于多元整合理顺长期照顾服务体系相关法规、机构、业务与资源。笔者认为，在台湾地区长期照顾服务升级的实践中，这四大任务彼此关联，缺一不可，唯有四者均顺利推进完成，方能协力推动该地区长期照顾服务体系的进一步转型发展。

第九章基于尼古拉斯·巴尔所提出的“福利国家的目标”的分析框架，系统概述了台湾地区长期照顾服务体系转型发展的经验对大陆地区长期照顾服务体系建构、完善的若干启示。

第四节　资料来源与研究方法

本专著通过系统的文献分析搜集我国台湾地区长期照顾服务体系发展各个阶段的相关文献资料，在对这些资料进行分类、整理、归纳与综合之后，基于系统的角度辨析台湾地区长期照顾服务相关政策的范式演进，分析其发展历史、现状、问题及其进一步转型发展的战略规划。由于全书主要采取文献分析法，这也决定了笔者在台湾期间需要查阅大量的文献资料。书中有关台湾地区长期照顾服务体系发展的相关纸本类“法令”、文件、研究报告、书籍、学位论文等来源于台湾图书馆、台北市立图书馆、台湾大学图书馆

（包括台湾大学总图书馆、社会科学暨法律学院图书分馆、台湾大学医学院图书分馆）、台湾政治大学图书馆、台北医学大学图书馆、台湾淡江大学觉生纪念图书馆、台北护理健康大学图书馆以及台湾成功大学图书馆。全书中有关台湾地区长期照顾服务体系发展的相关电子资源来源如下：（1）台湾地区长期照顾相关学术期刊与学位论文主要来源于华艺线上图书馆①、台湾期刊文献资讯网②、台湾博硕士论文知识加值系统③；（2）台湾地区长期照顾有关研究报告主要来源于 GRB 智慧搜索系统④与公务出台报告资讯网⑤；（3）台湾地区长期照顾有关"法令"主要来源于台湾"法规"资料库⑥与台湾立法主管部门图书馆网站⑦。在专著写作过程中，笔者还浏览了台湾地区一些"部会"与县市相关网站，如台湾立法主管部门网站、台湾行政主管部门网站、台湾监察主管部门网站、台湾地区"卫生福利部""内政部""劳动部""铨叙部""教育部""发展委员会"以及台湾各县市"卫生局""社会局"网站等。此外，基于台湾地区各类基金会、社会组织在该地区各类社会保障、社会福利政策制定与修订之中的巨大影响力考量，在文献搜集、整理与全书写作过程中，笔者还大量浏览了台湾地区长期照顾服务相关基金会与社会组织的网站，有如财团法人中华文化社会福利事业基金会、妇女权益促进基金会、财团法人保险事业发展中心、财团法人伊甸社会福利基金会、社团法人中华人权协会、老人福利推动联盟、社团法人台湾长期照顾发展协会、台湾长期照护专业协会、台湾长期照护管理学会、台湾家庭照顾者关怀总会等基金会或社会组织的网站。

在本书第四章评估以"长期照顾十年计划"为主导计划的当前台湾地区长期照顾制度框架的可持续性以及服务模式的保障程度时，应用了德尔菲法（Delphi Method）⑧，通过台湾地区相关专家的集体判断结果辨析当前台湾地区长期照顾服务体系的运行状况。德尔菲法，作为实质上的一种反馈匿名函

① 网址为：http://www.airitilibrary.com/Home/Index。
② 网址为：http://readopac.ncl.edu.tw/nclJournal/。
③ 网址为：http://ndltd.ncl.edu.tw/cgi-bin/gs32/gsweb.cgi/ccd=7m7a3j/webmge?mode=basic。
④ 网址为：http://report.nat.gov.tw/ReportFront/index.jspx。
⑤ 网址为：http://report.nat.gov.tw/ReportFront/index.jspx。
⑥ 网址为：http://law.moj.gov.tw/Index.aspx。
⑦ 网址为：http://npl.ly.gov.tw/do/www/newRecord?blockId=1。
⑧ http://baike.baidu.com/link?url=7vXHLKvuCLIXOeiYEV2aBZDCD6NDTog99UnnIfEnubG2ajnSYF9ATjuLru3TzXNb-S3X4NKzRIJXho1BVmFB_a.

询法，是一种介于问卷调查法与会议法之间的研究方法，兼具质化与量化分析的优点。该研究方法可以比较真实地反映了专家共识的程度和不同意见的分布情况，通常又被称为“专家规定程序调查法”。如图 1-3 所示，在研究的实际操作过程中，在赴台湾调研前，笔者按照研究计划的既定流程选择、联系专家，制作出调查问卷。2014 年 5 月至 2014 年 8 月在台湾地区调研期间笔者面向台湾地区各高校、研究院所、台湾地区相关 NGO 组织的专家组成员以调查问卷的方式进行两轮意见征询。由于时间所限，第三轮意见征询由笔者在返回大陆后以电子邮件与电话相结合的方式开展，经过反复的前后三轮邮件征询和匿名意见反馈后，经由最后呈现的专家群体判断的集中量数和意见分析，本研究获得了专家集体判断结果。

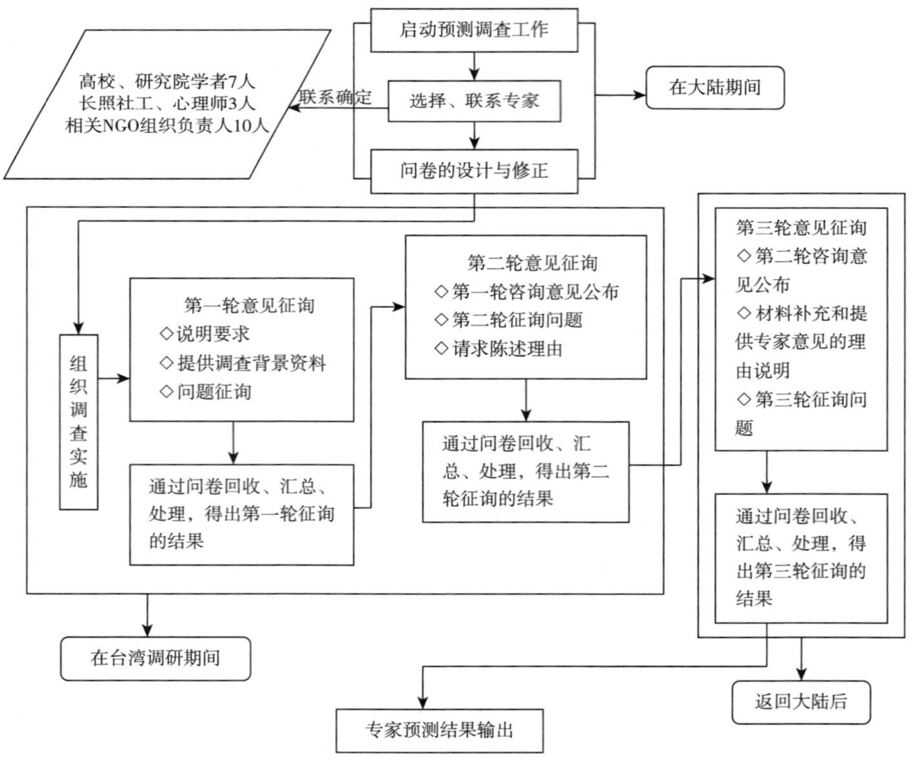

图 1-3　本研究的德尔菲预测实际操作流程

在本书第五章中，为印证当前台湾地区长期照顾服务体系处于长期照顾服务供需失衡的状态之中，2014 年 5 月至 2014 年 8 月在台湾地区调研期间，笔者采取深度访谈与焦点访谈相结合的方法。其中深度访谈对象包括家庭照顾者、长期照顾对象、外籍看护雇主、外籍看护工、大学教授以及长期照顾社会工作者在内共 11 个样本；而焦点访谈的对象为 5 位照顾服务员，焦点访谈主题为“台北市照顾服务员工作现状与困境”。

本书第六章主要应用比较研究的方法，通过对德国、荷兰、日本以及韩国从原有的长期照顾制度设计走向长期照顾保险制度转型的决策历程以及制度特征展开比较，进而分析此 OCED 四国长期照顾保险制度设计与运营的共性与个性特征，这对于我国台湾地区长期照顾服务体系的转型发展无疑具有宝贵的经验价值与借鉴意义。

此外，系统的研究方法亦是本书应用的研究方法之一。基于任何事物的产生及其发展变化皆是对其所置身的文化环境、社会环境、历史环境、政治环境与制度环境的一种能动反应的认识，本研究侧重于将我国台湾地区以及德国、荷兰、日本以及韩国等以社会保险制推进其长期照顾服务体系转型发展的四个 OECD 国家长期照顾制度变迁的分析，嵌入其具体的文化环境、社会环境、历史环境、政治环境与制度环境之中。

第五节 研究创新与不足之处

一 研究创新

本书研究力求实现的创新主要体现在如下三个维度。

第一，本书的研究拓宽了大陆学者台湾问题研究的社会保障政策向度，可为各级社会保障与统战部门优化相关决策提供宏观与中观层面的依据。当前关注台湾问题研究或者“台湾学”研究的大陆学者中，基于政治学、经济学、历史学乃至文学等学科开展研究的大陆学者比较多，研究成果可谓汗牛充栋。而在人口老龄化的背景下关注台湾地区社会保障制度与服务体系转型发展问题的大陆学者非常少，囿于地域，更鲜有专门、系统地深入研究台湾地区长期照顾服务体系的转型发展问题。正因为如此，大陆学界当前发表的有关台湾地区长期照顾服务体系发展的相关学术成果寥寥无几。这无疑为本研究的开展埋下了伏笔。在研究主题上的可能创新体现在如下三个方面：首先，由于海峡两岸同胞同根同源、同文同种、习俗相近、语言相通，特别是两岸均有尊老敬老的文化传统，在同一传统文化背景下台湾地区长期照顾服务体系的发展实践无疑对于大陆长期照顾服务体系的发展规划具有宝贵的经验价值。其次，无论是从人口老龄化抑或从经济发展的角度来看，海峡两岸长期照顾服务体系发展的社会背景具有一定的相似性：其一，大陆与台湾地区均已进入人口快速老龄化的发展阶段，相对而言，台湾地区比大陆更早进入老龄化社会，在长期照顾服务等养老服务方面积累了相当多的经验；其二，就整体经济发展水平而言，海峡两岸正呈快速拉近之势，在此类似社会背景下系统总结台湾地区长期照顾服务体系的转型实践及其经验，无疑对于大陆地区完善养老保障体系积极应对人口老龄化挑战具有宝贵的启示意义。再次，包括长期照顾服务政策在内的社会福利政策（所谓“福利牌”）是“选票政治”下国民党与民进党赢得选举与否的关键变量之一，这已经非常明显地体现在2014年台湾地方公职人员选举的进程之中①，要准确研判2016年台湾地区领导人选举及之后相当长时间内台湾地区的政治走势，蓝绿双方在包括长期照顾服务相关政策在内的社会福利政策如何主动回应台湾地区民众的多元福利诉求无疑是非常值得研究的，而大陆地区学者有关这方面的研究恰恰很不深入。在此背景下，本书以“台湾地区长期照顾服务体系转型发展问题研究”为研究主题，系统研究1980年以来台湾地区长期照顾服务体系的发展历程、现

---

① 在2014年台湾地方公职人员选举进程中蓝绿阵营候选人均在各县市纷纷打出福利牌以吸引选票。有如，在“台中市市长”选举中，民进党候选人林佳龙在出席“台中市长期照顾发展协会后援会”时指出，因为仰赖外劳，且薪资结构有问题，让台湾人不愿意从事长期照顾服务工作，年轻人对加入长期照顾行业更是望之却步，若当选（市长）将计划成立长期照顾居家服务中心，从薪资结构、训练等方面，解决目前人力问题。国民党候选人胡志强的竞选团队则认为，在现任市长胡志强的领导下台中市已经是长期照顾服务全台使用率最高的城市，在“长期照顾双法”还没有“立法”之前，台中市社会局和卫生局已推出了许多长期照顾相关方案，而且后续长期照顾服务方案亦在拟订当中。参见田兆纬《酸到骨！林佳龙老人政策绿营：胡志强有机会用》，http：//www. appledaily. com. tw/realtimenews/article/new/20141020/491000/，2014-11-07。此外，以“澎湖县长”选举为例，苏昆雄作为国民党候选人其针对澎湖民众所开的“福利支票”是免缴房屋和地价税，而陈光复作为民进党候选人其福利承诺则是将澎湖县既定生育补助水平提升至新台币7万元。

状、问题及其战略规划，特别是在当前台湾地区积极通过推进“长期照顾服务法”与“长期照顾保险法”此“长期照顾双法”的“立法”进程，酝酿推动长期照顾服务体系进一步转型发展的关键历史节点，分析、把握台湾地区长期照顾服务体系的可能走向无疑可以达到双重目的：一方面，本书的开拓性研究有助于人力资源和社会保障部门、民政部门、财政部门以及老龄办等各级社会保障相关部门以及大陆学者系统掌握台湾地区长期照顾服务体系的发展历程、服务内涵、制度框架、服务模式、面临的焦点议题以及发展的规划与展望，进而为大陆长期照顾服务体系的培育、规划与发展提供可资借鉴的宝贵经验；另一方面，本书的研究有助于各级统战部门与台办等相关部门及政府各类智库把握好“选票政治”下可能影响台湾地区政治走向的社会福利（长期照顾服务政策）变量。

第二，本研究基于社会政策与福利服务的视角开展台湾地区长期照顾服务体系转型发展问题的研究，在研究视角上具有一定创新性。台湾地区有关长期照顾服务体系构建与完善相关的研究著述多以护理取向为主，相关学者亦以公共卫生学界的学者占多数，社会保障与社会政策学界的学者偏少。正因为如此，台湾地区有关长期照顾服务体系的相关研究成果中，应用“长期照护”一词者多，使用“长期照顾”者少，这直接反映了从社会政策与福利服务角度对台湾地区长期照顾服务体系转型发展问题展开系统研究的相关学术成果比较匮乏。而本专著则基于社会政策与福利服务的视角开展相关研究，在研究视角上比较新颖。此外，台湾地区学者的既有研究固然比较深入，但基于政党政治下国民党与民进党执政地位“蓝绿变幻”的现实，身处“蓝天绿地”之中的台湾学者均难逃为其所支持的各党派背书的嫌疑①，也正因为如此，台湾地区本土学者想对台湾地区长期照顾服务体系发展的历程、现状及其进一步转型发展的规划与展望做出客

① 笔者通过在台湾地区调研的访谈，并结合大量相关文献的阅读，所得出的一个相关结论是，由于长期照顾的相关研究在台湾地区学界更多是一种“术”的研究，而非“道”的研究，与实际的政策制定联系紧密。因此，在关注台湾地区长期照顾制度与服务体系发展转型问题研究的专家学者中，研究比较深入而且研究成果比较丰硕的学者，多数在民进党或者国民党执政期间参与了长期照顾制度的设计与修订，有如台湾大学的林万亿教授，作为民进党社会福利政策的实际规划者，他直接领导规划了“台湾地区长期照顾十年计划”，而研究台湾地区长期照顾保险制度比较深入的学者，有如阳明大学的李玉春教授则恰好是台湾地区“长期照护保险筹备小组”的在任负责人。

观、准确的评价，看似简单，行则不易。而作为大陆地区学者，对于此类社会保障政策的研究无疑可以处于比较中立、客观、超脱的地位。本研究的开展，有助于客观、准确的评价台湾地区长期照顾服务体系的发展历程、现状、问题及其战略规划。

第三，本书尝试将彼得·霍尔（Peter Hall）的政策范式转移理论与 Neil Gilbert 与 Paul Terrell 所提出的社会福利政策的研究分析框架（“四维三层”法）相融合，提出“社会福利政策范式转移的综合分析框架”，并将之应用于台湾地区长期照顾服务体系转型发展特别是台湾地区长期照顾服务相关政策范式转移的分析。这一综合性的分析框架，其便利之处在于可取政策范式转移理论与社会福利政策“四维三层”法之长而扬弃其短。此外，在研究过程中笔者还尝试基于尼古拉斯·巴尔“福利国家的目标”的分析框架阐述了台湾地区长期照顾服务体系转型发展的经验及其对大陆地区的启示。因此本书在分析框架方面亦具有一定的创新性。

二　不足之处

本书的不足之处也是后续研究的重点主要体现在两点：其一，由于笔者在台湾地区调查的时间与研究条件所限，未能就台湾地区长期照顾服务的供给现状与问题展开大样本的问卷调查；其二，同样囿于如上原因，笔者未能如愿访谈到台湾地区长期照顾服务体系的转型发展进程中参与各具体“法案”与“计划”制订或修订的一些台湾地区“政界”与学术界知名人士，亦未能如愿赴台湾山地离岛地区进行田野调查，从而未能全方位、立体化的展示台湾地区长期照顾服务体系的转型发展全貌，殊以为憾。

第二章

理论基础与分析框架设定

第一节　概念界定

一　长期照顾抑或长期照护

与“长期照顾”极为类似并长期混用的一个概念是“长期照护”。有如，在参考德、日等国长期照顾服务立法经验的基础上，台湾地区行政主管部门提交台湾立法主管部门初审的“长期照护服务法（草案）”在其第三条第一款中就“长期照护”的用词定义如下：所谓长期照护，是指对身心失能持续已达或预期达六个月以上，且状况稳定者，依其需要所提供之生活照顾、医事照护。在“长期照护服务法（草案）”总说明中则进一步指出，“长期照护即系针对不分年龄、身分别、障别之身心失能，且有长期照顾需求者，提供其所需之社区式、居家式及机构式等照护服务”。为此，在2013年台湾大学社工周系列讲座《长期照顾：是社会福利？还是营利事业》中，台湾大学社工系林万亿教授指出，“如果从公共卫生或者护理（学界）的角度，他们一定不愿意用‘照顾’这样的中文字，他们喜欢用‘照护’，那我为什么还坚持用‘照顾’而不用‘照护’？因为用‘照护’就非常‘medical model’（医疗模式）了，我比较倾向于用一般的说法。此外，转换为非常 local 的语言[①]的话，‘照护’很难说，很拗口，而‘照顾’则很顺。而对于公共卫生学界来说，他们习惯用‘照护’是因为专业习性。‘护士、护理’，他们的所有动作都带有护的味道，而社会工作者则比较喜欢用照顾，就是大家互相照顾”。[②]

就台湾地区公共卫生学界对于“长期照护”一词使用的惯性极为有趣的一个例证是，在《台湾老年医学杂志》2006 年第一卷第 3 期中，刊登了作者曾中明名为《台湾老人福利概况及政策展望》的学术论文（简称“曾文”），在文章行文中，“曾文”大量采用了“长期照顾”“社区照顾”“照顾”等用词。作为台湾地区公共卫生学界的知名杂志，在雅量刊发明显具有“社会福利服务倾向”的“曾文”的同时，在该文的文末，《台湾老年医学杂志》编辑委员会针对“曾文”用词提出了三点意见：（一）“长期照护（顾）”之观念为来自国外之“Long-Term Care”。“care”在字义上含有照顾、监管、保护、陪同、责任、极度的挂虑或责任相关之精神心力付出、用心管理等，亦可进一步界定（视）为针对目标照应/守护、提供、挂虑、疼惜、免于麻烦或需求之施为/施与/施作多种深义，非单以“照顾”所可涵盖。（二）依修辞之正确含义而言，制度体系之阐述宜采“照护”“长期照护”允比“照顾”“长期照顾”更为理想妥切；对个案照顾而言，则两者皆可。（三）本刊为学术性之刊物，自应以兼顾正确含义、理想与妥切为原则，故以“照护”“长期照护”之择取为优先之考虑；对于当前之用语倾向于以“照顾”“长期照顾”作为政策性之选择，本刊予以尊重照列；然而须有所说明此为“政策用语”乃依一时之习惯性使用，就“Long-Term Care”之本义及理想妥善性而言，并非表示学术上须绝对依照政策之用语习惯依循。本刊仍然建议在描述“长期照护（顾）”之事务上，尽量多多选用“照护”“长期照护”之用辞。[③]

“长期照顾”抑或“长期照护”？在台湾地区社会福利学界著名学者林

---

① 在这里林万亿特指台语（闽南话）。

② 林万亿：《台湾大学社会工作学系 2013 社工周系列讲座：长期照顾是社会福利？还是营利事业?》，https：//www. youtube. com/watch？ v=-81U6zngDfM，2013-12-23。

③ 此三点意见可参见曾中明《台湾老人福利概况及政策展望》，《台湾老年医学杂志》2006 年第 3 期，第 119~120 页。

万亿看来，其背后原因在于 2008 年“蓝绿变幻”[①] 之后国民党主导之下的台湾行政主管部门将台湾地区长期照顾保险制度制定与推进的任务交由掌管卫政体系的原“卫生署”负责，因此“长期照护保险”“长期照护保险筹备小组”这一类医疗化用语在“官方”话语体系中占了上方，相应的“长期照护”在更多的“官方”以及学术用语中出现。2013 年 7 月 23 日台湾地区“卫生福利部”挂牌成立，该“部”除办理原“卫生署”掌管业务外，还负责“掌理”台湾地区国民年金保险、全民健康保险、长期照顾保险等原来归属“内政部”负责的有关社会福利、社会保障业务。但在以林万亿为代表的许多台湾地区社会福利学者看来，这种“卫生大福利小”的“畸形”组合注定了一些社会福利用语的“医疗化”趋势。正因为如此，在某些场合这一趋势引起了台湾地区各方相关人士的反弹。有如，2011 年 5 月 2 日，台湾地区行政主管部门版本的“长期照护服务法（草案）”在台湾立法主管部门启动相关程序进行逐条初审时，因为对于该草案名称究竟应该称为“长期照护服务法”还是“长期照顾服务法”各方争论时间长达 2 个小时之久，原因在于台湾地区政界多名知名人士纷纷抨击台湾行政主管部门版本的“长期照护服务法（草案）”过于“偏重医疗、不符合长期照顾的精神，使得‘服务法’沦为‘机构管理办法’”。最后决议的结果是将该‘法’从“长期照护服务法”改名为“长期照顾服务法”，并将家庭照顾者的权益，在第一条“立法精神”中即开宗明义的点出。此外，在台湾地区“卫生福利部社会保险司”于 2014 年 10 月 14 日发布的“长期照顾保险制度规划”简介中，在提及台湾地区规划中的长期照顾保险的组织与“法制”时，该司将台湾地区社会各界共同关注的“长期照顾双法”分别命名为“长期照顾保险法”与“长期照顾服务法”。前者的主要内容在于“针对保险人、保险对象、保险财务、保险给付及支付、保险服务机构、总则等基本事项进行界定与规范”；后者的主要内容在于“长期照顾服务及体系、机构与人员管理、接受服务

① 在民进党“执政”期间，林万亿作为民进党社会福利政策的规划者，主导了台湾地区长期照顾十年计划的起草规划工作。然而，规划执行期为 2007 年至 2016 年的该计划在 2007 年 4 月刚正式通过“上路”2008 年 5 月台湾地区就迎来了“政党轮替”。

者之权益保障、总则等基本事项之界定与规范”。[①] 在台湾地区调研期间，笔者与台湾大学、台湾阳明大学、台湾政治大学、世新大学、铭传大学的多位长期照顾研究领域的专家座谈时，就“长期照顾”与“长期照护”的名称之争，他们多数认为其实质没多大区别，但鉴于“长期照顾双法”在台湾地区长期照顾服务体系转型发展中具有举足轻重的地位，而此“双法”的正式名称由原本的“长期照护保险法”与“长期照护服务法”修订为最终的“长期照顾保险法”与“长期照顾服务法”，这无疑是一个风向标，表明长期照顾业务愈加偏向社会政策与福利服务领域。相应的，“长期照顾”的概念将逐渐取代“长期照护”。也正基于这一趋势考量，本书在涉及“长期照顾”相关概念时，一律称为“长期照顾”而非“长期照护”。

应当指出的是在本书撰写过程中，将不可避免地提及、引用、参考一些以“长期照护”或者“长期看护”命名的机构（如台湾地区“卫生福利部”下属的“长期照护保险筹备小组”）、计划［如台湾地区原“卫生署”提出的2003年至2008年实施的“长期照护社区化计划”、《长期照护服务网计划（第一期）——2013年至2016年》］、“法案”（如2011年5月2日台湾行政主管部门所提交的“长期照护服务法”版本草案）、文件（如由台湾行政主管部门下属的原“经济建设委员会”、原“卫生署”“内政部”“劳工委员会”“台湾少数民族委员会”“退除役官兵辅导委员会”于2009年12月发布的《长期照护保险规划报告》）、研究计划（如台湾行政主管部门下属的“金融监督管理委员会保险局”2009年委托，台湾地区财团法人保险事业发展中心张志宏、赵韵如研究员联合承担的《长期看护保险制度与推动研究》研究计划）、论文（如李玉春、林丽婵、吴肖琪等与2013年发表在《社区发展季刊》第1期的《台湾长期照护保险之规划与展望》一文）、书籍（如卢美秀与陈静敏合著、华杏出版股份有限公司出版的《长期照护：跨专业综论》一书）以及其他参考文献等，为尊重既成事实，文中一律以其原名称呼为准，而不再将其修改为“长期照顾”一词。当然，这种处理方式容易造成实质上本书各章节中“长期照顾”

---

① 相关内容可参见台湾地区“卫生福利部社会保险司”《长期照顾保险制度规划》，http://www.mohw.gov.tw/CHT/DOSI/DM1_P.aspx?f_list_no=213&fod_list_no=873&doc_no=44943，2014-10-14。

"长期照护""长期看护"等词汇混用的状况。为避免视角的混乱，在同一自然段中，如果同时出现"长期照顾""长期照护""长期看护"，或者"长期照顾保险""长期照护保险""长期护理保险"等词汇，则根据其实际语境为"长期照护、长期看护、长期照护保险、长期护理保险"等词汇加双引号或单引号进行标示。

二　长期照顾概念的界定

本书研究的起点应该是长期照顾概念的界定。回溯既有文献可以发现，许多学者或组织基于不同的维度提出了各自的长期照顾定义。有如，世界卫生组织（WTO）在《建立老年人长期照顾政策的国际共识》[①]中对于长期照顾概念的界定，更多基于长期照顾人力资源即长期照顾服务供给者的角度出发。[②]而 Weissert 与 Hedrick 则侧重于从长期照顾服务的接受者（受益者）的角度出发，对长期照顾的概念界定发表自己的见解。[③]因应家庭照顾者自身的需求，结合台湾地区长期照顾事业发展的实际，台湾地区"长期照护专业协会"在 1993 年将台湾地区长期照顾的对象与服务范围定义为：针对障碍或老衰者及家庭照顾者提供生活照顾、医疗（诊断、预防与医疗）、护理、复健与社会支持等服务；长期照顾具有长时间、连续性、可负担性、周延性照护等概念，不只是医疗照护与生活照顾，亦是跨越卫生行政与社会福利行政领域的照护。[④]还有些学者则基于长期照顾服务内容的视角给出了自己对于长期照顾定义的理解，如台湾大学社工系林万亿教授认为，所谓长期照顾（long-term care）是指针对先天或后天丧失日常生活功能的人们，提供长期的健康照顾（health care）、个人照顾（personal care）与社会服务（social services）。而美国学者 Kane 等（1987）提出，

---

① 长期照顾国际倡议工作小组提出本文件的目的在于试图将之作为制定提供长期照顾全球政策的初步框架。

② 世界卫生组织：《建立老年人长期照顾政策的国际共识》，http://www.who.int/publications/list/WHO_HSC_AHE_00_1/zh/，2013-12-25。

③ Weissert, W. G., Hedrick, S. C., 1994, "Lessons Learned From Research on Effects of Community-based Long-term Care", *Journal of American Geriatric Society*, Vol. 42 (348), p. 53.

④ 黄惠玑、杜敏世、陈丽华等：《长期照顾》，台北（县）新文京开发出版股份有限公司，2012。

所谓长期照顾是指针对先天或后天失能者，在一定的时间内，提供一整套涵盖医疗照护、个人生活照顾与社会支持的照顾服务，其目的在于促进或维持身体机能，增进案主独立自主、正常生活的能力。[①] Kane 夫妇这一概念的界定对于台湾地区长期照顾学界有着重要影响。Halamandaris 则认为，应该从长期照顾对象、长期照顾需求判定、受益者年龄界限、长期照顾服务内容以及服务输送等各个方面诠释长期照顾的概念：[②]（1）长期照顾对象具有不同程度的损伤或者障碍，而损伤与障碍的程度因其原因而有所不同，有些失能与障碍会使人们无法自我照顾，需要依赖他人（照顾）；（2）不同程度的损伤与障碍有其共同的特色，慢性疾病会经历比较长的时间并持续性发展；（3）带有身心障碍的人士需要别人协助以维系日常生活活动（activities of daily living，ADL）；（4）许多儿童及分散在各年龄层的障碍者，都应该列为长期照顾对象；（5）长期照顾应该包含健康照顾，也应该包括社会支持服务；（6）长期照顾需要整合性的跨专业团队服务。Halamandaris 关于长期照顾概念的这一界定涵盖分配基础、分配内容、服务输送[③]等各个层面，无疑比较全面，因此本书亦沿袭这一界定。

三　在地老化（aging in place）的理念与内涵

台湾地区社会福利与公共卫生学界倾向于将 aging in place 翻译为“在地老化”，而大陆有些学者则将之翻译为“居家养老”或者“原居养老”。就此差异，笔者认为，就广义而言 aging in place 在强调以家庭为核心的同时，亦看重“社区化”或者以社区为依托，从而为在家居住或者在社区中养老的老年人提供专业性的养老服务。借此定义，笔者认为，将 aging in place 翻译为“在地老化”比较合适。就“在地老化”的理念而言，台湾地区学者卢美秀认为，“在地老化”强调“老化是人生常态”，是人生成长

① Kane, R. A., Kane, R. L., 1987, Long-term Care: Principles, Programs, and Policies, Springer Publishing Co.

② Halamandaris, V. J., 1987, "Long-term Care: Filling the Gap", *Caring*, Vol. 6 (10), pp. 18-22.

③ 就资金筹集的角度而言，有的国家和地区采取税收制，有的国家和地区采取商业性长期照顾保险的模式，而德国、日本等国家则采取社会保险的方式开办本国的长期照顾保险制度。因此，长期照顾概念的界定与资金筹集的维度无关。

过程中的一个阶段，既然是人生的过程，就应让老化在原来的生长环境中进展，不应因身体老化就非离开其熟悉的生活环境不可。[①] 笔者以为，卢美秀的这一观点无疑非常契合生命周期理论的意蕴。换言之，家庭或者社区皆可认为是“熟悉的生活环境”。[②] 就西方发达国家的经验而言，“在地老化”的推进策略在于通过长期照顾相关财务制度的改革以及服务发展策略的转变，以减少或延缓机构式照顾服务的使用，而尽量多使用社区式照顾与居家式照顾，从而增加普通民众留在家庭与社区中养老的时间。进而言之，“在地老化”模式的推行一方面可以减少一个国家或者地区因发展长期照顾机构所带来的沉重经济压力，另一方面亦可以满足老年人与家人共享家庭生活乐趣的现实需要与心理需求。

第二节 理论基础

一 “长期照护者”需求概念图

为便于分析当前台湾地区长期照顾服务体系发展所面临焦点议题，本书尝试引入台湾地区学者张淑卿“长期照护者”需求概念图的分析框架，尝试基于这一分析框架，从分配基础、分配内容、服务输送与资金筹付四个维度，从供需平衡的视角比较直观的剖析、展现出台湾地区长期照顾服务体系供需失衡的现实。在2011年5月21日举办的台湾地区护理师护士公会全台联合会“长期照护专业人力 Level 1 共同课程训练营”[③] 中，台湾地区学者张淑卿[④]做了主题为《长期照护需求及情境介绍》的报告。在该报告中，张淑卿提出了“长期照护者”需求概念图。（参见图2-1）依据此概念图，张淑卿认为，各“长期照护”个案的照护需求由经济、疾病、功能、认知情绪、

---

① 卢美秀、陈静敏、张淑卿等：《长期照护：护理综论》，台北华杏出版股份有限公司，2013。

② 笔者以为，海峡两岸学者关于 aging in place 一词翻译的差异从某个侧面表明大陆地区社区意识以及社区人的意识仍有待培育。

③ 该训练营为台湾地区原“卫生署”委托办理的2010年长期照护专业人力培训计划系列课程之一，于2011年5月21日至5月23日在台东马偕纪念医院举行。

④ 张淑卿时任台湾辅仁大学护理学系讲师。

辅具环境等五个因素共同构成，而这五个方面的照护需求需要借由次外围的家庭（主要照顾者）与最外围的社区（“政府”）协同提供。

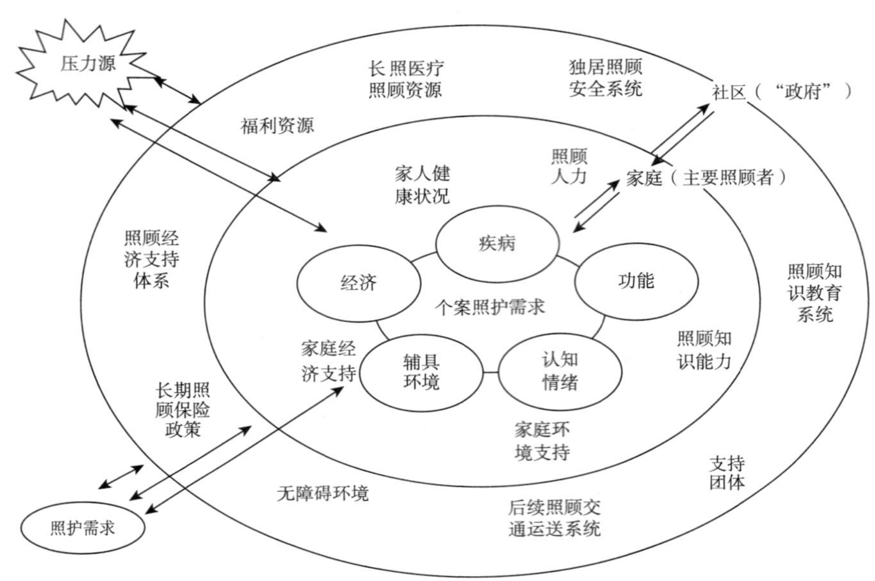

图 2-1 “长期照护者”需求概念

资料来源：张淑卿：《长期照护需求及情境介绍》，台东台东马偕纪念医院，2011 年 5 月 21 日。依据涉台宣传用语的相关规范有所调整。

如图 2-1 所示，只有各层次、各渠道的“长期照护”供给能平衡个案的“长期照护”需求，“长期照护”的压力源方能得到舒缓。换言之，由该概念图可以得知，“长期照护”压力源内生于“长期照护”供需系统，而“长期照护”供需系统的平衡又能自动舒缓“长期照护”压力源。作为图中次外围力量的家庭而言，家庭照顾者是主要照顾者，而家庭照顾的质量与数量取决于照顾人力、家人健康状况、家庭经济支持、家庭环境支持与照顾知识能力等因素的叠加。在图中作为最外围照护力量的社区或“政府”，其在满足个案长期照护需求中的作用或者责任则体现在——构建独居照顾安全系统、提供长期照顾医疗照顾资源、优化配置福利资源、完善照顾经济支持体系、制定“长期照护”保险政策、创建出无障碍环境、建构后续照顾交通运送系统、营造氛围支持团体、兴办照顾知识教育系统等方面。应当指出的是，社区与“政府”的“长期照护”供给系统与家庭（主要照顾者）照护供给系统之间不是机械割裂的，在人口老龄化的背景下，此二者共同构成了公义社会中完整且不可分割的“长期照护”供给体系。进而言之，社区与“政府”的“长期照护”供给系统与家庭（主要照顾者）的照护供给系统是相互补充、联动合作的关系。一方面，社区与“政府”必须动态了解照护个案的照顾需求与家庭照顾者的照顾压力，为个案家庭的照护工作积极提供资源与帮助；另一方面，家庭与家庭照顾者必须主动强化与社区或“政府”的联系，积极与相关人员沟通、协调，努力获取社区或“政府”所提供“长期照护”资源，最终实现全社会“长期照护”系统与资源运作与使用效率的最大化。

二 政策范式转移理论

“范式”（paradigm）的概念最早是由美国科学史家、科学哲学家托马斯·库恩（Thomas Samuel Kuhn）提出来的。在库恩看来，所谓“范式”，指的是特定的社区成员共同拥有的理念、价值和技术的总和。目前，“范式”的概念已经被广泛应用于社会科学的各个学科，特别是应用于公共政策分析领域。在库恩研究的基础上，哈佛大学教授、著名政治学家彼得·霍尔（Peter Hall）与萨巴蒂尔（Sabatier，P. A.）等学者发展出了“政策范式”（policy paradigm）的概念。彼得·霍尔认为，所谓“政策范式”是“一个由各种理念和标准组成的框架，它不仅指明政策目标以及用于实现这些目标的工具类别，而且还指明它们需要解决的问题的性质”。[①] 在彼得·霍尔的研究视域中，政策范式代表着政策行动的框架，它“可以在一个国家的一定历史时候的整体政策中体现，也可以在某个特定的政策领域中体现，政策范式对公共政策的制定具有决定性的影响”[②]。应当着重指出的是，政策范式一旦形成，就会具有相当的稳定性，不会轻易改变。但

① 参见 Hall，P. A.，1993，“Policy Paradigms，Social Learning and the State：The Case of Economic Policymaking in Britain”，*Comparative Politics*，Vol. 25（3），pp. 275-296；其译文可参见彼得·霍尔《政策范式、社会学习和国家：以英国经济政策的制定为例》，《中国社会政策评论（第1卷）》，第1~28页。

② 参见岳经纶、郭巍青《构建和谐社会与中国公共政策的范式转移》，《中国社会政策评论（第1卷）》，第1页。

是，“它并非不受挑战。一个稳定的范式如果不能提供解决问题的适当方式，它就会变弱，从而出现范式转移（paradigm shift）”。[①] 范式转移无疑是一个动态的过程。就此，彼得·霍尔认为，“政策制定通常是一个包含了三个主要变量的过程：指导特定领域之政策的总体性目标（overarching goals）；为了实现这些目标所采用的手段或政策工具（instruments）；以及这些工具的精确设置（precise settings）。”[②] 为了便于区分这三种程度不同的政策变迁，彼得·霍尔将其分别命名为“政策的第一序列变化、政策的第二序列变化与政策的第三序列变化”，并以 1970~1989 年英国宏观经济政策制定为例对这三种政策变迁逐一加以说明。就此三种程度不同的政策变迁之间的内在区别，彼得·霍尔将政策的第一序列变化界定为“总体目标和政策工具保持不变，同时工具设置依据经验和新知识做出调整的过程”[③]，属于一种量的意义上的微观调整；第二序列变化则是指“政策总体目标保持原样，政策工具及其配置按照过往经验进行调整的变化”[④]，属于中观层面的调整，但政策工具及其配置的变化仍服务于既定的政策总目标；而第三序列变化属于政策的大规模变化，这种变化一般而言比较少发生，是特指“政策的三个组成部分同时发生变化：工具设置、工具自身和政策背后的目标层次”，这种变化无疑是一种质的变化。[⑤] 在对这一组概念进行清晰界定的基础上，彼得·霍尔认为，政策的第一序列变化、政策的第二序列变化与政策的第三序列变化“是不同类型的社会学习[⑥]的产物”[⑦]。具体而言，政策的第一序列变化与第二序列变化往往发生在一个相

① 参见岳经纶、郭巍青《构建和谐社会与中国公共政策的范式转移》，《中国社会政策评论（第 1 卷）》，第 2 页。

② 参见 Hall，P. A.，1993，“Policy Paradigms，Social Learning and the State：The Case of Economic Policymaking in Britain”，*Comparative Politics*，Vol. 25（3），pp. 275-296。

③ 参见 Hall，P. A.，1993，“Policy Paradigms，Social Learning and the State：The Case of Economic Policymaking in Britain”，*Comparative Politics*，Vol. 25（3），pp. 275-296。

④ 参见 Hall，P. A.，1993，“Policy Paradigms，Social Learning and the State：The Case of Economic Policymaking in Britain”，*Comparative Politics*，Vol. 25（3），pp. 275-296。

⑤ 参见 Hall，P. A.，1993，“Policy Paradigms，Social Learning and the State：The Case of Economic Policymaking in Britain”，*Comparative Politics*，Vol. 25（3），pp. 275-296。

⑥ 所谓社会学习就是为了解决政策问题而进行的对新理念的集体探寻。参与这个学习过程的，不仅有政府官员、政治家、政策专家，还有媒体，乃至普罗大众。

⑦ 参见 Hall，P. A.，1993，“Policy Paradigms，Social Learning and the State：The Case of Economic Policymaking in Britain”，*Comparative Politics*，Vol. 25（3），pp. 275-296。

对封闭的政策网络中，它们属于比较简单的社会学习的产物，换言之，有关于政策工具与手段的学习属于“常规决策”的范畴。“这种政策调整不会挑战现有政策范式……往往呈现出渐进的、满意的日常决策的特征。”① 而政策的第三序列变化则不然，它往往与整个政策目标的重构紧密联系，是关于政策目标学习的产物。② 即“第三序列变化往往导致激烈的政策变化，将会引起政策范式的转移”。③

三　社会福利政策的分析框架

基于“社会福利政策可以被视为那些决定提供什么津贴、为谁提供、如何提供、如何筹集资金之原则之间的选择”④ 的认识，在参考 Burns E. M. 开创性研究《社会保障与公共政策》（Social Security and Public Policy）的基础上，在两人合著《社会福利政策导论》（Dimensions Of Social Welfare Policy）中，美国著名社会政策学者 Neil Gilbert 与 Paul Terrell 构建完善了社会福利政策的分析框架⑤。该分析框架从“（1）各个维度内的选择范围；（2）支持它们的社会价值；（3）支持它们的理由或假设”⑥ 等三个不同的角度来考察“（1）社会分配的基础；（2）社会福利的类型；（3）输送策略；（4）筹资方式”四个选择维度（见图 2-2）。

就本研究而言，该分析框架的可取之处在于能将台湾地区长期照顾服务体系的相关制度、政策及其相辅相成的方方面面串联起来进行多维度系统分析，且这一分析框架具有显著的动态、连续性的特征，有利于促进社会保障理论探讨和社会保障具体实践的融合。在这一分析框架的“分配基

---

① 参见朱亚鹏《住房问题与住房政策的范式转移》，《中国社会政策评论（第 1 卷）》，第 64 页。

② 如果以是否发生政策范式的转移为质变的标准，我们可以认为政策的第一序列变化与第二序列变化尚属于量变，而政策的第三序列变化无疑属于质变。

③ 参见 Hall，P. A.，1993，“Policy Paradigms，Social Learning and the State：The Case of Economic Policymaking in Britain”，*Comparative Politics*，Vol. 25（3），pp. 275-296。

④ 〔美〕尼尔·吉尔伯特、保罗·特勒尔：《社会福利政策导论（第五版）》，黄晨熹、周烨、刘红译，上海华东理工大学出版社，2003。

⑤ 〔美〕尼尔·吉尔伯特、保罗·特勒尔：《社会福利政策导论（第五版）》，黄晨熹、周烨、刘红译，上海华东理工大学出版社，2003。

⑥ 〔美〕尼尔·吉尔伯特、保罗·特勒尔：《社会福利政策导论（第五版）》，黄晨熹、周烨、刘红译，上海华东理工大学出版社，2003。

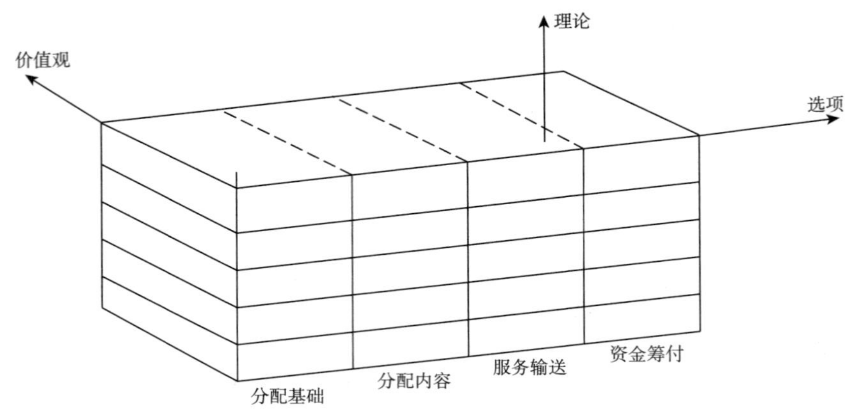

图 2-2　社会福利政策的分析框架（选择维度）

注释：原图包括“分配基础、分配内容、服务输送与资金来源”等四个选择维度，就此笔者认为，就所谓“资金来源”的维度，其实包括了资金的具体来源以及资金的转移支付两个方面的内容。因此，笔者将之修改为“资金筹付”似乎更为贴切。此外，在沈黎所译的《社会福利政策引论》（第八版）中则将这一维度翻译为“财务”，亦包括了资金的来源以及资金的使用管理等方面的内涵。沈黎译文版本的选择维度图表可参见〔美〕尼尔·吉尔伯特、保罗·特勒尔《社会福利政策引论》，沈黎译，华东理工大学出版社，2013，第 81 页。

资料来源：〔美〕尼尔·吉尔伯特、保罗·特勒尔：《社会福利政策导论》，黄晨熹、周烨、刘红译，华东理工大学出版社，2003，第 84 页。有所调整。

础、分配内容、服务输送、资金来源”四个维度中，社会福利的分配基础解释了社会福利政策的“对象（who）”，即“社会分配的基础是指将社会福利分配给社会中特定的人口或群体时不同原则之间的选择”[①]；分配内容的维度则解释了社会福利政策的“内容形式（what）”（可参见图 2-2)，即对不同形式的社会福利进行区分，换言之，“社会福利的特质问题是指所提供之援助的种类”[②]；服务输送的维度关注的是社会福利如何发给合适的使用者的问题，即采用何种“输送系统（how）”以增进服务从提供者到使用者间的流动性，具体而言，这一维度的设计内容包括“服务系统的整体构成、服务部门之间的联系、设施的地点、员工的才干和人手

① 〔美〕尼尔·吉尔伯特、保罗·特勒尔：《社会福利政策导论》，黄晨熹、周烨、刘红译，上海华东理工大学出版社，2003。

② 〔美〕尼尔·吉尔伯特、保罗·特勒尔：《社会福利政策导论》，黄晨熹、周烨、刘红译，上海华东理工大学出版社，2003。

数量、公共与私人的支持等”[①]；资金来源或者资金筹集的维度考虑的则是资金的“来源和渠道（where）”的问题，亦即社会福利政策的“资金来源及其从起始点到服务点转移支付的方式问题”[②]。

第三节　社会福利政策范式转移的综合分析框架的设定

彼得·霍尔（Peter Hall）的政策范式转移理论与 Neil Gilbert 与 Paul Terrell 提出的社会福利政策的研究分析框架（“四维三层”法），都可以用于分析某项具体社会福利政策的发展变迁历程。但这两种分析框架都存在明显的不足之处。以社会福利政策的研究分析框架（“四维三层”法）为例，这一“四维三层”的分析框架被一些学者用来分析某项具体社会福利政策的发展脉络，但更类似于一种静态性的现状分析框架，无法动态地展示具体社会福利政策的动态发展变迁历程，特别是运用该分析框架无法把某项社会福利政策的简单变化相联系的学习过程，与那些潜在的、更激进的政策基本工具或总体性目标的改变区别开来。换言之，将之应用于分析某项具体社会福利政策的跨时期、动态发展脉络的时候，围绕该项社会福利政策变迁这一主旨所发生的程度不一的“第一序列变化、第二序列变化与第三序列变化”，要清晰界定其具体变化序列与变化进程是比较模糊与困难的。

试图动态展示某项社会福利政策的发展变迁历程时“四维三层”法的上述不足之处，恰恰是政策范式转移理论的最大优势，但政策范式转移理论亦有其不足之处。其不足主要表现为，政策范式转移理论没有也不可能明确回答应该如何具体确定某项社会福利政策的所有认知性要素。诚然，在 Policy Paradigms，Social Learning and the State：The Case of Economic Policymaking in Britain 一文中，彼得·霍尔阐述了 1970 年至 1980 年间英国

① 〔美〕尼尔·吉尔伯特、保罗·特勒尔：《社会福利政策导论》，黄晨熹、周烨、刘红译，上海华东理工大学出版社，2003。

② 〔美〕尼尔·吉尔伯特、保罗·特勒尔：《社会福利政策导论》，黄晨熹、周烨、刘红译，上海华东理工大学出版社，2003。

宏观经济政策制定的实例，在例中他详细说明了英国宏观经济政策的总体性目标、政策工具及其精确设置情况。（参见表 2-1）

表 2-1　1970 年至 1980 年间英国宏观经济政策的范式转移

变化序列	变量类型	变量的具体化形式
第一序列变化	英国宏观经济政策政策工具的精确设置	最低贷款利率的调整
		财政立场的频繁变动
		年度预算的调整
第二序列变化	调控英国宏观经济政策所采用的手段或者政策工具	新货币控制体系的引入
		控制公共开支的“现金限制”制度的发展
		对货币增长严格控制的解除
第三序列变化	英国宏观经济政策的总体性目标	从凯尔斯主义向货币主义宏观经济管制模式的转变

资料来源：笔者根据尼尔·吉尔伯特、保罗·特勒尔《社会福利政策导论》（第五版）一书的相关内容整理而成。

然而，宏观经济政策与社会福利政策无疑差异巨大，彼得·霍尔应用于英国宏观经济政策范式转移的各种具体变化类型绝无应用于社会福利政策范式转移分析的可能性。使问题更为复杂的是，不同的社会福利政策间的总体性目标、政策工具及其精确设置情况亦千差万别。换言之，在应用于社会福利政策分析的时候，政策范式转移理论如果要具体应用到某项社会福利政策范式转移的情境中，就必须清晰界定该项社会福利政策的总体性目标、政策工具、工具设置等变量的类型及其具体化形式。那么，这一“清晰界定的使命”是否必须赋予每一位试图将政策范式转移理论应用于分析某项具体社会福利政策历史发展脉络的学者呢？是否有一种分析框架可以取政策范式转移理论与社会福利政策的“四维三层”法之长而扬弃其短？如果存在这种分析框架，它是否便于呈现出不同社会福利政策的“共性”，同时又可便捷推导出不同社会福利政策范式转移时其总体性目标、政策工具、工具设置等变量的类型及其具体化形式的个性化设置要求？

为了解决如上问题，同时便于分析 1980 年至 2014 年台湾地区长期照顾服务相关政策的发展脉络，本研究尝试将彼得·霍尔（Peter Hall）的政策范式转移理论与 Neil Gilbert 与 Paul Terrell 所提出的社会福利政策的研究分析框架（“四维三层”法）相融合，提出“社会福利政策范式转移的综合分析框架”① 并将之应用于分析台湾地区长期照顾服务相关政策的范式转移。（参见图 2-3）

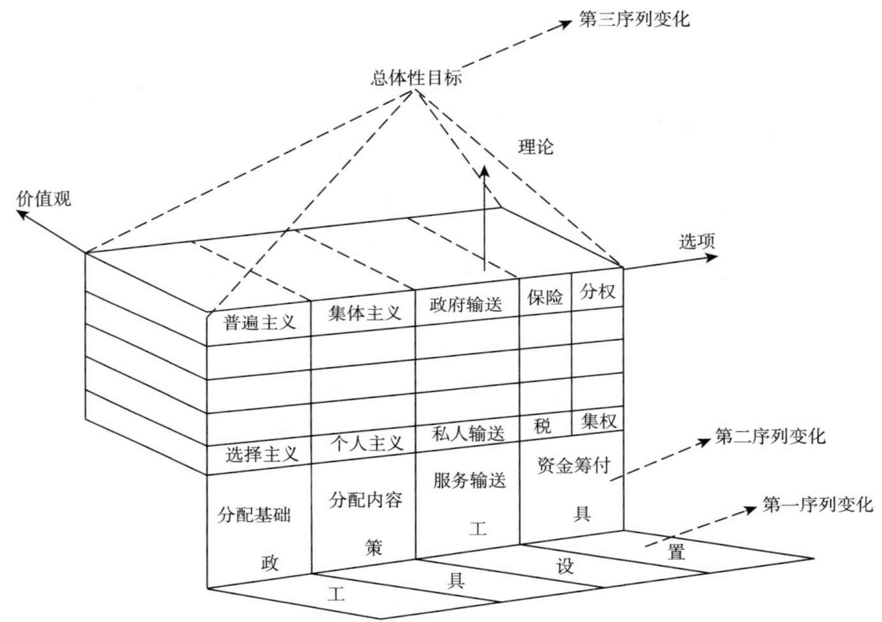

图 2-3　社会福利政策范式转移的综合分析框架

资料来源：〔美〕尼尔·吉尔伯特、保罗·特勒尔：《社会福利政策导论》，黄晨熹、周烨、刘红译，上海华东理工大学出版社，2003。笔者在社会福利政策分析框架的基础上综合政策范式转移理论的理念绘制而成。

① 那么，什么才是政策范式转移的标志呢？就此，中山大学学者朱亚鹏认为，一个政策范式一旦形成，就具有一定的稳定性，但并非绝对不发生变化。在坚持现有价值观的前提下，人们可能可能认为实现这些价值观的手段和方式是可以协商的。离政策范式的核心越近，要改变政策遇到的助力就会越大。而当关于某项公共政策所有认知性要素，即政策目标，政策策略、方案及政策工具都发生根本变化时，就被认为是发生了政策范式的变化。朱亚鹏的相关观点参见朱亚鹏《住房问题与住房政策的范式转移》，《中国社会政策评论（第 1 卷）》，第 63 页。

第三章

台湾地区长期照顾服务相关政策的发展历程与服务内涵

第一节　台湾地区长期照顾服务相关政策的发展历程

一　萌芽期（1980 ~1990）

1980 年台湾地区“老人福利法”① 与“残障福利法”② 的快速通

---

① 1980 版的“老人福利法”第三条规定“‘本法’所称老人系指年满七十岁以上之人”，将老年人依据年龄界定为 70 岁以上，显然偏高。就此，民进党人、台湾地区著名社会福利学者林万亿认为，年龄标准之所以定得这么高是因为当时台湾“老人政治”左右“立法”的结果。相应地，“再仔细端详 1980 年的‘老人福利法’的内容，即可明白其所规定之福利项目大都是之前已实施的……可见，其‘立法’目的并非真正考虑老人之需求。”林万亿的这一观点可参见林万亿《台湾的社会福利——历史经验与制度分析》，台北五南图书出版股份有限公司，2008。

② 就其实施背景而言与“立法”目的而言，与 1980 版的“老人福利法”相类似的是，1980 版的“残障福利法”的通过“无疑是与当时的政治、社会外部环境关系较大，与残障者的权益关系较小……‘本法’所规定残障福利事项，除了福利身份界定外，大多数已在 1980 年代以前就有了。一般而言，当时的‘残障福利法’的宣示意义大于实质”。林万亿的这一观点可参见林万亿《台湾的社会福利——历史经验与制度分析》，台北五南图书出版股份有限公司，2008。

过[①]并颁行，是台湾地区长期照顾服务相关政策发展的历史性开端[②]。在这一时期（20世纪80年代）台湾地区主要通过实验性计划推动长期照顾服务体系的发展，主要计划有：[③] 1980年明定抚养机构、疗养机构、修养机构、服务机构等四类机构提供老人服务，成为机构式照顾的开端；1986年"卫生署"委托台北市立阳明医院，试办"以医院为基础的"的居家护理服务；1987~1989年"卫生署"委托护理师护士工会开始试办，接着在1988年高雄市和台中市等护理师护士工会也参与试办，并推动居家护理师培训。在此期间，台湾地区"政府"只设立极少数的救助收容机构，或投入安养机构、文康服务机构等服务功能有关老人的资源建制，直到1990年代才因快速成长的"长期照护"需求而促使"政府"相关政策的推动。[④]

二　残补式附加型发展期（1991~1997）

在度过萌芽期之后，如表3-1所示，台湾地区长期照顾服务体系的发展开启了比较密集的制度建构与"法令"完善过程。以"卫生医疗行政体系"为例，在该体系下，台湾地区《残障者医疗复健养护及教育费用补助办法》于1991年6月7日正式颁布，当年台湾地区还通过"护理人员法"，此外台湾地区"卫生署"亦在同年将医疗网第二期计划修改为六年计划，在特殊医疗服务项目下，增列"加强复健医疗及长期照护服务"。1992年，为规范护理行业的有序发展，台湾地区"护理人员法施行细则"

① 当年被快速通过的"法令"还包括于1980年6月14日颁布的"社会救助法"。台湾地区各界将"老人福利法""残障福利法"与"社会救助法"等"三法"合称台湾地区"社会福利三法"，认为这"三法"共同推动了台湾地区社会福利事业的发展，从此台湾地区进入了社会福利政策"法制化"的发展新阶段。

② 究其历史背景，民进党人、台湾地区著名社会福利学者林万亿认为，国民党"执政"时期台湾地区"老人福利法"之所以能快速通过，是因为1977年以来台湾地区紧张的政治形势所致，由于"中坜选举事件"与高雄"美丽岛事件"等政治事件的接连发生，给台湾地区政治、社会带来了不安与动荡，适时通过社会福利"立法"，有助于消除与转移社会抗争。林万亿的这一观点可参见林万亿《台湾的社会福利——历史与制度的分析》，台北五南图书出版股份有限公司，2012。

③ 可参见于卢美秀、陈静敏、张淑卿等《长期照护：护理综论》，台北华杏出版股份有限公司，2013。

④ 吴淑琼、陈正芬：《长期照护资源的过去、现在与未来》，《社区发展季刊》2000年总第92期，第19~31页。

正式颁布实施。为将长期照顾计划列为重点计划，同时促进台湾地区中老年病防治，1993年台湾地区大力推动“‘国民’保健计划”，同时完善相关规定对于提供长期照顾服务及机构设置给予明确奖励。当年8月27日，台湾地区还正式颁行了“护理机构设置标准”，使得台湾地区“居家护理、护理之家及日间照护”的发展真正“有法可循”。1994年8月9日是台湾地区公共卫生与社会福利服务发展史上的重要一天，当天台湾地区“全民健康保险法”正式颁行。此外，针对呼吸器长期依赖病患对于机构式照顾服务与居家式照顾服务的特性要求，为提升这一极度弱势群体的福祉，当年台湾胸腔暨重症加护医学会受原台湾地区“卫生署”的委托，负责办理“长期依赖病患照护计划”。1995年则是台湾地区各类长期照顾服务相关政策发布比较密集的一年，当年三月台湾地区通过实施全民健保制度，因应民众需求将居家护理纳入了全民健康保险制度的给付范围之内。同年台湾地区原“卫生署”还通过了“医疗发展基金申请作业要点”的修订方案，对台湾各县市医院附设的护理之家给予奖励。此外，当年《全民健康保险居家照护作业要点》还由台湾地区“健康保险局”正式公布实施。为了提升精神病、慢性病以及具有其他特殊照顾服务需求的病患对于持续性社区照顾服务的可及性，1996年台湾地区正式颁布实施“健全医疗网第三期计划”，从而有力地促进了包括长期照顾在内的台湾地区特殊医疗体系的发展。1997年，复健、医疗及“长期照护”等长期照顾相关服务被列为“全台医疗网第三期计划”的重点工作内容。当年出台、修订的与长期照顾相关的“法令”与政策令人目不暇接，首先，修订了原台湾地区“残障福利法”，并将其更名为台湾地区“身心障碍者保护法”；其次，修正公布了台湾地区“老人福利法”，并将老年人的门槛由原来的70岁降到65岁，此外，还将长期照护机构、养护机构、赡养机构、文康机构及服务机构等五类照顾服务机构界定为老人福利机构；同年，还发表了台湾地区“卫生白皮书”，其意图在于推动台湾地区跨世纪卫生建设，该“白皮书”将长期照顾服务的发展列为重点发展政策，同时确定“社区式照顾与居家式照顾为主，机构式照顾为辅”的原则，其服务量的具体比例设置为70%：30%。

在“社会福利行政体系”之下，1990年6月24日台湾地区公布“残障福利机构设立及奖励办法”；1993年台湾地区开办低收入户老人生活津贴制度，为低收入老年人的生活提供了兜底性保障。自 1996 年起，因应社会福利社区化的发展趋势，台湾地区积极运用社区资源，并与该地区的既有社会福利资源进行全盘整合。同年，台湾地区将身心障碍者获取生活补助的标准进一步放宽，同时在全台各县市普设身心障碍福利服务中心，其目的在于依托遍及全台的社区照顾服务体系因应身心障碍者积极参与经济与社会领域活动的权利与需求。此外，在“退除役官兵辅导委员会体系”下，面对“荣民”群体的后续医疗照护需求以及该群体作为就业市场上的相对弱势群体在就业服务方面的刚性需求，从 1990 年开始积极推进“荣民就业安置发展五年计划”的实施。

应当着重指出的是，1997 年台湾地区“老人福利法”的修订是这一时期长期照顾服务体系发展的焦点性事件，修改后“该法”的“立法”宗旨变更为“为弘扬敬老美德，维护老人健康，安定老人生活，保障老人权益，增进老人福利，特制定‘本法’”。较之于本次修订前 1980 年版本的“老人福利法”相比，台湾“立法”主管部门指出本次修订的重点体现在如下十二个方面：[①]（1）降低老人法定年龄为年满 65 岁以上之人；（2）增列各级主管机关应设专责单位或置专责人员，以加强执行有关老人福利业务；（3）增列奖助民间参与老人福利工作之规定；（4）扩大各级“政府”老人福利之经费来源；（5）为弘扬台湾地区奉养老人之传统，增列各级“政府”及老人福利机构的督促、协助有法定抚养义务之人应善尽奉养之责；（6）增列举办老人福利专业人员训练之规定，以提升老人福利之服务品质；（7）修正老人福利机构之种类、范围，并为鼓励民间参与，对于经许可设立之小型老人福利机构不对外募捐、接受补助或享受租税减免者，得免办财团法人登记。（8）为协助老人解决居住问题，并鼓励三代同堂，增列“政府”直接兴建之“国民”住宅，提供符合“国民”住宅承购或承租条件且与老人同住之三代同堂家庭给予优先承购或承租之规定；（9）增列对于老人经济生活保障应采生活津贴、年金保险制度方式逐步规划实施之规定；（10）增列中低收入老人未接受收容安置者，得申请发给生活津贴，以保障老人最低生活水准；（11）增列老人短期保护与安置之相关规定；

---

① 台湾“立法”主管部门：《台湾“立法”主管部门公报第 86 卷第 31 期“院会记录”（2923 号上册）》，1997。

（12）增列罚则以收“立法”之效。纵览其全文，修改后的“老人福利法”其“立法”精神仍停留在德政的施恩心态上，但其可取之处在于“将‘标的对象群’从孤苦无依老人的消极性救助，扩展为‘全体老人社会权的保障’上，认识到老人的需求有经济安全、医疗保障、居住安养和家庭支持、社会参与、人身安全的保障，因此在‘法条’的内容就增加福利措施和保护措施”。①

回顾如上长期照顾服务相关政策的制定过程及其政策内涵，笔者认为，这一时期台湾地区长期照顾服务相关政策的发展特征之一是没有成长为单一的政策体系，而更多地以残补式模式附加在既有的医疗卫生服务政策或者社会福利服务政策之中，同时这一残补式模式的影响体现在了台湾地区长期照顾服务体系发展的各个方面。有如，正是在这种残补式发展模式的主导下，20 世纪八九十年代台湾地区失能者的家庭照顾负荷沉重，在民众需求长期照顾的压力下，当时“‘政府’并无意积极介入长期照顾制度的规划，而以开放‘外籍’看护工作为回应。于是，1992 年‘就业服务法’通过允许外籍劳工来台担任产业外劳与家庭照顾外劳，是为今日台湾长期照顾依赖外劳的源头”。② 可见，“残补式附加型”发展模式对于台湾地区长期照顾服务体系的后续发展造成了比较负面的影响，而要顺利推动台湾地区长期照顾服务体系进一步转型发展，则无疑要在某些领域突破这一模式所造成的“后遗症”。

三　整合式在地型发展期（1998～2010）

在残补式附加型发展期，如表 3-1 所示，台湾地区原“卫生署”“内政部”“退辅会”“劳委会”“农委会”“台湾少数民族委员会”“教育部”“交通部”“经济部”等台湾地区多个“部会”均提出了可谓“政出多门”、为数众多的长期照顾服务“行政”方案计划。虽然各类长期照顾服务方案计划的出发点都是为了满足分属不同“行政”体系的长期照顾对象差异性的长期照顾服务需求，但也正是在此背景下，由于缺乏整体层面的

① 吕宝静：《社会工作与台湾社会》，新北巨流图书股份有限公司，2011。

② 林万亿：《台湾的社会福利——历史与制度的分析》，台北五南图书出版股份有限公司，2012。

完整规划，台湾地区长期照顾服务模式形成了高度碎片化、异质性的格局。其弊端不仅在于服务方案分属不同体系，考察这些服务方案的具体明细，可以发现它们在分配基础、分配内容、服务输送、资金筹付的各个维度上，都出现了重叠散乱的状况，也陷入服务效率不彰及补助标准不一的窘境。[①] 以服务输送的视角为例，在“社政”“卫政”“退辅会”等三大“行政体系”之下，当时台湾地区已经有几种照顾管理模式，但这些模式都存在一些共同的不足之处：（1）比较偏重单一领域的个案或资源管理，如“社政”或“卫政”的资源；（2）个案局限于某些诊断或某些社会条件的少量人口群，很少有将某一特定社区的所有个案和资源纳入考量予以整合；（3）个案管理员常隶属服务提供者，有球员兼裁判之嫌；（4）个案管理员手上所握资源非常稀少，只提供资讯或担任转介但欠缺资源控管的守门员角色。[②] 此外，这一时期台湾地区长期照顾服务体系框架中机构式照顾服务资源相对过剩，而社区式与居家式照顾资源相对不足的现象非常突出。由此可见，经过萌芽期与残补式附加型发展期，台湾地区长期照顾服务相关政策的发展亟待进入整合式在地型发展期。

表 3-1　台湾地区长期照顾服务的发展阶段及重要政策

年份	长期照顾“法制”与政策	主管单位	阶段划分
1980	台湾立法主管部门通过“老人福利法”，拉开了台湾地区长期照顾制度与服务体制“法制化”发展的序幕	“卫福部”	萌芽期
	台湾立法主管部门通过“残障福利法”，拉开了台湾地区长期照顾制度与服务体制“法制化”发展的序幕		
	台湾立法主管部门通过“社会救助法”，拉开了台湾地区长期照顾制度与服务体制“法制化”发展的序幕		
1981	成立“台湾地区儿童福利、老人福利、残障福利促进委员会”		
	公布《老人福利机构设立标准》		

① 卢美秀、陈静敏：《长期照护：跨专业综论》，台北华杏出版股份有限公司，2012。

② 戴玉慈、张媚、吕宝静等：《社区式照顾管理模式的设立与初步评价》，《台湾公共卫生杂志》2004 年第 6 期，第 199 页。

续表

年份	长期照顾“法制”与政策	主管单位	阶段划分
1986	为推动居家式照护的发展，制订出“医疗保健计划——筹健医疗网计划”，以求进一步完善台湾地区的中老年病防治体系	“卫福部”	萌芽期
1987	以实验计划方式开始推展居家护理服务，受托方为台北市护理师护士公会		
	为鼓励各县市“政府”及各老人抚养机构兴办老人日间照顾服务，台湾行政主管部门给予财政补助，同时对于低收入者给予一定照顾		
1988	制定出《安老计划——关怀资深“国民”福利措施》	台湾行政主管部门	
1989	以实验计划的方式，尝试在公务人员保险试办计划中增加居家护理的服务内容。同时，公保给付范围亦增加居家护理项目	“信托局”	
1990	启动实施“残障福利法”的修订工作	“卫福部”	
	台湾地区“残障福利机构设施标准”正式公布实施		
	为加强台湾地区长期照顾服务与复健医疗，续订出“中老年病防治第二期五年计划”作为“全台医疗网第二期计划”的后续计划		
1991	6月7日公布“残障者医疗复健重健养护及教育费用补助办法”		残补式附加型发展期
	6月24日公布“残障福利机构设立及奖励办法”		
	颁布执行台湾地区“荣民就业安置发展五年计划”，在该计划中就“荣民”的后续医疗照护及就养服务等事宜做出了详细规定		
	台湾地区“医疗网第二期计划”颁布实施，在特殊医疗服务项目下，列有“加强复健医疗及长期照护服务”，该计划实施周期共计六年		
	“护理人员法”公布		
1992	发布台湾地区“护理人员法施行细则”		
1993	为将长期照顾计划列为重点计划，同时促进台湾地区中老年病防治，当年台湾地区推动“国民保健计划”，对于提供服务及机构设置给予奖励		
	台湾地区低收入户老人生活津贴制度正式颁行		
	正式颁行“护理机构设置标准”，使得台湾地区“居家护理、护理之家及日间照护”的发展有所依据		

续表

年份	长期照顾"法制"与政策	主管单位	阶段划分
1994	台湾地区"全民健康保险法"正式颁行	"卫福部"	残补式附加型发展期
	委托台湾胸腔暨重症加护医学会办理呼吸长期依赖病患照护计划，提供呼吸器长期依赖病患居家照护及机构式照护服务		
1995	"医疗发展基金申请作业要点"完成修订，该作业要点将各医院所附设的护理之家列为奖励对象		
1995	3月1日，全面实施全民健康保险，将居家护理列入给付范围		
	原台湾地区"卫生署"颁布《全民健康保险居家照护作业要点》		
	正式划定全民健保的慢性疾病范围		
	制订出安宁医疗相关设置规范，在台湾地区各医院积极推进安宁疗护计划，因应癌症末期病人的需求为其提供特殊照顾服务		
	四家医院开始试办"出院计划"		
1996	"安宁居家疗护"被台大医院等十家医院列入台湾全民健保试办计划		
	依照居家照护的做法，将护理之家列入台湾地区全民健保给付		
	盘活社区资源，积极促进社会福利社区化进程		
	为了提升精神病、慢性病以及具有其他特殊照顾服务需求的病患对于持续性社区照顾服务的可及性，正式颁布实施"健全医疗网第三期计划"，以促进包括长期照顾在内的特殊医疗体系的发展		
	将原来的"出院计划"变更为"出院准备服务"，以因应台湾地区全民健保对于住院量控制		
	将身心障碍者获取生活补助的标准进一步放宽，同时在全台各县市普设身心障碍福利服务中心，其目的在于依托遍及全台的社区照顾服务体系因应身心障碍者积极参与经济与社会领域活动的权利与需求		
1997	复健、医疗及长期照护等长期照顾相关服务被列为"全台医疗网第三期计划"的重点工作内容		
	修订原台湾地区"残障福利法"，并将其更名为台湾地区"身心障碍者保护法"		

续表

年份	长期照顾“法制”与政策	主管单位	阶段划分
1997	修正公布台湾地区“老人福利法”，并将老年人的门槛由原来的70岁降到65岁，此外，还将长期照护机构、养护机构、赡养机构、文康机构及服务机构等五类照顾服务机构界定为老人福利机构	“卫福部”	残补式附加型发展期
	发表台湾地区“卫生白皮书”，其意图在于推动台湾地区跨世纪卫生建设，该“白皮书”将长期照顾的发展列为重点发展政策。确定以社区式照顾与居家式照顾为主，以机构式照顾为辅的原则，具体比例为70%：30%		
	在“跨世纪台湾建设计划”之中列入长期照顾服务建设的相关内容	“经济建设委员会”	整合式在地型发展期
1998	为因应“身心障碍保护法”修订的需要，将原名为“残障者健康保险办法”更名为“身心障碍者参加社会保险保险费补助制度”，并明确该险种保险费的筹集明细	“卫福部”	
	3月25日，“老人福利法施行细则”修正公布		
	4月8日，“身心障碍者保护法施行细则”公布实施		
	“加强老人赡养服务方案”正式开始实施，其目的是为了强化老人长期照顾服务输送的连续性及该服务提供的可近性。实践中，“加强老人安养服务方案”共分三期推进，其中第一期为期三年		
	修订“老人福利机构设立标准”并开始执行		
	基于放宽护理之家设立标准的目的考量，修订台湾地区“护理机构设置标准”，同时修订“护理人员施行法则”		
	实施“老人长期照护三年计划”		
	当年7月召开社会福利会议，该会议主题为跨世纪背景下台湾地区社会福利政策的发展新方向，该会议的重要成果之一是提出成立“社会福利推动委员会”的建议，由该“委员会”负责全台社会福利政策的研拟	台湾行政主管部门	
	正式发布并实施“老人福利机构设立许可办法”	“卫福部”	
	正式发布并实施“老人长期照护机构设立标准及许可办法”		
	为在长期照顾、急性以及慢性医疗之间构建无隙转移接续机制，当年台湾地区积极推进“出院准备服务计划”，1998年全年累计辅导41家医院提供这一服务		

续表

年份	长期照顾“法制”与政策	主管单位	阶段划分
1998	基于社会福利社区化的发展趋势，提出老人照顾政策亦应实现社会福利社区化，同时还为独居低收入的身心障碍老人提供紧急救援联机服务	“卫福部”	整合式在地型发展期
	筹备建立“社会福利推动小组”		
1999	正式提出“建构台湾长期照顾十年计划”的设想，并在台湾地区社会福利推动小组下另外筹备建立台湾地区长期照护专案小组作为推进组织		
	召开“长期照护”跨“部署”会议，由台湾地区原“卫生署”与“内政部”负责推动长期照顾资源整合等相关议题，促进长期照顾照顾制度与服务体系的“整合式发展”		
	成立“老人福利促进委员会”		
2000	颁布实施台湾地区“建构长期照护体系三年计划”，意在为台湾地区长期照顾制度与服务体系的转型发展规划蓝图	台湾行政主管部门社会福利推动小组	
	以公务预算的方式推动台湾地区“九二一震灾”的灾后整合性复健及“长期照护”服务	“卫福部”	
	“长期照护咨询委员会”正式成立，该委员会负责长期照护相关政策的具体规划工作		
	长期照顾被“新世纪健康照护计划”列为重点工作内容		
2001	“长期照护咨询委员会”第五次及第六次会议召开		
	积极规划、推动台湾地区“建构长期照护体系先导计划”，意在为台湾地区长期照顾服务体系的发展规划宏观蓝图		
	多“部会”联袂推动《照顾服务产业发展方案》，开启了台湾地区长期照顾政策“整合式发展”的新篇章	“经济建设委员会”	
2002	为进一步加强台湾地区老年人保护，修订《加强老人赡养服务方案》	台湾行政主管部门	
	通过《照顾服务福利及产业发展方案》，以打造凝聚多方力量，携手发展长期照顾服务体系	台湾行政主管部门	
	正式发布“长期照护社区化计划”，意在推动台湾地区长期照顾服务在各社区的落地，其实施日期截至 2007 年	“卫福部”	
	“非中低收入失能老人及身心障碍者补助使用居家服务试办计划”正式颁布实施	“卫福部”各县市	
2003	正式颁布实施“照顾服务员训练实施计划”	“卫福部”	

续表

年份	长期照顾“法制”与政策	主管单位	阶段划分
2004	全面推展地区教学以上医院，办理出院准备服务计划	“卫福部”	整合式在地型发展期
	决议组成长期照顾制度规划小组，就长期照顾政策的相关具体内容详加规划	“社福推动委员会”	
	修正核定台湾地区“社会福利政策纲领”，明确社会福利政策制定原则包含“落实在地服务”	台湾行政主管部门	
2005	核定《加强老人赡养服务方案》	台湾行政主管部门	
2007	台湾地区长期照顾十年计划（期程：2007~2016 年）	“卫福部”	
	修订“老人福利法”，“立法”宗旨变更为“为维护老人尊严与健康，安定老人生活，保障老人权益，增进老人福利，特制定‘本法’”	台湾立法主管部门	
	远距照护试办计划（期程：2007~2008 年）	“卫福部”	
	健康照护服务产业发展方案（期程：2007~2009 年）		
2008	马英九在竞选台湾地区领导人所提的“健康政策白皮书”中提出推动“长期照护保险”的“政见”		
	提出“长期照护保险先期规划”	“经建会”	
2009	制订新世代健康领航计划	“卫福部”	
	制订“健康照护升值白金方案”行动计划		
	2009 年 10 月 2 日核定“推动弱势族群医疗照护计划——发展山地离岛偏远地区社区化长期照护服务体系计划”		
	成立长期照护保险筹备小组，于 2009 年 7 月 23 日正式揭牌运作，推动“长期照护保险”		
2010	完成长期照顾资源盘点，作为长期照顾服务网区域规划的依据		
	制定“长期照护服务法（草案）”报送台湾行政主管部门		
2011	3 月 31 日台湾“行政”主管部门通过“长期照护服务法（草案）”并送交台湾“立法”主管部门审议	台湾行政主管部门	普惠式法制化发展期
	5 月 2 日，经过审议，台湾“立法”主管部门将“长期照护服务法”改名为“长期照顾服务法”		
2012	修正核定《台湾地区社会福利政策纲领——迈向公平、包容与正义的新社会》		
	6 月 7 日台湾地区行政主管部门通过“黄金十年”计划，“加速健全身心障碍照顾及支持服务体系”与“建立长期照顾服务体系，推动长期照顾保险制度”均在“公义社会”部分中被列为该计划的“各部会优先具体政策”		

续表

年份	长期照顾"法制"与政策	主管单位	阶段划分
2012	"长期照顾十年计划——2012至2015年中程计划"正式启动	"卫福部"	普惠式法制化发展期
2013	7月23日，"卫生福利部"正式挂牌成立		
	长期照护服务网计划（第一期）启动，实施时间为2013年至2016年		
2014	9月，"长期照顾保险法（草案）"送台湾行政主管部门审议		

注：表格中主管单位标注为"卫福部"的，在2013年7月前实际负责部门为原"卫生署"或"内政部"，但本表格采取《长期照护服务网计划（第一期）——2013年至2016年》（核定本）的处理方式，统一标注为"卫福部"，而不再做详细区分。

资料来源：其中1980年至2009年政策源于：①《长期照护服务网计划（第一期）——2013年至2016年》（核定本）。②台湾长期照护专业协会：《长期照护历史轨迹》，http：//www.ltcpa.org.tw/about/aboutus-304.php，2014-07-07。③黄惠玑、杜敏世、陈丽华等：《长期照顾》，台北（县）新文京开发出版股份有限公司，2012。2010年至2014年政策由笔者根据台湾地区长期照顾服务相关政策的实际进展添加而成，此外表格中历史阶段由笔者自行划分。本表格形式与内容均由笔者做了较大调整。

由政策范式转移理论可以得知，某项公共政策其政策范式的转移往往与一些突发性事件爆发作为标志的"政策失败"（policy failure）紧密联系在一起。换言之，公共政策的范式转移往往是一个由某一特别事件引发的过程。"所谓特别事件是指在现有范式中被证明是反常（anomalous）事件的增加，为了纠正问题，决策者需要改变工具设定，并尝试新的工具。"① 即为了消除这些特别事件的负面影响，决策者会尝试推动政策的第一序列变化过程与第二序列变化过程，如果"这些努力不能奏效，就会出现政策失败，进而否定旧的范式，促使人们去寻找新的范式，进行修正政策的实验过程"。② 即决策者会被迫推动政策的第三序列变化过程。在台湾地区长期照顾服务政策从残补式附加型发展期转型到整合式在地型发展期的过程中，基于服务输送的维度，一些具有深远影响的焦点事件的发生，不仅深刻推动了而且也表现出台湾地区长期照顾服务相关政策的范式转移。这些

① 仇国平、温卓毅：《中国农民工政策的重大调整：走向新政策范式》，《中国社会政策评论（第1卷）》，第158~159页。

② 仇国平、温卓毅：《中国农民工政策的重大调整：走向新政策范式》，《中国社会政策评论（第1卷）》，第159页。

焦点事件之所以爆发，与处于残补式附加型发展期的较为混乱、无序的台湾地区长期照顾服务输送环境有着密不可分的关系。首当其冲的是“中和市慈民赡养中心大火事件”。1998 年 1 月 15 日，原台北县[①]中和市慈民赡养中心（该中心为未立案机构）突发大火，夺走了 11 位老人的宝贵生命。这一不幸事件凸显出当时台湾地区所有未立案老人赡养、养护机构在设施与管理上的严重问题。为此，台湾行政主管部门于 1998 年 5 月 7 日通过《加强老人服务赡养方案》。同年 6 月 17 日台湾地区及时修正“老人福利机构设立标准”，降低 49 床以下的小型赡养护机构的设置标准，希望通过如上举措提升台湾地区未立案老人赡养、养护机构的立案率，彻底解决未立案老人赡养、养护机构管理混乱的问题。而台湾地区残补式附加型长期照顾政策所引发的第二例“政策失败”的典型事件为“刘侠悲剧事件”的爆发。2003 年 2 月 7 日凌晨，负责照顾台湾知名作家、伊甸基金会创办人刘侠的印尼籍看护工维娜由于长期忙于照护工作，无法获得足够休息，精神异常之下严重拉扯与伤害刘侠。虽被紧急送至医院抢救，但身为台湾地区跨界知名人士的刘侠仍不幸于 2 月 8 日凌晨去世。在建构“长期照护体系先导计划”的关键时刻爆发的“刘侠悲剧事件”，引发台湾地区社会各界强烈反响。为此，刘侠的朋友与社会福利团体与学者联合发表《可以宽恕，不容敷衍——建构完整的长期照顾体系刻不容缓》的声明，一方面要求台湾行政主管部门尽快推动完整的长期照顾计划建构。另一方面还强烈要求:[②]（1）加强外籍监护工之职前训练与在职训练：许多外籍监护工在来台湾之前并无照顾失能者的经验和知识，为确保失能者受照顾的品质，应尽速建立外籍监护工职前训练与在职训练的机制，增强他们的照顾能力；（2）雇用外籍监护工的家庭也需要上课：“政府”应辅导有需要外籍监护工的雇主采登记制，并提供必要的讲习，让雇主学习对待外籍监护工的正确态度及给予适当之劳动条件；（3）拨部分就业安定基金经费，建立咨询、申诉通道，建立到家访视及协助照顾训练制度：许多家庭照顾者及外籍监护工对于照顾工作并不熟稔，又苦于无管道咨询与申诉，应尽速建

① 2010 年 12 月 25 日，原台北县正式改制“升格”为新北市，现为台湾地区人口数量最多的市。

② 此三条诉求转引自林万亿《台湾的社会福利——历史与制度的分析》，台北五南图书出版股份有限公司，2012。

立相关咨询及申诉管道，让雇主与外籍看护工可以寻求协助与咨询，亦可派遣辅导人员到家指导及了解照顾情形，让失能者的照顾品质能有所保障。“中和市慈民赡养中心大火事件”与“刘侠悲剧事件”的爆发，表明结束台湾地区长期照顾“行政体系”林立、各个“部会”如无头苍蝇似的发展各自长期照顾服务的时代已刻不容缓，台湾地区长期照顾服务相关政策亟待进入跨“部会”的整合式发展期。

除了协调与整合各“部会”长期照顾服务相关政策的发展之外，基于“在地老化”（aging in place）、“福利社区化”的指导理念，发展以“全人照顾、在地老化、多元连续服务”为宗旨的长期照顾服务相关政策，积极扩大台湾地区社区式照顾服务的供给亦成为这一时期的政策重点。2004年，针对台湾地区机构式照顾服务资源相对过剩而社区式与居家式照顾资源相对不足的现象，吴淑琼、戴玉慈、庄坤洋、张媚、吕宝静、曹爱兰、王正、陈正芬等台湾地区学者曾联袂指出，在“建构台湾长期照护体系先导计划”之前，台湾地区无视社区资源严重欠缺，还大量发展机构（式照护）资源，和理想背道而驰，此一发展态势如不扭转，极难实现社区多元化服务的理念。[①] 那么，这一长期照顾资源分布困境究竟应如何消弭？发展“整合式在地型”照顾成为应然选择。鉴于“在地老化”的理念，大力发展社区化照顾服务同时，积极提倡居家式照顾已经成为当时台湾地区长期照顾制度与服务体系转型发展的重点。正是在此背景之下，2004 年 2 月 13 日，台湾行政主管部门修正核定台湾地区“社会福利政策纲领”，明确推动台湾地区社会福利政策的制定原则包含“落实在地服务”理念，并且强调“儿童、少年、身心障碍者、老人均以在家庭中受到照顾与保护为优先原则，机构式的照顾乃是在考虑上述人口群的最佳利益之下的补救措施；各项服务之提供应以在地化、社区化、人性化、切合被服务者之个别需求为原则”。由此可知，在地服务及社区照顾的观念已经成型，并且已纳入台湾地区“社会福利政策纲领”之中，作为台湾地区后续社会福利政策发展的具有指导性作用的纲领性文件。正是基于这一历史背景，台湾地区原“卫生署”与“内政部”等主管部门延续前期发展成果、总结既有经验，并在台湾行政主管部门的协调下，

---

① 吴淑琼、戴玉慈、庄坤洋等：《建构长期照护体系先导计划——理念与实践》，《台湾公共卫生杂志》2004 年第 3 期，第 250 页。

积极推进如下四项跨“部会”整合型计划——“建构长期照护先导计划”“照顾服务福利及产业发展方案”“六星计划——社福医疗”及“大温暖计划——建置长期照护十年计划”，扩大各类长期照顾服务体系的合作空间，使政策内容更朝多元化发展。[①]

而“整合式在地型”政策范式转移的最终标志性事件是2007年台湾地区“老人福利法”的修订。就指导理念与分配基础的维度，“近10年未修正的‘老人福利法’，社会早有全面检讨、修订的呼声，一方面是因为1980年公布实行的‘老人福利法’，虽然在1997年有过全面性的大幅修正，但‘立法’精神仍停留在德政的施恩心态，导致‘法案’架构凌乱不全、主要诉求模糊不清，连带的，在实际执行时，各项措施规范不足或缺漏的问题就一一浮现。”[②] 2007年台湾地区“老人福利法”修订后，其“立法”宗旨变更为“为维护老人尊严与健康，安定老人生活，保障老人权益，增进老人福利，特制定‘本法’”。可见，“达到促进长者尊严、独立自主老年生活”已成为“老人福利法”此次修订的主要目标，“立法”精神已从“德政”与施恩转为以尊严、独立自主老年生活为主要目标，这无疑从某个侧面表明了公民权的回归。此外，基于服务输送的维度，鉴于老人照顾服务的需求多元且复杂，且具有不可分割性，在2007年的修订中，台湾地区老人照顾服务的规划原则有所变更，“全人照顾、在地老化、多元连续服务”这一更加人性化的原则成为新的规划原则。具体来说，为了响应台湾地区社会结构与家庭架构转变对于老人福利需求可能带来的消极影响，本次“老人福利法”修订的主要原则包含如下七个方面：[③] 一是全责分工、专业服务；二是促进经济保障；三是在地老化、社区化服务；四是多元连续性服务；五是促进社会参与；六是强化家庭照顾支持；七是强化老人保护网络。修订后的“老人福利法”法条章节包含总则、经济安全、服务措施、福利机构、保护措施、罚则、附则等共7章，合计55条，比1997年版本增加了20条条款。就2007年版本“老人福利法”相对于

① 李孟芬、石泱、曾蔷儿等：《长期照顾概论——社会政策与福利服务取向》，台北洪叶文化事业有限公司，2013。

② 王荣璋：《“老人福利法”三读通过感言》，http：//mymedia. yam. com/legislator_wang，2007-02-07。

③ 台湾立法主管部门：《第6届第4会期第16次会议议案关系文书（收文编号：0960000122；议案编号：0960108070300100）》，2007。

1997 年版本的修订重点，肩负台湾地区“内政部社会司老人福利科视察”一职的张静伦指出，此次修订的重点体现在如下六个方面：[①] 第一，强化权责分工、专业服务。具体而言，一是厘清主管机关与各目的事业主管机关权责；二是明订“中央”“地方政府”掌理事项；三是遴用专业人员，促进老人权益。第二，加强经济安全保障措施，对于心神丧失或精神耗弱老人，主管机关得向“法院”声请禁治产宣告，维护老人财产。同时鼓励老人财产信托，促进老人经济安全。第三，规划在地老化、社区化服务及多元连续性服务。依全人照顾、在地老化、多元连续服务原则规划老人照顾服务，让老人能居住在自己熟悉的社区中，即可方便地取得所需的各种服务。推动各项居家式及社区式服务，“俾”增强家庭照顾老人之意愿及能力，提升老人在社区生活之自主性。同时，明订机构式服务应以结合家庭及社区生活为原则，并得支持居家式及社区式服务，满足老人多元服务需求。第四，促进社会参与、维护仍在职场服务老人之权益。一是推动老人生活辅具信息等相关服务，协助长者维持独立生活能力；二是推动老人休闲、体育活动，鼓励老人参与志愿服务，以充实老人生活，促进社会适应；三是增订雇主对于老人员工不得予以就业歧视规定，维护仍在职场服务老人之权益。第五，强化家庭照顾支持服务。提供家庭照顾者补充性及支持性服务，让留在家庭中受照顾的老人，也能得到适切照顾。第六，保障入住机构老人之权益。增订老人福利机构应与入住者或其家属订定书面契约，及主管机关应公告规定其定型化契约应记载或不得记载之事项，以确保入住者权益并减少消费纠纷。同时明订老人福利机构投保公共意外责任险及具有履行营运之担保能力，以保障入住老人之权益。第七，增强老人保护网络。增订相关人员执行职务时之通报责任规定，使有保护需求之老人得以及时受到适当安置及保护。同时结合警政、卫生、社政、民政及民间力量，定期召开老人保护联系会报，强化老人保护网络。由此可见，2007 年台湾地区“老人福利法”的修订在更加明晰老人福利服务提供的“政府”责任的同时，积极促进社会式照顾服务向“全人照顾、在地老化、多元连续服务”的取向上转型发展已纳入“法制化”轨道。

---

① 张静伦：《老人福利法令与实务》，2012。

四　普惠式法制化发展期（2011～　）

根据台湾行政主管部门的规划，如图 3-1 所示，从 2007 年开始，台湾地区长期照顾服务体系的构建与完善（预计）可分为三个阶段。

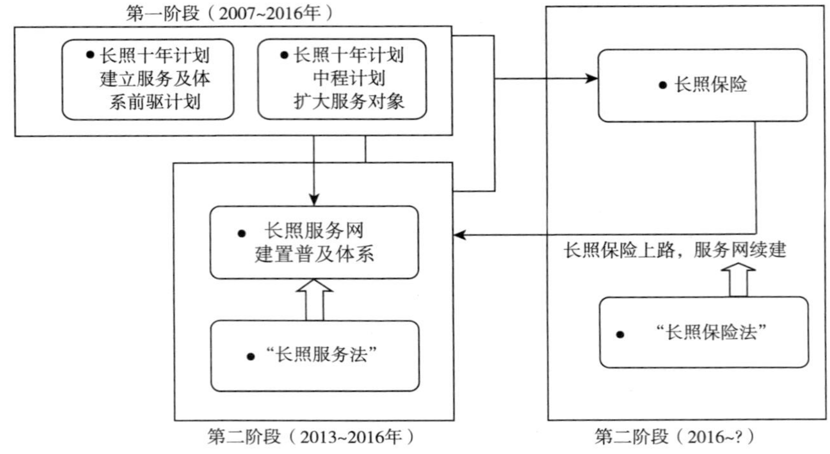

图 3-1　2007 年以后台湾地区长期照顾服务体系发展的三个历史阶段

资料来源：李玉春：《台湾地区长期照顾保险之规划与展望》，台北台湾地区银领协会，2014 年 7 月 17 日。有所调整。

第一个阶段为长期照顾十年计划时期，该阶段自 2007 年开始，预计实施到 2016 年，这一阶段的主要任务是为长期照顾服务模式与服务资源的构建与完善奠定基础；第二个阶段为长期照顾服务网计划推进与“长期照顾服务法”的“立法”时期，该阶段自 2013 年开始，预计实施到 2016 年，这一阶段的主要任务是通过建构、完善长期照顾服务体系，同时推进长期照顾服务的“法制化”进程，进一步充实台湾地区的长期照顾服务“量能”，促进长期照顾服务的普及化与“法制化”。此外长期照顾服务网计划的比较特殊之处在于，这一计划的顺利实施亦是台湾地区长期照顾保险制度实施的基础，通过该计划的实施加快推动台湾地区长期照顾服务网的建构，努力扩大及加强各类长期照顾人力资源的培训，并不断强化长期照顾专业人员照护服务的供给能力，才能确保台湾地区长期照顾保险制度顺利

"上路"，避免陷入有保险没服务的尴尬境地。第三个阶段则是长期照顾保险制度推进时期。在三阶段任务的整体规划设计中，当第一阶段的长期照顾十年计划与第二阶段的长期照顾服务网计划顺利实施以后，台湾地区将适时启动"长期照顾保险法"的"立法"议程①，从而以社会保险的方式推动台湾地区长期照顾制度与服务体系的转型发展。实践中，自 2009 年起，经过台湾地区"长期照护保险筹备小组"五年多的前期筹备工作，台湾地区"长期照顾保险法"（草案）已由台湾地区"卫生福利部"于 2014 年 9 月提交台湾行政主管部门审议，最乐观估计可望于 2016 年正式"上路"。

上文概述了从 2007 年开始台湾地区长期照顾服务体系转型发展的三阶段划分，那么台湾地区长期照顾服务相关政策实现"普惠式法制化"转型的标志性事件是什么？换言之，长期照顾政策范式何时从"整合式在地型发展期"变迁进入"普惠式法制化发展期"呢？通过回溯台湾地区长期照顾十年计划，可以发现其主要分两个细分计划阶段推进实施，第一细分计划为"建立服务及体系前驱计划"，具体实施日期为 2007 年至 2011 年，目前该计划已经实施完成；第二细分计划为"2012 年至 2015 年中程计划"，主要目的是扩大长期照顾服务对象范围。基于台湾地区长期照顾政策在"整合式在地型发展期"与"普惠式法制化发展期"主诉求间的差异性，根据台湾地区长期照顾相关政策发展历程的划分标准，笔者认为，长期照顾十年计划的第一细分计划"建立服务及体系前驱计划"的侧重点，仍在于整合各"部会"长期照顾服务体系并积极推动社区式、在地化照顾服务的发展，因此 2007 年至 2011 年的"建立服务及体系前驱计划"时期仍应划归于"整合式在地型发展期"；而长期照顾十年计划的第二细分计划"2012 年至 2015 年中程计划"② 的侧重点已经转移到通过扩大长期照

① 台湾地区的"立法"所耗时间通常比较长，基于"立法"周期考量，台湾地区《长期照顾保险法》的"立法"不可能等到长期照顾服务网计划顺利实施（2016 年）之后再启动。因此，实践中，台湾地区"长期照顾保险法"的"立法"启动时间较早，早在 2009 年台湾地区"长期照护保险筹备小组"即正式成立开始筹备"长期照顾保险法"的推进事宜。

② 如果台湾地区"长期照顾保险法"能于 2016 年顺利通过"立法"，则预设中，2016 年亦是实现台湾地区"长期照顾十年计划"与长期照顾保险制度衔接的时间点。因此《台湾地区长期照顾十年计划~2012 至 2015 年中程计划》的实施周期为 2012 年至 2015 年，而不是到 2016 年。

顾服务对象，增强长期照顾服务的普惠性，并通过推动“长期照顾服务法”的“立法”努力推进长期照顾服务的“法制化”进程中，因此 2012 年至 2015 年实施的长期照顾十年“中程计划”时期应归属于“普惠式法制化发展期”。加之台湾行政主管部门通过“长期照护服务法（草案）”并送交台湾“立法”主管部门审议均发生在 2011 年，因此宜以该事件作为台湾地区长期照顾政策总体性目标转换（即第三序列变化）的标志，意即自 2011 年以后台湾地区长期照顾政策正式启动“整合式在地型发展期”向“普惠式法制化发展期”的转型历程。

第二节　台湾地区长期照顾服务相关政策的服务内涵

就台湾地区长期照顾服务体系的划分，比较一致的观点是认为可以将之划分为“卫生医疗行政体系”（代表“部会”为台湾地区原“卫生署”，简称“卫政体系”）、“社会福利行政体系”（代表“部会”为台湾地区“内政部”，简称“社福体系”）、“退除役官兵辅导委员会体系”（代表“部会”为台湾地区“退除役官兵辅导委员会”，简称“退辅会体系”）等三大体系。在 1998 年之前，处于“残补式附加型发展期”的台湾地区长期照顾服务相关政策依照此三大服务体系发展出了各自的长期照顾政策，并基于这些政策发展各自的长期照顾服务。1998 年之后，受“在地老化”“福利社区化”等理念的影响，推动社区式照顾服务的发展成为台湾地区社会各界的共识。为此，在台湾行政主管部门的牵头下，台湾地区“内政部”“卫生署”“退辅会”等“部会”共同推动了“四项‘跨部会’整合型计划——‘建构长期照护先导计划’、‘照顾服务福利及产业发展方案’、‘六星计划——社福医疗’及‘大温暖计划——建置长期照顾十年计划’，扩大各类服务体系的合作空间，使政策内容更朝多元化发展”，[①] 而台湾地区长期照顾服务相关政策的发展亦进入了“整合式在地型发展期”。

① 李孟芬、石泱、曾蔷儿等：《长期照顾概论——社会政策与福利服务取向》，台北洪叶文化事业有限公司，2013。

此后，面对各项长期照顾服务覆盖范围（使用人数）亟待扩展，而长期照顾服务资源在总量不足的同时又分布不均等问题，在台湾地区行政主管部门的牵头推动下，《台湾地区长期照顾十年计划——2012 至 2015 年中程计划》《长期照护服务网计划（第一期）——2013 年至 2016 年》等计划陆续出台；台湾地区"长期照顾服务法（草案）"于 2011 年 3 月通过台湾行政主管部门审核，"长期照顾保险法（草案）"于 2014 年 9 月送交台湾行政主管部门审核，这些都标志着台湾地区长期照顾服务相关政策的发展即将实现从"整合式在地型"到"普惠式法制化"的发展转型。应当正视的是，尚处政策范式转型进程中的台湾地区长期照顾服务相关政策的走向还存在许多不确定因素，因此如果能系统分析"残补式附加型发展期"与"整合式在地型发展期"[①] 三大服务体系下各类具有代表性的长期照顾政策及其服务内涵，无疑会对我们理解和把握台湾地区长期照顾服务相关政策在"普惠式法制化发展期"的可能走向有所帮助。

一　"卫生医疗行政体系"的长期照顾服务相关政策及其服务内涵

如图 3-2 所示，"残补式附加型发展期"中台湾地区"卫生医疗行政体系"的长期照顾政策主要包括 1986 年至 1993 年实施的医疗网计划与国民保健——长期照顾计划，而 1991 年台湾地区"护理人员法"的颁布亦是这一时期的焦点性事件之一。此外，还包括 1994 年至 1997 年执行的医疗网二、三期计划，1995 年通过的"物理治疗师法"以及同年开始实施的全民健康保险制度，1997 年颁行的"职能治疗师法"。而"整合式在地型发展期"中台湾地区"卫生医疗行政体系"的长期照顾政策主要包括 1998 年至 2001 年实施的"老人长期照顾三年计划"、2002 年至 2004 年实施的"新世纪健康照护计划"、2005 年至 2008 年实施的"全人健康照护计划"，以及"长期照护社区化计划"。此外，2009 年至 2012 年间实施的"精进全人健康照护计划"与"健康照护升值白金方案——强化长期照护体系"处

① 台湾地区长期照顾政策的萌芽期比较久远，与现今台湾地区的长期照顾政策环境差异巨大，缺乏参考价值。

于“整合式在地型发展期”与“普惠式法制化发展期”转型进程中。

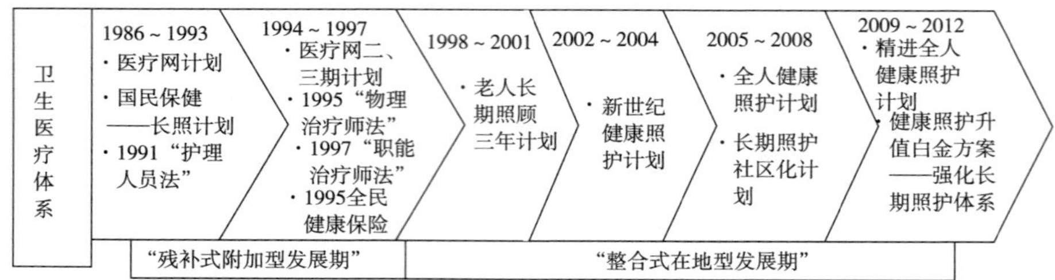

图 3-2　台湾地区“卫生医疗行政体系”长期照顾政策

资料来源：李孟芬、石泱、曾蔷儿等：《长期照顾概论——社会政策与福利服务取向》，台北洪叶文化事业有限公司，2013。表格的形式与内容均由笔者做了一定调整。

囿于篇幅所限，本书仅限于讨论台湾地区“老人长期照护三年计划”“长期照护社区化计划”与“新世代健康领航计划”等较具有代表性的长期照顾服务计划的具体服务内涵。

（一）台湾地区“老人长期照护三年计划”（1998～2001）

为回应台湾地区民众不断增长的长期照顾服务需求，台湾地区原“卫生署”于1998年制订并颁布了“老人长期照护三年计划”，其执行期间为1998年7月1日至2001年6月30日。基于分配基础的视角，该计划的服务对象是“无自我照顾能力的老人”，目的在于使这一群体能够实现在社区或者在家里得到适切的照顾。基于分配内容的维度，就该计划的主要内容，台湾学者吕宝静认为，“老人长期照护三年计划”的主要任务包括：[①]（1）建立整合性服务网络；（2）普及机构照护措施；（3）充实社区化照顾设施；（4）加强“长期照护”人力培训；（5）加强“长期照护”服务质量；（6）加强民众“长期照护”教育与倡导；（7）健全“长期照护”财务制度。基于服务输送的维度，在实践中，一方面，该计划比较强调通过家庭成员对于长期照顾知识与能力的培养与增进。另一方面，作为由“残补式附加型发展期”向“整合式在地型发展期”转型的核心推进计划之一，非常强调医疗卫生资源与社会福利资源的整合。经过三年的努力，

① 吕宝静：《老人福利服务》，台北巨流图书股份有限公司，2002。

"老人长期照护三年计划"在台湾地区老人照护的"整合性、社区化、人性化、公平性、自主性"[①]等五个方面取得了比较显著的成就。

（二）台湾地区"长期照护社区化计划"（2003~2008）

回溯台湾地区"长期照护社区化计划"推出的历史背景，可以发现该计划的推出是为了配合台湾行政主管部门提出的"挑战2008：台湾发展重点计划"。为此，台湾地区原"卫生署"在推出"新世纪健康照护计划"的同时，将长期照顾政策单列立项为"长期照护社区化计划"，以作为后续推动的"长期照顾十年计划"的衔接计划。该计划实施期程自2003年1月至2008年12月，细分为"长期照护"资源整合、多元化社区照护体系发展、专业人力培训三项子计划。其规划目标主要包括如下三个方面：[②]一是建立"长期照护"资源规划整合与管理机制，依定期资源供需调查结果调控；二是以民众需求为导向，发展社区多元化服务体系，提高服务效能；三是健全跨专业团队人力，提升服务质量。该计划的实施要点主要包括如下三个方面：[③]首先是"长期照护"资源整合，具体实施要点包括"建立长期照护管理示范中心，补助医院办理出院准备服务计划，全台长期照护管理中心辅导经营暨访查计划"等；其次是促进多元化社区照护体系的发展，实施要点包括"长期照护暂托服务计划，偏远地区居家护理服务计划，辅具中心计划及复建设施补助，精神医疗机构辅导计划"等；最后是专业人力的培训，主要通过"长期照护人员留任及培训计划、护理机构实地访查及区域辅导计划、绩优护理机构奖助措施项目计划"等三项具体计划推进。

（三）台湾地区"新世代健康领航计划"（2009~2012）

自1986年起，台湾地区原"卫生署"开始分五期推动医疗网计划，其中前三期计划的实施重点在于完善台湾地区医疗网的基础设施建设与人力资源规划，在继第四期"新世纪健康照护计划"与第五期"全人健康照

① 陈清惠、宋惠娟、田玫等：《长期照护（五版）》，台中华格纳企业有限公司，2013。

② 台湾行政主管部门研究发展考核委员会：《2004年度由"院"列管"长期照护社区化"计划查证报告（2004管查字第00号）》，2004。

③ 台湾行政主管部门研究发展考核委员会：《2004年度由"院"列管"长期照护社区化"计划查证报告（2004管查字第00号）》，2004。

护计划”实施完毕之后，台湾地区原“卫生署”正式启动“新世代健康领航计划”，该计划的执行期间为 2009 年 1 月至 2012 年 12 月。实践中，该计划以达到健康服务加值为总目标，着力于推动“服务品质加值、服务人力加值、健康产出加值及健康产业加值”等四项核心目标。①

二 “社会福利行政体系”的长期照顾服务相关政策及其服务内涵

如图 3-3 所示，“残补式附加型发展期”中台湾地区“社会福利行政体系”的长期照顾服务相关政策主要包括 1997 年“老人福利法”与“身心障碍者保护法”的修订。而“整合式在地型发展期”中台湾地区“社会福利行政体系”的长期照顾服务相关政策主要包括 1998 年至 2007 年间“加强老人安养服务方案”第一、二、三期的实施，2004 年“身心障碍者权益促进实施方案”的推进。还包括 2005 年台湾地区“照顾服务社区化计划”的实施，2007 年“老人福利法”的修订以及同年台湾地区“身心障碍者权益保障法”的大幅修订等。此外，2009 年至 2011 年台湾地区“友善关怀老人服务方案”的推行亦属“整合式在地型发展期”推行的重要长期照顾政策。

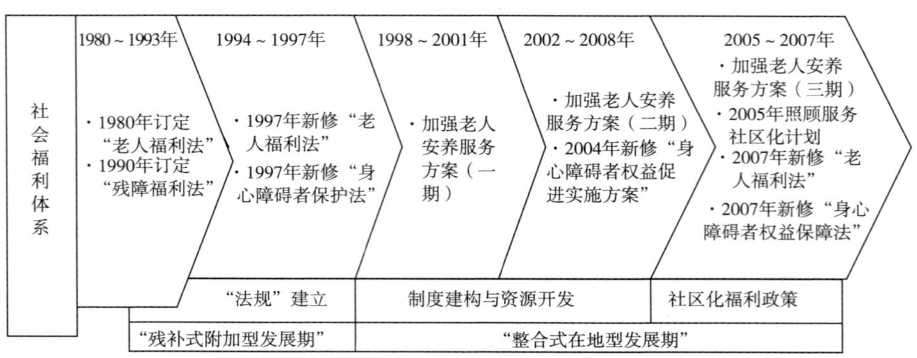

图 3-3 台湾地区“社会福利行政体系”长期照顾政策

资料来源：李孟芬、石泱、曾蕾儿等：《长期照顾概论——社会政策与福利服务取向》，台北洪叶文化事业有限公司，2013。表格形式与内容均由笔者做了一定调整。

① 黄惠玑、杜敏世、陈丽华等：《长期照顾》，台北（县）新文京开发出版股份有限公司，2012。

囿于篇幅所限，本书仅限于讨论台湾地区“加强老人安养服务方案”与“友善关怀老人服务方案”这两个较具有代表性的计划的服务内涵。

（一）台湾地区“加强老人安养服务方案”（1998~2007）

为强化老人长期照顾服务输送的连续性及该服务提供的可近性，1998年1月至2007年12月台湾地区“内政部”老人福利科推行“加强老人安养服务方案”以作为该地区老人福利服务的主要方案。实践中，“加强老人安养服务方案”共分三期推进，其中第一期为期三年，主要目标为：[①]（1）保障老人经济生活；（2）维护老人身心健康；（3）提升老人生活质量；（4）充实老人照顾人力设施；（5）落实老人居住赡养服务。该期的实施重点在于：[②]（1）老人保护网络体系；（2）居家服务与家庭支持；（3）机构赡养；（4）医护服务；（5）社区照顾及社会参与；（6）教育倡导及人才培训；（7）老人住宅；（8）老人年金与保险及补助等。其特色主要体现在：（1）提供支持家庭照顾者相关措施，以示对照顾者福利需求的正视；（2）扩大医务服务的范围，包括长期照顾服务；（3）将社区照顾列为实施要项，且列举社区式服务的项目等。2002年7月至2004年12月进入第二期，该期的主要目标为：[③]（1）加强老人生活照顾；（2）维护老人身心健康；（3）保障老人经济安全；（4）保障老人社会参与。而其实施重点则调整为：[④]将“老人住宅”推展为“无障碍生活环境住宅”，将“医护服务”延伸为“保健与医疗照护服务”，并将原先“教育倡导及人才培训”分列为“项目人力及训练”以及“教育及倡导”，以明示对人力培育工作的重视。在2005年8月31日修正核定的“加强老人安养服务方案”（第三期）中，指出该方案第二期取得的具体成效体现在：“居家服务补助

① 参见《加强老人安养服务方案》[1998年5月26日台湾地区“内政部”（87）台内社字第8717833号函订定]。

② 参见《加强老人安养服务方案》[1998年5月26日台湾地区“内政部”（87）台内社字第8717833号函订定]。

③ 参见《加强老人安养服务方案》（2002年6月26日台湾“行政”主管部门台内字第0910010535号函修正核定）。

④ 参见《加强老人安养服务方案》（2002年6月26日台湾“行政”主管部门台内字第0910010535号函修正核定）。

对象扩大至一般户失能民众、各县市开办独居老人紧急救援联机、完成‘建构长期照护体系先导计划’、完成全台未立案老人赡养护机构清查辅导、开办‘敬老福利生活津贴’、开设0800-228585‘老朋友专线’、完成‘照顾服务员技术士技能检定制度’等。总体言之，经由本方案之执行，使各单位所推动之老人福利业务得以相互支持配合、避免资源重复浪费，并因此达成整合之效。”① 2005年至2007年实施进入了第三期，该期的实施重点变更为八项计划，分别是:② （1）长期照顾与家庭支持；（2）保健与医疗照顾服务；（3）津贴与保险；（4）老人保护网络体系；（5）无障碍生活环境与住宅；（6）社会参与；（7）专业人力培训；（8）教育及宣导等方案内容。

（二）台湾地区“友善关怀老人服务方案”（2009~2011）

为提升台湾地区老人健康促进与社会参与，台湾行政主管部门于2009年9月7日核定“友善关怀老人服务方案”，试图基于“活跃老化”“友善老人”“世代融合”三大核心理念整合各单位资源，积极推动各项可行策略，并进一步建构友善老人生活环境，营造无歧视且“悦龄亲老”的社会，让老人享有活力、健康、尊严的老年生活。该方案第一期计划执行期间为2009年至2011年间，回顾其执行历程可以发现，“经各‘部会’及县市‘政府’落实推动各项策略与工作项目，执行成效逐年提升，2009年度计有58项工作项目达成分年预定目标，达标率为92%；2010年度计有60项，达标率为95.2%；2011年度计有61项，达标率为96.8%”。③ 经过三年的努力，该方案的实施在加强弱势老人服务、推展老人健康促进、鼓励老人社会参与、健全友善老人环境等四个方面取得了预期成效。此外，在总结第一期实施成果的基础上，为应对日益加剧的人口老龄化趋势，台湾行政主管部门于2013年12月9日核定了“友善关怀老人服务方案第二期计划”。该计划沿袭了“活跃老化”“友善老人”及“世代融合”的三

---

① 参见《加强老人安养服务方案》（2005年8月31日台湾行政主管部门台内字第0940037657号函核定修正）。

② 参见《加强老人安养服务方案》（2005年8月31日台湾行政主管部门台内字第0940037657号函核定修正）。

③ 参见《友善关怀老人服务方案第二期计划》（核定本）。

大理念，整合跨“部会”资源，试图以“健康老化”“在地老化”“智慧老化”“活力老化”及“乐学老化”五大目标推动各项具体行动措施，以期满足台湾地区老年人的全方位需求。[①]

三 “退除役官兵辅导委员会体系” 的长期照顾服务相关政策及其服务内涵

“荣民[②]安养”是台湾地区“退除役官兵辅导委员会”的主要职责之一。在“退辅会体系”之下台湾地区有关长期照顾政策主要体现在相关“法规”的颁布与执行上。其中最重要的“法规”是基于“退除役官兵辅导条例”第16、17、33条而制定的“退除役官兵就养安置办法”，该办法在2002年2月、2006年1月、2009年6月以及2009年12月分别修订以更新“荣民”就养条件。[③] 此外，台湾地区其他有关“退除役官兵”长期照顾的相关“法令”还包括“退除役官兵全部供给制安置就养作业规定”“退除役官兵部分供给制安置就养养护作业规定”“退除役官兵辅导委员会各安养机构荣民就医服务照顾作业规定”等。相应的，在实践供给层面，参见表3-2，台湾地区“退辅会”对于“荣民”的安养区分为全部供给制与部分供给制两种类型。其中，“全部供给制发给就养给付，并得依意愿住进‘荣誉国民之家’（简称‘荣家’），亡故时并予适当之丧葬补助，部分供给制，自付服务费住进‘荣民’自费安养中心或‘荣家’”。[④] 此外，基于人道主义出发，对于“荣民”的配偶（“荣眷”），在安养机构的实际容量允许的情况下也许可其以自费的方式住进安养中心或者“荣家”。就安养机构而言，目前台湾地区共计有14所“荣誉国民之家”与4所自费安养中心；就就医服务而言，目前台湾地区有3所“荣民”总医院、12所“荣民”医院，同时在医院下还增设有护理之家几个居家护理单位。[⑤]

---

① 参见《友善关怀老人服务方案第二期计划》（核定本）。

② “荣民”是“荣誉国民”的简称，指代退伍士兵。

③ 黄惠玑、杜敏世、陈丽华等：《长期照顾》，台北（县）新文京开发出版股份有限公司，2012。

④ 台湾行政主管部门“退除役官兵辅导委员会”：《“荣民”辅导业务概要》，2009。

⑤ 黄惠玑、杜敏世、陈丽华等：《长期照顾》，台北（县）新文京开发出版股份有限公司，2012。

表 3-2　台湾地区“退辅会”体系下“荣民”安养类型

<table>
<tr><th>安置类型</th><th>安置条件</th><th>就养给付</th><th>安置方式</th></tr>
<tr><td rowspan="4">全部供给制</td><td rowspan="4">“荣民”因作战受伤或因公致伤、病成身心障碍，或“退除役官兵”因体能伤病身心障碍，失去工作能力或年满61足岁生活无着，于台湾地区设有户籍，未支领固定额度的月退休给付，全家人口每人年平均收入低于当年“荣家”就养给付额度，且“荣民”及其配偶房屋土地公告价值低于新台币650万（新台币）者，均可申请公费就养</td><td rowspan="4">公费就养“荣民”多属早年退除制度未制定前之无给退除者，或退除制度建立后但受限“政府”财力，而仅能支领微薄之退除给与者，因年老生活确有困难，“政府”基于“崇功报勋、照顾荣民”职责，每月发予就养给与，并配合财政状况检讨调整，目前为每月 1.355 万元（新台币）</td><td>1. 内住“荣家”：公费就养“荣民”得依意愿申请内住安置，并依个人体能状况，分别由“荣家”予以赡养或失能、失智之养护服务照顾</td></tr>
<tr><td>2. 外住就养：公费就养“荣民”依其意愿，依亲居住或自行在社区居住，其服务照顾则由 22 所“荣民服务处”负责</td></tr>
<tr><td>3. 大陆地区长期居住：为完成年老公费就养“荣民”落叶归根及返乡依亲居住的心愿，“辅导会”依据“台湾地区与大陆地区人民关系条例”，订定相关办法及作业规定，自 1993 年 1 月实施全部供给制安置就养“荣民”赴大陆地区长期居住，其服务照顾则由“荣家”负责</td></tr>
<tr><td>4. 旅居海外长期居住：为解决年老“荣民”因依亲等因素长期居住海外（大陆以外地区）逾期未返台，丧失就养资格之问题，“辅导会”修订就养安置办法，自 2009 年 6 月 10 日实施全部供给制安置就养“荣民”旅居海外长期居住，其服务照顾则由“荣民服务处”或“荣家”负责</td></tr>
<tr><td rowspan="4">部分供给制（自费）赡养、养护</td><td colspan="3">1. 单身“荣民”自费赡养：年满 61 岁以上，未安置公费就养，能自理生活起居者</td></tr>
<tr><td colspan="3">2. “荣民”夫妇自费赡养：“荣民”须年满 61 岁，配偶年满 50 岁以上，无子女或子女无扶养能力，能自理生活起居者，对配偶以自费方式并同安置</td></tr>
<tr><td colspan="3">3. 失能、失智“荣民”自费养护：失能养护专区安置“荣民”失能但意识清醒者、或行动须仰赖轮椅、拐杖或其他工具者、或双目失明者、或自理生活困难者；经“荣民（总）医院”鉴定持有《身心障碍手册》，中度以上老人失智症“荣民”，可申请至自费失智养护专区安置</td></tr>
<tr><td colspan="3">4. 日间照护与临托服务：为有效运用赡养护资源，减轻家庭老人之照顾负担，使工作者能安心投入职场，2007 年 10 月起开办日间照顾与临托服务，安置临时进住的长者</td></tr>
</table>

资料来源：台湾行政主管部门“退除役官兵辅导委员会”：《“荣民”辅导业务概要》，2009。笔者根据相关内容自制而成。

四　整合型长期照顾服务相关政策及其服务内涵

从1980年台湾地区"老人福利法"与"残障福利法"颁行至世纪交替，台湾地区长期照顾制度与服务体系的发展已有二十多年。其间，经历了"萌芽期""残补式附加型发展期"，而"建构长期照护先导计划""照顾服务福利及产业发展方案""六星计划——社福医疗"以及"大温暖计划——建置长期照顾十年计划"等由台湾地区"内政部""卫生署""退辅会"等"跨部会"整合型计划的顺利推行，在扩大各类服务体系合作空间的同时使得台湾地区长期照顾服务相关政策内容更朝着"在地化""社区化"与"整合式"的方向行进，这标志着台湾地区长期照顾服务相关政策的发展进入了"整合式在地型发展期"。（可参见图3-4）

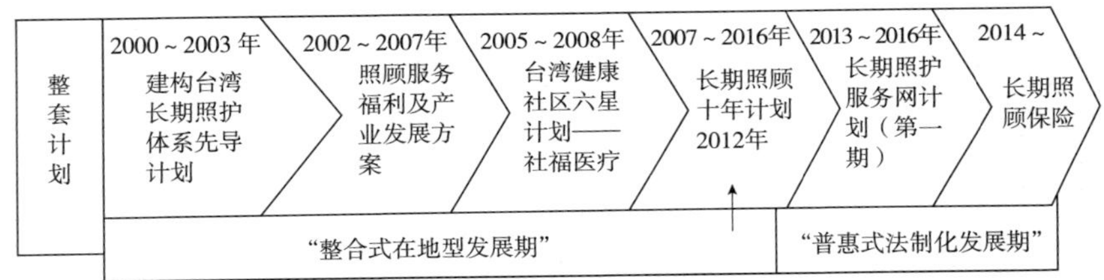

图3-4　台湾地区整合型长期照顾政策

资料来源：李孟芬、石泱、曾蔷儿等：《长期照顾概论——社会政策与福利服务取向》，台北洪叶文化事业有限公司，2013。表格形式与内容均由笔者做了较大调整。

而这一时期台湾地区长期照顾服务体系的发展，对于进入"普惠式法制化"阶段的长期照顾服务相关政策进一步的转型发展具有至关重要的服务基础奠定作用。正因为如此，系统回顾、辨析此四项计划的服务内涵具有重要意义。

（一）台湾地区"建构长期照护体系先导计划"（2000～2003）

21世纪初期，台湾地区长期照顾服务体系发展面临着"资源欠缺，对民众支持不足，再加上业务分属卫生与社政体系，资源无法统筹有效使用，更阻碍理想体系的发展"① 等诸多弊端。面对台湾地区长期照顾服务

① 吴淑琼、王正、吕宝静等：《建构长期照护体系先导计划第三年计划》，2003。

体系发展所面临的如上问题，在参考世界主要国家相关经验并结合台湾地区实际的基础上，2000 年 1 月 4 日台湾行政主管部门下属的“社会福利推动委员会”核定推动台湾地区“建构长期照护体系先导计划”，该计划由台湾地区“内政部”与原“卫生署”共同负责，并委托台湾大学执行。计划的执行周期为 2000 年 11 月至 2003 年 10 月，选定原“台北县”[①] 三峡镇、莺歌镇[②]与嘉义市等特定区域[③]作为实验社区。基于分配基础的维度，该计划服务对象为 20 岁以上，至少具有一项以上 ADL 功能障碍者，或经诊断有轻度失智症患者。作为台湾行政主管部门协调推进的四项跨“部会”整合型计划中的先驱者，该计划以“在地老化”为总规划目标，并制订了如下七项子目标：[④]（1）统筹社政和卫生资源，提供民众整体性连续性的“长期照护”服务；（2）保障民众获得多元性的“长期照护”服务，增进民众选择服务的权利；（3）营造社区式“长期照护”资源发展的有利环境，鼓励民间参与；（4）优先提供居家支持服务，延长受照顾者留住家庭的时间，改善独立自主的生活质量；（5）提供家庭照顾者必要的支持；（6）建立管理机制，确保服务提供的效率与效益；（7）降低使用“长期照护”服务的财务障碍，减轻民众负担。该计划的最大成效体现在为许多长期照顾服务模式的确立奠定了比较扎实的实验基础。换言之，台湾地区“现今的许多服务模式，皆为该时期所延续至成果”。[⑤]

（二）台湾地区“照顾服务福利及产业发展方案”（2002~2007）

作为台湾行政主管部门协调推进的四项跨“部会”整合型照顾计划之一，台湾地区“照顾服务福利及产业发展方案”由台湾地区原“经济建设

---

① 2010 年 12 月 25 日，原“台北县”正式更名为“新北市”，现为台湾地区人口最多的市。

② 在该计划中通常合称为“三莺地区”。

③ 就实验社区的选取标准，台湾地区社会福利学者林万亿指出，“之所以选择三莺地区与嘉义市是因为需要有城乡差异的实验，且林万亿时任台北县副县长，有利于协调合作；而嘉义市是当时‘内政部长’张博雅的故乡，张‘部长’曾担任过嘉义市长，当时的代理市长正是张市长时期的卫生局长，沟通较方便，有利于创新方案的实验”。林万亿的这一观点可参见林万亿《台湾的社会福利：历史与制度的分析》，台北五南图书出版股份有限公司，2012。

④ 吴淑琼、王正、吕宝静等：《建构长期照护体系先导计划第三年计划》，2003。

⑤ 李孟芬、石泱、曾蔷儿等：《长期照顾概论——社会政策与福利服务取向》，台北洪叶文化事业有限公司，2013。

委员会”“内政部”原“卫生署”“劳委会”“农委会”“退辅会”等“部会”共同负责规划、推动，具体实施期限为2002~2007年，分为两期。第一期自2002年至2004年，第二期从2004年至2007年。探究这一方案的发展目标，可以发现其意在“建构照顾服务体系，提升服务品质，扩充服务对象，开发服务人力”。[①] 基于分配基础的维度，该方案的服务对象为因失能而导致身体及日常生活障碍者，为其提供日常生活及身体照顾服务。特别值得关注的是，该方案中的“非中低收入失能老人及身心障碍者补助使用居家服务试办计划”将服务对象由中低收入的失能者延伸至一般失能者。其具体发展策略则包括如下七个维度：[②]（1）建立照顾服务管理机制，加强服务输送系统；（2）引进民间参与机制，充实多元化照顾服务支持体系；（3）全面提升照顾服务质量，保障服务使用者权益；（4）健全照顾服务人力培训与建立认证制度，促进照顾服务专业化；（5）配合台湾照顾服务产业发展，适度调整外籍监护工之引进政策；（6）相关“法规”松绑及措施调整，排除民间参与障碍；（7）推动沟通及倡导工作，建立照顾服务资源网络。通过“照顾服务福利及产业发展方案”的实施，台湾地区“开立了长期照顾普及化照顾之先端，其受照顾的对象，由往常以低收入户、中低收入户、独居老人为主要补助对象，扩及一般民众，建立了普世化长期照顾的先端”。[③]

（三）台湾地区“健康社区六星计划——社福医疗”（2005~2008）

基于“社区化”发展理念，为了通过全面性社区改造运动的发展来带动台湾社会的安定、团结，2005年台湾行政主管部门正式颁行“台湾健康社区六星计划”这一综合性社区改造计划，从“产业发展、社福医疗、社区治安、人文教育、环境景观、环保生态”等六个有助于推动台湾地区健康社区发展的方面全面发力达到预定目标。就社福医疗面向而言，其主要推动计划

① 台湾行政主管部门原“经济建设委员会”“内政部”：《照顾服务福利及产业发展方案》，2002。

② 台湾行政主管部门原“经济建设委员会”“内政部”：《照顾服务福利及产业发展方案》，2002。

③ 李孟芬、石泱、曾蔷儿等：《长期照顾概论——社会政策与福利服务取向》，台北洪叶文化事业有限公司，2013。

包括由“内政部”负责的“建立社区照顾关怀据点实施计划”以及由“内政部”和原“卫生署”共同负责的“长期照顾服务社区化计划”。就分配基础而言，社福医疗面向的服务对象为社区中的失能者及老人，但以健康老人或失能程度较轻的老人为主。基于服务输送的视角，具体推进策略包括如下三个方面：[①] 一是发展社区照护服务，建立社区照顾关怀据点，使生活照顾及长期照护服务等工作可以就近社区化；二是强化社区儿童照顾，除由“国民”小学办理儿童课后照顾服务外，亦鼓励社区妈妈协力合作，提供社区内之托育照顾服务及儿童课后辅导，营造温馨成长环境；三是落实社区健康营造，推动健康生活社区化，增进“国民”运动健身观念，并激发民众对健康的关心与认知，自发性参与或结合卫生医疗专业性团体，借由社区互助方式，共同营造健康社区。通过如上推进策略可以发现，“健康社区六星计划——社福医疗”推进的特点之一在于通过社区非正式资源的结合为社区居民提供初级预防照顾。

（四）台湾地区“长期照顾十年计划——大温暖社会福利套案之旗舰计划”（2007~2016）

2006年台湾行政主管部门通过“2015年经济发展愿景之大温暖社会福利套案第一阶段三年冲刺计划（2007-2009）”（简称“大温暖社会福利套案”），在“迈向繁荣、公义、永续的美丽台湾”的总目标之下，内含“缩小城乡/贫富差距、强化老人安养、因应少子女化、促进‘国民’健康”四大重点，依据此四大重点“大温暖社会福利套案”细分规划了十二项重点计划。其中，在“强化老人安养”这一规划策略之下制订了三项重点计划，包括“设立人口、健康及社会保障研究中心计划”与“推动国民年金制度计划”，其中的重中之重则为“建构长期照顾体系十年计划”被定位为其旗舰计划。该计划确立了五项具体目标：[②]（1）建构完善长期照顾体系；（2）结合民间资源提供长期照顾服务；（3）建立支持家庭照顾者体系；（4）强化长期照顾服务人力培育与运用；（5）建立稳健长期照顾

---

① 此三点推进策略引用于高雄市文化局《2005~2008六星计划总说明》，http://community.khcc.gov.tw/home02.aspx? ID=$5002&IDK=2&EXEC=L，2014-11-15。

② 参见“2015年经济发展愿景之大温暖社会福利套案第一阶段三年冲刺计划（2007-2009）”。

财务制度。由前文的相关论述可知，台湾地区“长期照顾十年计划”细分为两个阶段推进，第一细分计划为“建立服务及体系前驱计划”，可归于“整合式在地型发展期”之下，具体实施日期为 2007 年至 2011 年，目前该计划已经实施完成；第二细分计划为“2012 年至 2015 年中程计划”，是台湾地区长期照顾政策迈入“普惠式法制化发展期”的主要推进计划之一，其目的主要是扩大长期照顾服务对象范围。由于该计划是台湾地区仿照日本“新黄金计划”推动长期照顾服务体系转型发展的依据，同时亦是台湾行政主管部门四项跨“部会”整合型计划之中唯一仍在推进之中的计划，作为当前台湾地区的主要长期照顾服务政策，“长期照顾十年计划”对于台湾地区长期照顾制服务体系的现状与未来的发展具有十分重要的意义，因此本书将在第四章中基于分配基础、分配内容、服务输送、资金筹付、实施绩效等视角展开详细分析，在本书第七章与第八章中则将就其后续发展走向展开研究探讨。

第四章
台湾地区长期照顾制度框架、服务模式及其评价

第一节　台湾地区长期照顾“行政体系”及其责任内涵

纵观其发展历程，笔者发现，台湾地区长期照顾服务体系的发展主要依靠既有“行政体系”根据其“法源”及管理制度（地位），推动其长期照顾服务资源的配置与成长。也正因为如此，如第三章所述，在论及台湾地区长期照顾服务体系的划分时，台湾地区学者比较一致的观点是认为可以将之划分为“卫生医疗行政体系”（简称“卫政体系”）、“社会福利行政体系”（简称“社福体系”）、“退除役官兵辅导委员会体系”（简称“退辅会体系”）三大体系（可参见图4-1）。在这三大体系之外还有散落在“劳工委员会”“农业发展委员会”“台湾少数民族委员会”“经济部”“教育部”“交通部”等其他“政府部会”的一些零星服务，因其受益群体较少，规模与影响亦相对较小，即便台湾地区学者亦较少给予关注。

从长期照顾各“行政体系”责任内涵的视角分析，长期照顾服务各相关“部会”的掌理情况各有侧重。在台湾地区“卫生福利部”于2013年7月正式挂牌成立之前，台湾地区原“卫生署”领衔及其下属的“健康保险局”“医事处”“护理及健康照护处”（“长期照护科”）具体负责的“卫生医疗行政体系”所提供的长期照顾服务，主要是以慢性病医疗和技术

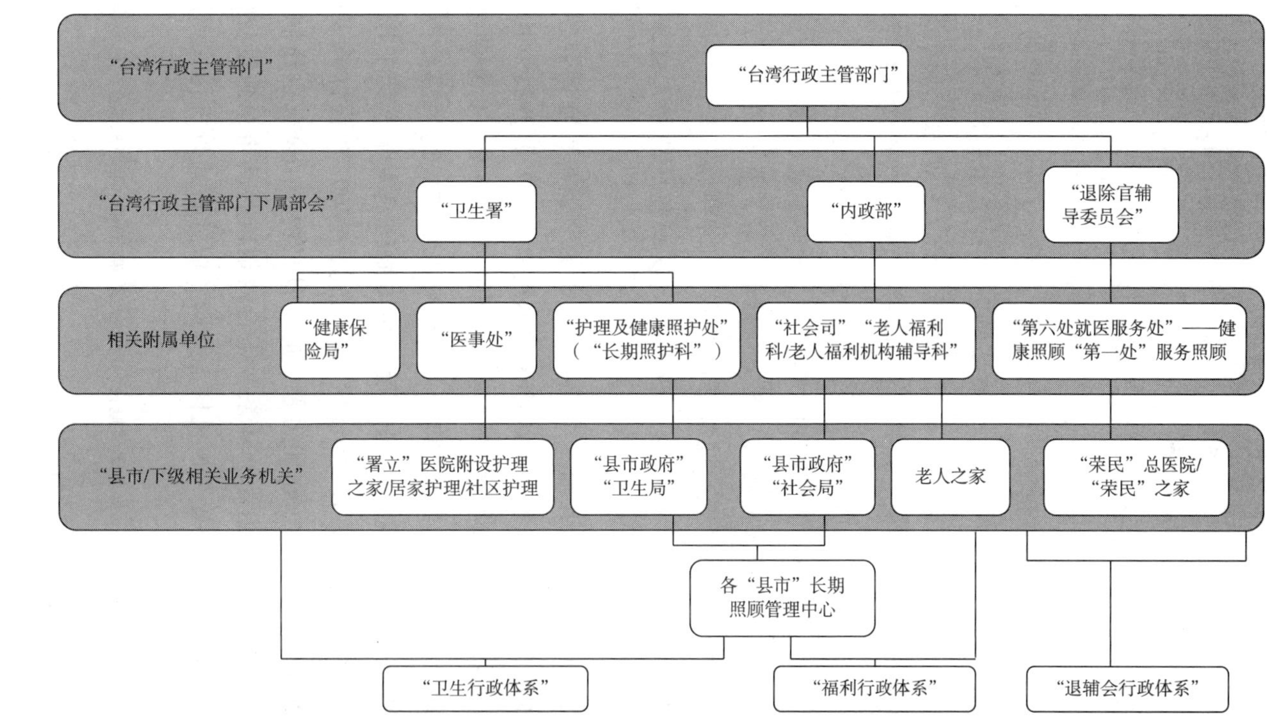

图 4-1　“卫生福利部”成立前台湾地区长期照顾主要“行政系统”

资料来源：李孟芬、石泱、曾蔷儿等：《长期照顾概论——社会政策与福利服务取向》，台北洪叶文化事业有限公司，2013。依据涉台宣传用语的有关意见有所调整。

性的护理服务为主，由台湾地区“台湾地区全民健康保险法”“医疗法”“护理人员法”与“精神卫生法”等“法规”进行规范。这一“行政体系”的主责内涵主要体现在“长期照护法/长期照护保险法拟定、资源规划、长期照护服务网、长期照护资源单一窗口管理机制、身心障碍辅具及远程照护、护理之家机构管理制度、长期照顾医事人力规划与管理、外籍看护工审核及护理之家评鉴考核等”。[①] 具体业务的实施，由“署立”医院附设护理之家以及各“县市政府”及其下辖“卫生局”负责。[②]

由台湾地区“内政部”领衔，由其下属的“社会司”“老人福利科/老人福利机构辅导科”等部门具体负责实施的“社会福利行政体系”的“法源”基础是“老人福利法”与“身心障碍者权益保障法”。该体系下提供的长期照顾服务主要以老人福利机构和身心障碍福利机构提供的服务为主。其具体服务项目一般以日常生活照顾为主，包括居家服务、日间托老以及安养与养护机构所提供的机构式服务。“社会福利行政体系”的主责内涵可主要概括为“老人福利法”制定与推动、老人福利机构资源规划与管理、经济安全、生活照顾、健康维护补助与保护服务。[③] 其具体业务的开展由各“县市政府”及其下辖“卫生局”以及各地的老人之家具体负责。

由台湾地区“退除役官兵辅导委员会”负责的“退除役官兵辅导委员会体系”相对封闭，主要服务于台湾地区“退役军人”及其眷属。其“法源”基础为“退除役官兵辅导条例”及其下属的“退除役官兵就医办法”与“退除役官兵就养安置办法”。其中，1964 年开始实施的“退除役官兵辅导条例”第十六条明确规定“退除役官兵体能伤残或年老无工作能力者，应专设机构安置就养”，该“条例”具体条款于 2002 年修订为“退除役官兵身心障碍或年老，无工作能力者，应专设机构，采全部供给制或部分供给制安置就养”。在“退辅会体系”下台湾地区各县市单独设置安养机构、失能养护机构以及失智养护机构，其服务服务模式以机构式照顾为

① 李孟芬、石泱、曾蔷儿等：《长期照顾概论——社会政策与福利服务取向》，台北洪叶文化事业有限公司，2013。

② 李孟芬、石泱、曾蔷儿等：《长期照顾概论——社会政策与福利服务取向》，台北洪叶文化事业有限公司，2013。

③ 李孟芬、石泱、曾蔷儿等：《长期照顾概论——社会政策与福利服务取向》，台北洪叶文化事业有限公司，2013。

主。“退除役官兵辅导委员会体系”的主责内涵则体现在“荣民/荣眷”长期照护规划、安养机构管理就养服务之上，该体系下具体实施部门分工为“第六处（就医服务处）”负责健康照顾业务，“第一处”负责服务照顾业务。

此外，台湾地区“劳工委员会”在长期照顾服务体系中的责任内涵体现为照顾服务员政策/培训/管理、鼓励大学办理健康照顾就业学程等方面，包括拟订外籍监护工聘用相关措施，办理照顾服务员丙级证照考试等。台湾地区“农业发展委员会”在长期照顾服务体系中的责任内涵体现为老年农民福利津贴发放、创新农村生活文化、培训照顾服务员及家事管理员、退休老农健康生活辅导等方面，包括试办安养护机构、日间托老、居家服务，并训练农村妇女参与照顾服务员的工作等方面。台湾地区“台湾少数民族委员”的长期照顾服务责任内涵为强化台湾少数民族部落照顾服务、部落老人日照关怀站、照顾服务员培训等。台湾地区“教育部”的长期照顾服务责任内涵体现为老化及老人教育推动、鼓励大专院校设置老人相关学程等领域。台湾地区“交通部”的长期照顾服务责任内涵在于推动老人及道路交通安全及教育，台湾地区“经济部”的长期照顾服务责任内涵在鼓励发展医疗照护产业及创新科技。作为台湾地区长期照顾服务提供的重要补充力量，台湾地区各类民间组织在推动各类照顾服务及专业服务、发展相关照顾服务方面具有不可替代的作用。而以家庭为核心的非正式照顾体系亦是台湾地区失能者与失智者的重要照顾服务资源，其中家庭照顾者是失能者与失智者的主要照顾力量，亲友邻居等则可以为失能者、失智者提供力所能及的协助照顾服务。

作为台湾地区长期照顾服务体系转型发展历程中具有划时代意义的一件大事[①]，2013 年 7 月 23 日，台湾地区“卫生福利部”正式挂牌成立。如

---

① 就其重要性，台湾地区著名社会福利学者詹火生教授认为，一方面，新成立的“卫生福利部”是台湾行政主管部门下辖的第四大“部会”，其预算规模亦远高于其他“部会”。以 2013 年度台湾地区总预算案为例，该地区广义的社会福利支出占年度总预算 22.6%，高于当年度经济发展支出。另一方面，随着高龄化社会的到来，台湾地区无论是老人卫生保健抑或是长期照顾需求皆与日俱增。因此，台湾地区“卫生福利部”的成立除了具有该地区“行政组织”变革的历史意义外，更担负了两千三百多万台湾同胞对于整合性社会福利政策的殷切期待。詹火生的这一观点可参见詹火生《对成立“卫生福利部”的政策期待》，http://www.npf.org.tw/post/1/12577，2013-08-12。

图 4-2 所示，该“部”是在台湾地区原“卫生署”业务之下，另移入原“内政部社会司”、原“内政部儿童局”、原“内政部家庭暴力及性侵害防治委员会”、原“内政部国民年金监理会”、原“内政部社会福利研习中心”及“内政部”所属的 13 家社会福利机构，以及“教育部中国医药研究所”等业务，并采取“人随业务走”的原则嵌入 1337 人，加上原“卫生署”原来的员额，新成立的“卫生福利部”总额达 12182 人。[①] 考察台湾地区卫生与社会福利体系的发展历程，笔者发现，早在 1988 年台湾地区各界就有了将卫生与福利业务合并成单一“部会”的构想，其理由在于“‘国民’生活水准不断提高，‘国人’对于实施全民健康保险及社会福利制度，期望殷切，有将医疗卫生与社会福利制度结合为一之必要。拟新设‘卫生福利部’，除办理‘卫生署’原掌工作外，并掌理全民健康保险，以及有关社会福利事项”。[②]

那么，在“卫生福利部”正式挂牌成立的背景下，台湾地区的“卫政体系”与“社会福利体系”是否“结合为一”了呢？基于“掌理”长期照顾服务的各“部会”权责分离的视角，台湾地区长期照顾服务体系是否进入了“卫生福利体系”与“退辅会体系”并立的时代？并将最终合并为全岛一体化的单一服务体系？就笔者的考察而言，目前的答案仍然是否定的。其原因在于，虽然台湾地区“卫生福利部”已经于 2013 年 7 月成立，但“卫政体系”“社会福利体系”与“退辅会体系”整合不足，且相对独立的格局并未实质改变：一方面，台湾地区目前与长期照顾服务有关的“法律”基础有“老人福利法”“身心障碍者权益保障法”“护理人员法”“退除役官兵辅导条例”等，比较庞杂。另一方面，虽然台湾地区“卫生福利部”已经挂牌成立，但台湾地区各县市仍然维持“社会局”与“卫生局”分立的格局，其人员、长期照顾服务方案、业务及资源仍有待整合。使情况更为复杂的是，除了各县市“政府”现行的两套体系之外，“更为重要的是到乡镇区公所的层次，现行‘社政’体系在乡镇区公所中设有社会课而‘卫政’体系则可能是卫生所的设立，前者是‘行政’作业的处理，后者是医疗服务的提供，此两套分裂的工作模式要将如何整合，可能在现行的组织编制与规划设计上

① 邱文达：《卫生福利政策之擘画与展望》，《社区发展季刊》2014 年第 1 期，第 11 页。

② 台湾立法主管部门：《台湾立法主管部门议案关系文书（“院”总第 70 号）》，1988。

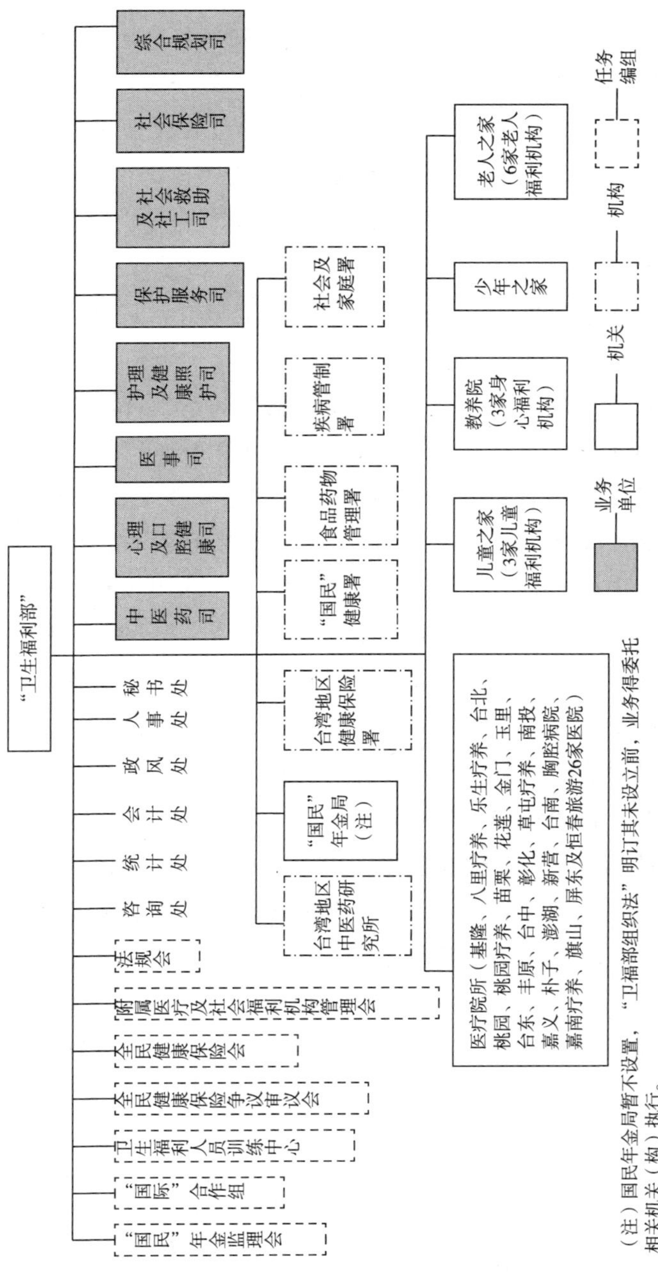

（注）国民年金局暂不设置，"卫福部组织法"明订其未设立前，业务得委托相关机关（构）执行。

图 4-2　台湾地区"卫生福利部"组织架构

资料来源：邱文达：《卫生福利政策之擘画与展望》，《社区发展季刊》2014年第1期，第11页。

应该再做进一步的思考和研商”。[①] 此外，在“卫政体系”与“社会福利体系”走向整合的同时，台湾地区“退辅会体系”仍保持相对独立，而其他“部会”在其“掌理”范围内依然单独编列预算发展各自领域内的长期照顾服务。由此可见，当前台湾地区长期照顾服务体系处于整合、转型阶段，在形式上似乎是以“卫生福利行政体系”与“退除役官兵辅导委员会行政体系”为主，以“劳工委员会”“农业发展委员会”“台湾少数民族委员会”“经济部”“教育部”“交通部”等其他“政府部会”为辅，其他民间组织与非正式照顾体系作为补充的格局（参见图 4-3），但实际运作上仍保持着“卫政体系”“社会福利体系”“退辅会体系”三足鼎立，其他“部会”各行其政的高度“碎片化”运行之势。

那么按照台湾行政主管部门与立法主管部门的组织再造意图，在台湾地区“卫生福利部”正式挂牌成立以后各长期照顾服务相关“部会”的具体“掌理”情况，抑或现行长期照顾“行政体系”下各“部会”的长期照顾服务责任内涵是否有什么变化呢？按照台湾地区“卫生福利部组织法”的规定，“卫生福利行政体系”[②] 在长期照顾服务制度设计与服务体系运营中的具体责任内涵为“卫生福利政策、‘法令’、资源之规划、管理、监督与相关事务之调研研究、管制考核、政策宣导、科技发展及‘国际合作’；全民健康保险、‘国民’年金、长期照顾（护）财务之政策规划、管理及监督；社会救助、社会工作、社会资源运用与社区发展之政策规划、管理及监督；医事人员、医事机构、医事团体与‘全台医疗网’、紧急医疗业务之政策规划、管理及监督；护理及长期照顾（护）服务、早期疗育之政策规划、管理及监督；台湾少数民族族及离岛居民医疗、健康照顾（护）、医护人力培育、疾病防治之政策与‘法令’规划、管理、监督及研究”。[③] 基于此，笔者认为，台湾地区“卫生医疗行政体系”与“社会福利行政体系”所“掌理”的长期照顾服务责任内涵正规划走向有机整合，但仍任重道远。

---

① 郭登聪：《“卫生福利部”下“行政体制”运作的检视与调整——从“中央”到“地方”“社政”及卫生体系规划与设计》，《社区发展季刊》2014 年第 1 期，第 68 页。

② 台湾地区“官方”或学界暂无“卫生医疗行政体系”与“社会福利行政体系”走向融合之后两者的合称，“卫生福利行政体系”只是笔者根据台湾地区“卫生福利部”名称，同时取其内涵意蕴自行命名的简称。特此说明。

③ 参见：台湾地区“卫生福利部组织法”。

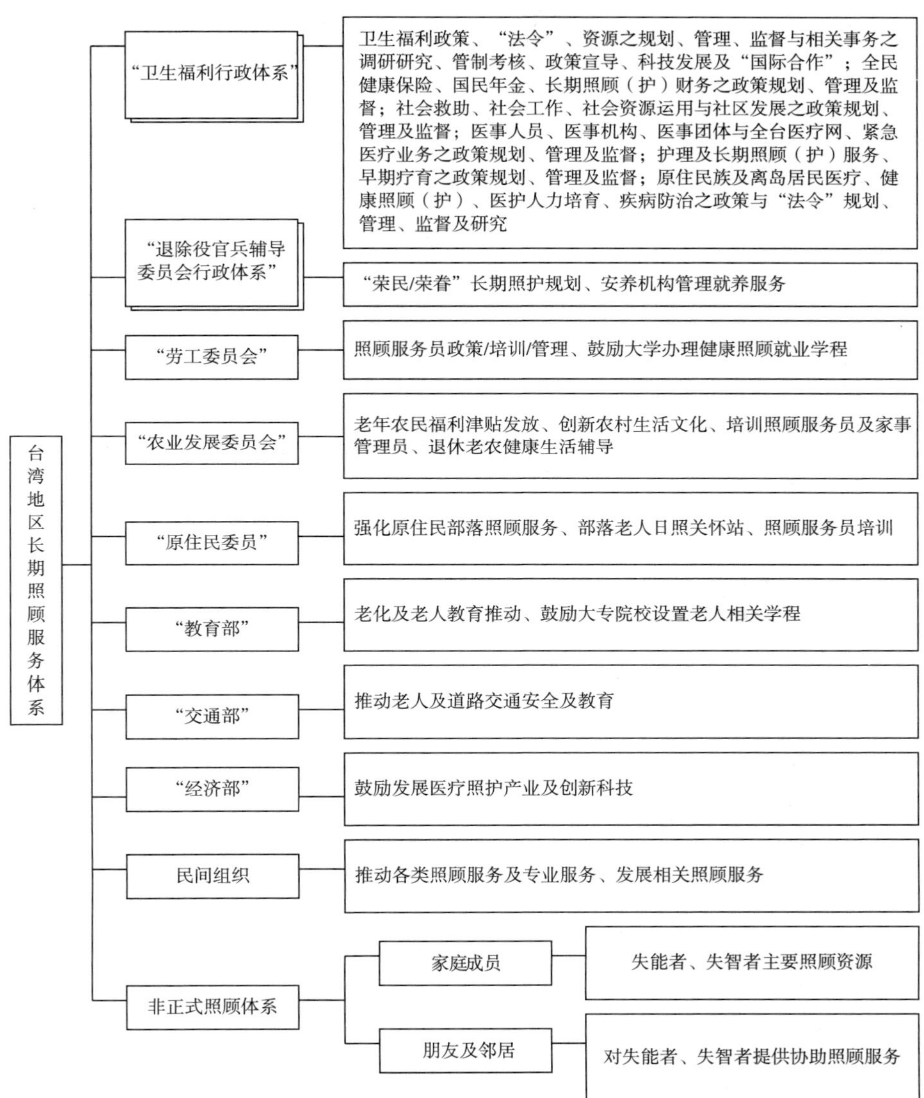

图 4-3　当前台湾地区长期照顾“行政体系”及责任内涵

资料来源：台湾地区“卫生福利行政体系”与非正式照顾体系部分由笔者根据台湾地区长期照顾“行政体系”的实际情况，依据“卫生福利部组织法”等文件绘制而成。其余“部会”与民间组织的“行政体系”结构与责任内涵援引自李孟芬、石泱、曾蔷儿等《长期照顾概论——社会政策与福利服务取向》，台北洪叶文化事业有限公司，2013。

第二节　台湾地区多层次长期照顾保障制度架构

基于资金筹付的角度，如图 4-4 所示，依据台湾地区发展委员会 2010 年 1 月 20 日发布的《长期照护保险规划报告》，可以发现台湾地区现行以及正规划完善中的长期照顾保障制度体系均可分为四个层次，其中，基础层由长期照顾相关的福利救助、非缴费式的社会救助、慈善公益团体、志工组成。除此之外台湾地区长期照顾保障制度体系可再划分为三个层次：第一层为“公办长期照护制度”，意即“政府”建立长期照顾制度提供基本的照顾服务。“政府”建立长期照顾制度提供基本的照顾服务面对重大的社会风险，基于社会联结与风险分摊的理念，“政府”必须建立完善之长期照顾制度，以满足国民基本且必需之照顾服务需求。对于弱势民众，则应有相关的社会救助措施、慈善团体及志工来协助。第二层为个人在能力范围内购买的长期照顾商业保险。“政府”提供之照顾服务仅能提供基本保障，个人可以在能力范围内购买长期照护商业保险，灵活地使用自有财源来提高保障水平。第三层为个人与家庭成员负担。通过个人之退休给付、投资理财与家庭成员的资助，可更进一步提高保障水平。[①]

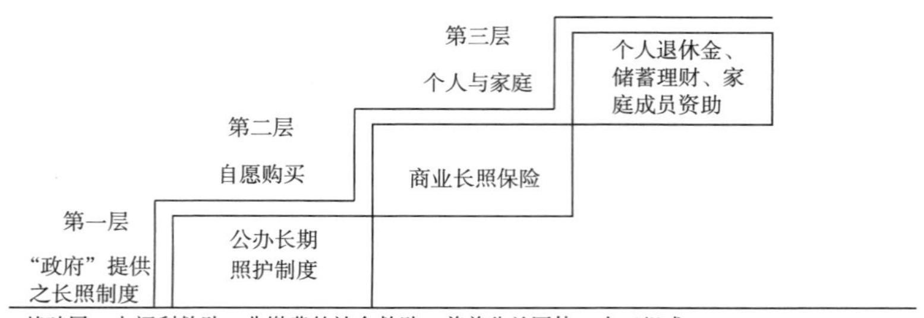

图 4-4　台湾地区多层次长期照顾保障制度架构

资料来源：“台湾地区发展委员会”：《长期照护保险规划报告》，http：//www.ndc.gov.tw/m1.aspx？sNo=0012835，2010-01-20。略有修改。

① “台湾地区发展委员会”：《长期照护保险规划报告》，http：//www.ndc.gov.tw/m1.aspx？sNo=0012835，2010-01-20。

由本书第三章，以及第四章（本章）的相关论述可知，自从20世纪80年代初台湾地区“老人福利法”“社会救助法”以及“残障福利法”等所谓“社会福利三法”颁布实施以来，“公办长期照护制度”作为台湾地区多层次长期照顾保障制度框架中的第一层，其发展已经历经35年之久。在此期间，台湾地区原“卫生署”“内政部”“退辅会”“劳委会”“农委会”等台湾地区“部会”都纷纷提出了条块分割的多项长期照顾“行政方案计划”，在部门或者系统内提供并满足不同长期照顾对象多层次的长期照顾服务需求。由于缺乏全台湾地区层面的整体性的完整规划，各“部会”分属的长期照顾“套餐”呈碎片化发展之势，各方案之间出现了重叠散乱的现象，同一个照顾对象[1]选择不同的长期照顾方案其补助标准有显著差异。此外，碎片化的长期照顾制度与服务体系也带来整体运行效率低下的问题。为此，台湾地区行政主管部门于2006年9月通过“大温暖社会福利套案”，基于“在地老化”的精神与“强化老人安养”的策略，将《建构长期照顾体系十年计划》规划为台湾地区“大温暖社会福利套案”的核心引领计划。究其根本，台湾地区“长期照顾十年计划”的终极目标在于通过建构完整的长期照顾服务体系，以切实保障台湾地区身心功能障碍者等失能者能获得所需要的适切长期照顾服务，增强独立生活能力，提升生活质量，以维持尊严与自主[2]。运行七年多之后，台湾地区以“长期照顾十年计划”为核心的“公办长期照护制度”暴露出了许多问题，目前该地区正以推行“长期照顾保险法”（草案）和“长期照顾服务法”（草案）为核心议程积极推动长期照顾服务体系的转型发展。

作为多层次长期照顾保障制度框架中的第二层，美国早在1975年就推出了该国第一张长期看护保险保单，而台湾地区商业性长期照顾保险制度的发展则比较迟，由于意识到在有限的“公办长期照护制度”与海量的长期照顾服务需求之间存在的巨大供需差额，台湾地区保险业者敏锐嗅到开拓长期看护保险市场可能带来的巨大商机，开始研发商业性长期看护保险。台湾地区商业性长期看护保险的第一张保单由台湾地区新光人寿保险公司在1995年推出。继新光人寿之后，国泰人寿亦于2000年开始推出商

① 有如老年身心残障人士，由于既是老年人，又是身心残障人士，因此可选择一些不同的长期照顾方案或者补足。

② 《台湾地区长期照顾十年计划——大温暖社会福利套案之旗舰计划》（核定本）。

业性长期看护保险，而保诚、国华、台湾、南山及三商等其他保险公司也相继于2002年起陆续销售长期看护商品，随后还有一些其他保险公司加入或者退出该业务领域。由表4-1所示，目前台湾地区在售长期看护保险的公司共计有国泰人寿、“中国人寿”“台湾人寿”、保诚人寿、国华人寿、新光人寿、三商美邦人寿等七家保险公司，共计11种保险商品。其中，国泰人寿旗下设计有“新松柏长期看护终身寿险”与“守护一生长期看护终身保险”两种保险商品，“中国人寿”旗下的保险产品有“‘中国人寿’长期看护保险附约”，“台湾人寿”在售的长期看护保险类别为新长期看护终身寿险与新珍爱长期看护终身保险，保诚人寿旗下有一年定期长期看护保险附约，国华人寿在售的长期看护保险商品类别是最丰富的，包括长期看护终身寿险、一生一世长期看护终身保险、爱你一生长期看护保险附约，新光人寿的长期看护保险商品为新长期看护终身寿险，而三商美邦人寿在售的长期看护保险商品名为长期看护保险附约。就长期看护商品的类别而言，如表4-1所示，除“中国人寿”旗下的“‘中国人寿’长期看护保险附约”、保诚人寿旗下一年定期长期看护保险附约、国华人寿在售的爱你一生长期看护保险附约、三商美邦人寿在售的长期看护保险附约等4类产品采取附约的形式，其他7类保险产品皆为主约型产品。

此外，由表4-2可知，就长期看护状态的认定标准取决于各个公司的失能定义与认知损害程度的界定两个维度。特别应当指出的是，即使在同一个公司内部，由于保险产品的差异化关于“长期看护”状态的认定标准也是异质性的。就失能定义而言，国泰人寿旗下的“新松柏长期看护终身寿险”的定义是“经常处于卧床状态，无法在床铺周遭以自己的力量步行，并符合下列4项状态中之2项以上者：（1）无法自己穿脱衣服；（2）无法自行沐浴；（3）无法自行就食；（4）无法自行擦拭排泄后之大小便”。“中国人寿”旗下的“‘中国人寿’长期看护保险附约”对于失能的定义为“下列6种情形符合3款（含）以上者：（1）无法自行饮食；（2）无法自行穿脱衣物；（3）无法自行走动；（4）无法自行就寝起床；（5）无法自行沐浴；（6）无法自行如厕”。“台湾人寿”在售的新长期看护终身寿险对于失能的定义为“经常处于卧床状态，为维持生命必要之日

表 4－1　台湾地区在售长期看护保险商品明细汇总

公司名称		国泰人寿	国泰人寿	“中国人寿”	台湾人寿	台湾人寿	保诚人寿
商品名称		新松柏长期看护终身寿险	守护一生 长期看护终身保险	“中国人寿”长期看护保险附约	新长期看护终身寿险	新珍爱 长期看护终身保险	一年定期长期看护保险附约
商品类别		主约，非账户型	主约，账户型	附约， 健康保险型	主约，非账户型	主约，账户型	附约， 健康保险型
保险期间		终身	至 99 岁	15/20 年	至 96 岁	至 101 岁	可续保至终身
缴费年期		15/20 年	10/15/20 年	同保险期间	15/20/25 年	10/15/20 年	一年
投保年龄		15 足岁～缴费期满不超过 75 岁	10 年期：15 足岁～65 岁 15 年期：15 足岁～60 岁 20 年期：15 足岁～55 岁	20 岁～缴费期满不超过 85 岁	15 年期：15 足岁～65 岁 20 年期：15 足岁～60 岁 25 年期：15 足岁～55 岁	10 年期：15 足岁～60 岁 15 年期：15 足岁～55 岁 20 年期：15 足岁～50 岁	15 岁～98 岁
给付内容	豁免保费	长期看护状态	长期看护状态	长期看护状态	长期看护状态	长期看护状态	长期看护状态
	免责期间	90 天	90 天	90 天	90 天	90 天	90 天
	身故/全残保险金	保险金额＋未到期保费	应缴年缴化总保费×1.05 倍—累计给付各项保险金	无	保险金额	已缴年缴化总保费×1.1 倍—累计给付各项保险金	无
	长期看护保险金	保险金额×10% 每半年给付	保险金额×6 倍 每半年给付	保险金额 每三个月给付	保险金额×12% 每半年给付	保险金额×6 倍 每半年给付	保险金额×6 倍 每半年给付
		给付至 105 岁止	给付 30 次	给付 3/6/10 年	给付至 96 岁止	给付 36 次	给付 10 年/终身
	长期看护疗养保险金	保险金额×30% （给付一次为限）	保险金额×12 倍 （给付一次为限）	无	保险金额×20% （给付一次为限）	保险金额×15 倍 （给付一次为限）	无
	祝寿保险金	无	应缴年缴化总保费×1.05 倍—累计给付各项保险金	无	保险金额	已缴年缴化总保费×1.1 倍—累计给付各项保险金	无
	其他	—	—	—	持续缴费 2 年以上可转换契约		—

续表

公司名称		国华人寿			新光人寿	三商美邦人寿
商品名称		长期看护终身寿险	一生一世长期看护终身保险	爱你一生长期看护保险附约	新长期看护终身寿险	长期看护保险附约
商品类别		主约,账户型	主约,账户型	附约,健康保险型	主约,账户型	附约,账户型,健康保险型
保险期间		至 110 岁	至 110 岁	可续保至终身	至 100 岁	主约之终身年龄
缴费年期		15/20/25 年	10/15/20 年	10/15/20 年	10/15/20 年	一年
投保年龄		15 年期:15 足岁 ~65 岁 20 年期:15 足岁 ~60 岁 25 年期:15 足岁 ~55 岁	10 年期:15 足岁 ~60 岁 15 年期:15 足岁 ~55 岁 20 年期:15 足岁 ~50 岁	15 年期:15 足岁 ~65 岁 20 年期:15 足岁 ~60 岁 25 年期:15 足岁 ~55 岁	10 年期:15 足岁 ~60 岁 15 年期:15 足岁 ~55 岁 20 年期:15 足岁 ~50 岁	给付 15 年期:14 足岁 ~70 岁; 给付 20 年期:14 足岁 ~65 岁
给付内容	豁免保费	长期看护状态	长期看护状态	长期看护状态	长期看护状态	长期看护状态
	免责期间	90 天	90 天	90 天	90 天	90 天
	身故/全残保险金	保险金额 ×10 倍—累计给付各项保险金	已缴年缴化总保费 ×1.05 倍	无	保险金额 + 未到期保费	无
	长期看护保险金	每半年给付保险金额	投保 < 5 年,100% 保额 5≤投保 < 10,110% 保额 10≤投保 < 15,120% 保额 15≤投保,130% 保额	保险金额 每年给付	保险金额 ×2% 每月给付	保险金额 ×6 倍 每半年给付
	长期看护疗养保险金	给付上限: 保险金额 ×50 倍	给付上限: 给付达 40 次	给付上限: 保险金额 ×50 倍	给付上限: 给付达 144 次	给付期:15 年/20 年
	祝寿保险金	无	保险金额 ×50% (给付一次为限)	无	保险金额 ×50% (给付一次为限)	保险金额 ×36 倍(长期看护保险金给付期满时)
		95 岁时给付 保险金额 ×2 倍	无	无	保险金额 (未领过全残保险金)	无

资料来源:台湾地区财团法人保险事业发展中心:《长期看护保险需求与商品介绍》,http://www. tii. org. tw/fcontent/mi-20111201/file/长期看护保险需求与商品介绍(A+)1010815. pdf,2011-12-01。根据《长期看护保险需求与商品介绍》的相关内容编辑、整理而得。

表 4－2 台湾地区在售长期看护保险商品看护状态定义比较

公司名称		国泰人寿	“中国人寿”	台湾人寿	台湾人寿	保诚人寿	国泰人寿	国华人寿			新光人寿	三商美邦人寿
商品名称		新松柏长期看护终身寿险	“中国人寿”长期看护保险附约	新长期看护终身寿险	新珍爱长期看护终身保险	一年定期长期看护保险附约	守护一生长期看护终身保险	长期看护终身寿险	一生一世长期看护终身保险	爱你一生长期看护保险附约	新长期看护终身寿险	长期看护保险附约
长期看护状态的认定标准	失能定义	经常处于卧床状态，无法在床铺周遭以自己的力量步行，并符合下列 4 项状态中之 2 项以上者： 1. 无法自己穿脱衣服 2. 无法自行沐浴 3. 无法自行就食 4. 无法自行擦拭排泄后之大小便	下列 6 种情形符合 3 款(含)以上者： 1. 无法自行饮食 2. 无法自行穿脱衣物 3. 无法自行走动 4. 无法自行就寝起床 5. 无法自行沐浴 6. 无法自行如厕	经常处于卧床状态，为维持生命必要之日常生活活动，需要他人扶助，而符合下列甲款状态，并且有乙款至己款中之任二款状态者：甲、无法在床边附近步行　乙、自行摄取食物　丙、无法自己穿脱衣服　丁、无法自己沐浴　戊、排尿始末无法自行为之　己、排便始末无法自行为之	经专科医师诊断，无法执行下列三项或三项以上之日常生活活动： 1. 如无他人协助，无法自行饮食 2. 如无他人协助，无法自行穿脱衣服 3. 如无他人协助，无法自行走动 4. 如无他人协助，无法自行就寝起床 5. 如无他人协助，无法自行沐浴 6. 如无他人协助，排便尿始末无法自行为之							
	认知损害	器质性失智，意识清醒下有分辨上之障碍 1. 时间：经常无法分辨季节、月份、早晚时间等。2. 场所：经常无法分辨自己的住居所或现在所在之场所。3. 人物：经常无法分辨日常亲近之家人或平常在一起的人	有认知障碍，失去思考、理解、推理判断及记忆能力而形成精神耗弱的状况。包括：1. 失去照料自己之能力，需要他人的持续监看护理 2. 器质性原因造成的精神或神经疾病 3. 非器质性原因造成的衰老或爱兹海默氏症	器质性失智，意识清醒下有分辨上之障碍： 1. 时间：经常无法分辨季节、月份、早晚时间等。 2. 场所：经常无法分辨自己的住居所或现在所在之场所。 3. 人物：经常无法分辨日常亲近之家人或平常在一起的人		无此承保项	器质性失智，意识清醒下有分辨上之障碍 1. 时间：经常无法分辨季节、月份、早晚时间等。 2. 场所：经常无法分辨自己的住居所或现在所在之场所。 3. 人物：经常无法分辨日常亲近之家人或平常在一起的人					无此承保项

资料来源：台湾地区财团法人保险事业发展中心：《长期看护保险需求与商品介绍》，http://www.tii.org.tw/fcontent/mi-20111201/file/长期看护保险需求与商品介绍（A＋）1010815.pdf，2011－12－01。

常生活活动，需要他人扶助，而符合下列甲款状态，并且有乙款至己款中之任二款状态者：甲、无法在床边附近步行；乙、自行摄取食物；丙、无法自己穿脱衣服；丁、无法自己沐浴；戊、排尿始末无法自行为之；己、排便始末无法自行为之”；此外，国泰人寿、“台湾人寿”、保诚人寿、国华人寿、新光人寿、三商美邦人寿等六家保险公司，共计 8 种保险商品对于失能的定义皆为“经专科医师诊断，无法执行下列三项或三项以上之日常生活活动：（1）如无他人协助，无法自行饮食；（2）如无他人协助，无法自行穿脱衣服；（3）如无他人协助，无法自行走动；（4）如无他人协助，无法自行就寝起床；（5）如无他人协助，无法自行沐浴；（6）如无他人协助，排便尿始末无法自行为之”。就各公司及其旗下长期看护保险产品对于认知损害程度的界定，保诚人寿与三商美邦人寿无此承保项，而“中国人寿”旗下的“‘中国人寿’长期看护保险附约”的认定标准为“有认知障碍，失去思考、理解、推理判断及记忆能力而形成精神耗弱的状况。包括：（1）失去照料自己之能力，需要他人的持续监看护理；（2）器质性原因造成的精神或神经疾病；（3）非器质性原因造成的衰老或爱兹海默氏症”。其他公司关于认知损害的程度界定皆采取时间、场所、人物的维度分析参保人在意识清醒下的分辨障碍。一般表述为“器质性失智，意识清醒下有分辨上之障碍：（1）时间：经常无法分辨季节、月份、早晚时间等；（2）场所：经常无法分辨自己的住居所或现在所在之场所；（3）人物：经常无法分辨日常亲近之家人或平常在一起的人”。

虽然台湾地区近年来致力于发展长期照顾服务领域的慈善救助以及“长期照顾十年计划”等“公办长期照护制度”，并在积极推动“长期照顾双法”的“立法”工作，但由于“民众意识到家庭成员一旦发生长期看护状态，慈善团体以至于‘政府机关’仅能补助所需成本之一部分”①，为此，“消费者可视本身需求，在社会保险以外搭配购买适合之商业长期看护保险商品；换言之，消费者可以购买商业长期看护保险之方式，补足所预计长期照护所需费用与政府所提供补助之差额部分及社会长期照护保险

① 张志宏、赵韵如：《长期看护保险制度与推动之研究》，http://www.tii.org.tw/fcontent/Insurance_Area/file/%E9%95%B7%E6%9C%9F%E7%9C%8B%E8%AD%B7%E4%BF%9D%E9%9A%AA%E5%88%B6%E5%BA%A6%E8%88%87%E6%8E%A8%E5%8B%95%E7%A0%94%E7%A9%B6.pdf，2009-09-16。

保障不足之部分"[①] 就成为台湾地区民众一种理性且现实的选择。但就整体而言，由于其高额的保险费以及复杂的商品结构等原因[②]，台湾地区商业性长期看护保险的业务量长期以来远不如癌症保险或终身医疗保险等其他险种，在产品设计与业务量上仍然有待突破。

2013 年后，新华人寿、富邦人寿等公司纷纷推出了"类长看险"[③]。如表 4-3 所示，"类长看险"与长期看护保险的不同之处主要在于两者在理赔条件的设定上存在比较大的差异。对参保人而言，"类长看险"比长期看护保险的理赔条件要优惠一些[④]。具体来说，"长期看护保险多以巴氏量表来认定，以食物摄取、大小便始末、穿脱衣服、起居、步行、入浴等不能自己为之且经常需要他人加以扶助的状态，并符合此 6 项中至少 2~4 项，才可申请理赔，而'类长看险'则是以 1~11 级残废等级来认定理赔资格"。[⑤] 此外，作为多层次长期照顾保障制度框架中的第三层，个人退休金、储蓄理财、家庭成员负担可以进一步提高台湾地区民众长期照顾服务需求的保障水准。

---

① 张志宏、赵韵如：《长期看护保险制度与推动之研究》，http://www.tii.org.tw/fcontent/Insurance_Area/file/%E9%95%B7%E6%9C%9F%E7%9C%8B%E8%AD%B7%E4%BF%9D%E9%9A%AA%E5%88%B6%E5%BA%A6%E8%88%87%E6%8E%A8%E5%8B%95%E7%A0%94%E7%A9%B6.pdf，2009-09-16。

② 在台湾行政主管部门下属的"金融监督管理委员会保险局"2009 年委托，台湾地区财团法人保险事业发展中心张志宏、赵韵如研究员联合承担的《长期看护保险制度与推动之研究》研究计划的同名结项研究报告中，其原因被归结为如下六点：一是长期照护风险的不确定性，台湾地区年轻民众没有迫切的参保意愿；二是商业性长期看护保险的保单费率偏高；三是核保人员、保险业务员、理赔人员等商业性长期看护保险的从业人员培养不易；四是各保险公司对于长期看护状态的定义不一致，导致消费者对于不同保险公司的长期看护保险保单的内容感到混淆，不利于商业性长期看护保险大量推广；五是台湾地区各保险公司对于长期看护状态认定的标准不统一，容易引起保护理赔申诉与纠纷；六是由于普遍缺乏长期看护项目发生率的相关资料，各保险公司难以精算出合理的商业性长期看护保险投保费率。

③ 由于该险种的理赔认定与 1~11 残废等级密切相关，因此在台湾地区该险种又被称为"残疾辅助险"。

④ 笔者在台北市调研期间，就"类长看险"的特点曾与某个保险公司的几个业务员进行个别访谈，关于"类长看险"笔者经常听到的一个说法是，"类长看险"比长期看护保险更容易领取，不管有没有发生失能的情形，只要被保险人罹患某种特定疾病，抑或符合 1~11残废等级中的某一级别，被保险人就可以开始定期领取一笔"看护保险金"。

⑤ 耿豫仙：《长期看护险 VS 类长看险》，http://www.epochtimes.com.tw/n84501/长期看护险 VS。类长看险.html，2014-03-14。

表 4-3 长期看护保险与“类长看险”理赔条件比较

名称	理赔定义方式	丧失生活自理能力的定义
长期看护险	巴氏量表认定，以食物摄取、大小便始末、穿脱衣服、起居、步行、入浴等不能自己为之 6 项的失能状态	针对被保险人的行为能力定义
“类长看险”	1~11 残废等级	针对被保险人的器官正常运作的程度定义

资料来源：耿豫仙：《长期看护险 VS 类长看险》，http：//www. epochtimes. com. tw/n84501/长期看护险 VS。类长看险 . html，2014-03-14。

第三节　台湾地区长期照顾服务体系的主要推进计划

一　台湾地区长期照顾十年计划：规划背景、目标、原则与实施策略

为应对老年人与身心障碍者为主的失能人口不断增加及长期照顾需求不断增长对台湾地区长期照顾体系带来的诸多压力与挑战，2004 年台湾行政主管部门下属“社会福利推动委员会”组建成立“长期照顾制度规划小组”，该规划小组基于“普及与适足的照顾”“多元及连续的服务”“合理及公平的负担”三大原则开展台湾地区“长期照顾十年计划”的规划工作。经过三年多的努力，该规划小组于 2007 年完成规划报告，并在 2007 年 4 月 3 日经台湾行政主管部门“台内字第 0960009511 号”函核定名称为“台湾地区长期照顾十年计划——大温暖社会福利套案之旗舰计划”。作为台湾地区仿照日本“新黄金计划”推动长期照顾制度与服务体系发展的依据，该计划规划在 10 年内以税收的方式筹措、投入 817.36 亿元新台币，以建构一个符合多元化、社区化（普及化）、优质化、可负担及兼顾性别、城乡、族群、文化、职业、经济、健康条件差异的长期照顾制度。在“台湾地区长期照顾十年计划”文本第二章中，该计划规划小组明确阐述了该计划的规划背景、基本目标、具体目标、规划原则以及实施策略。（参见图 4-5）

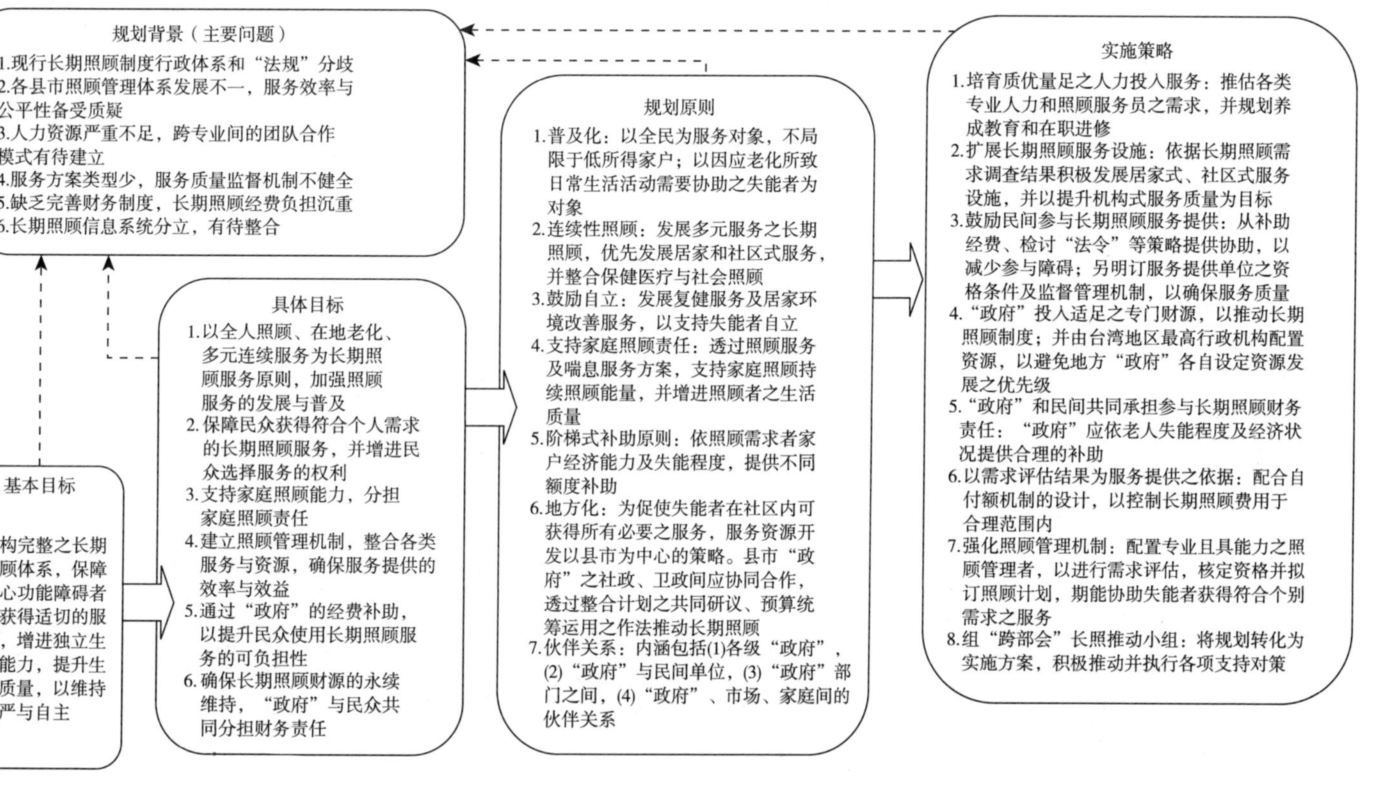

图 4－5　台湾地区“长期照顾十年计划——大温暖社会福利套案之旗舰计划”的规划背景、规划目标与实施策略

资料来源：由笔者根据《台湾地区“长期照顾十年计划——大温暖社会福利套案之旗舰计划”》（核定本）第二章的相关内容整理、绘制而成。

二　长期照顾十年计划的具体服务内涵

（一）长期照顾十年计划的具体服务内涵：分配基础的维度

台湾地区长期照顾十年计划制订团队在参考长期照顾制度与服务体系比较发达的国家如德国、英国、日本等国的长期照顾政策或计划方案对于长期照顾服务对象的范围界定之后，将长期照顾的服务对象界定为——主要是指日常生活功能受损而需要由他人提供照顾服务者。但考虑台湾地区人口老龄化趋势的快速性、长期照顾资源开发的有限性、尽速推动的急迫性，及特殊群体的老化经验不同，因此将台湾地区长期照顾十年计划的服务对象界定为如下群体：（一）65 岁以上老人；（二）55～64 岁的山地台湾少数民族；（三）50～64 岁的身心障碍者；（四）仅 IADLs 失能且独居之老人。[①] 自 2007 年 4 月通过、启动长期照顾十年计划的第一阶段细分计划“建立服务及体系前驱计划”，至 2012 年启动长期照顾十年计划的第二细分计划“2012 年至 2015 年中程计划”，截至 2012 年底台湾地区长期照顾服务计划累计服务人数超过 11 万人，其中老年失能人口的覆盖率从启动之初的 2.3% 升至 27%，扩展了 12 倍。

（二）长期照顾十年计划的具体服务内涵：分配内容的维度

台湾地区长期照顾十年计划所规划的长期照顾服务项目以日常生活、活动服务为主，涵盖了居家服务、日间照顾、家庭托顾服务。同时，为了维持、改善长期照顾个案的身心功能，长期照顾十年计划也将居家护理、社区及居家复健纳入服务项目的范畴。基于增能的理念，为了增进失能者在社区与家中自主活动的能力，台湾地区长期照顾十年计划也提供辅具购买、租借及住宅无障碍环境改善服务。

---

① 依据上述服务对象的范围界定，以林万亿为首的台湾地区长期照顾十年计划制订团队推估台湾地区长期照顾服务需求人口数呈稳步上升之势：2007 年为 245511 人，2010 年为 270325 人，2015 年为 327185 人，2020 年为 398130 人。

表 4-4 台湾地区长期照顾十年计划服务项目及补助内容

服务项目	补助内容
（一）照顾服务（包含居家服务、日间照顾、家庭托顾服务）	1. 依个案失能程度补助服务时数（ADLs，注 1）： 轻度：每月补助上限最高 25 小时；仅 IADLs 失能且独居之老人，比照此标准办理 中度：每月补助上限最高 50 小时 重度：每月补助上限最高 90 小时 2. 补助经费：每小时以 180 元计（随物价指数调整） 3. 超过“政府”补助时数者，则由民众全额自行负担 4. 补助对象依家庭经济状况提供不同补助标准（注 2）
（二）居家护理	1. 除现行全民健保每月给付 2 次居家护理外，经评定有需求者，每月最高再增加 2 次 2. 补助居家护理师访视费用，每次以新台币 1300 元计 3. 补助对象依家庭经济状况提供不同补助标准（注 2）
（三）居家（社区）复健	1. 针对无法透过交通接送使用健保复健资源者，提供本项服务 2. 每次访视费用以新台币 1000 元计，每人最多每星期 1 次 3. 补助对象依家庭经济状况提供不同补助标准（注 2）
（四）辅具购买、租借及居家无障碍环境改善服务	1. 每 10 年内以补助新台币 10 万元为限，但经评估有特殊需要者，得项目酌增补助额度 2. 补助对象依家庭经济状况提供不同补助标准（注 2）
（五）老人餐饮服务	服务对象为低收入户、中低收入失能老人（含仅 IADLs 失能且独居老人）；每人每日最高补助一餐，每餐以新台币 50 元计
（六）喘息服务	1. 轻度及中度失能者：每年最高补助 14 天 2. 重度失能者：每年最高补助 21 天 3. 补助受照顾者每日照顾费以新台币 1000 元计 4. 可混合搭配使用机构及居家喘息服务 5. 机构喘息服务另补助交通费每趟新台币 1000 元，一年至多 4 趟 6. 补助对象依家庭经济状况提供不同补助标准（注 2）
（七）交通接送服务	1. 补助中度及重度失能者使用类似复康巴士之交通接送服务，每月最高补助 4 次（来回 8 趟），每次以新台币 190 元计 2. 补助对象依家庭经济状况提供不同补助标准（注 2）
（八）长期照顾机构服务	1. 家庭总收入未达“社会救助法”规定最低生活费 1.5 倍之重度失能老人：由“政府”全额补助 2. 家庭总收入未达“社会救助法”规定最低生活费 1.5 倍之中度失能老人：经评估家庭支持情形如确有进住必要，亦得项目补助 3. 每人每月最高以新台币 1.86 万元计

注：1. 日常生活活动功能，ADLs（Activities of Daily Living）在该计划中包含的项目有进食、移位、如厕、洗澡、平地走动、穿脱衣裤鞋袜等六项。工具性日常生活活动功能，IADLs（Instrumental Activities of Daily Living）则包含上街购物、外出活动、食物烹调、家务维持、洗衣服等五项中有三项以上需要协助者即为轻度失能。

2. 家庭总收入未达社会救助法规定最低生活费用 1.5 倍者：由“政府”全额补助。家庭总收入符合社会救助法规定最低生活费用 1.5 倍至 2.5 倍者：由“政府”补助 90%，民众自行负担 10%。一般户：由“政府”补助 70%，民众自行负担 30%；超过“政府”补助时数者，则由民众全额自行负担。

资料来源：《台湾地区长期照顾十年计划摘要本》（核定本）。

此外，长期照顾十年计划所设计规划的服务项目还包括老人营养餐饮服务[①]、面对家庭照顾者的喘息服务以及接送服务服务等。如表 4-4 所示，该计划涵盖的八项具体服务项目里，有七项属于“社区居家类服务”，这表明在“在地老化”理念的指导下台湾地区的长期照顾服务相关政策正走向社区化、居家化的方向。

（三）长期照顾十年计划的具体服务内涵：服务输送的维度

在《台湾的社会福利：历史与制度的分析》一书中，台湾地区长期照顾十年计划规划团队的核心成员、台湾大学社会工作学系林万亿教授认为，“长期照顾十年计划”的最大目的在于建构起台湾地区的长期照顾服务系统。[②] 在计划于 2007 年启动时，台湾地区各县市均已设置有长期照顾管理中心。[③] 考虑到长期照顾管理的职责与“政府”资源的调控密切相关，因此设计中将各县市“政府”的长期照顾管理中心作为长期照顾管理制度的主责单位，以求为失能者及其家庭提供单一窗口整合性服务。这一单位窗口的核心任务包括需求评估、服务资格核定、照顾计划拟订、联结服务、监督服务质量以及定期复评等，即以密集式模式为发展主轴。[④] 如图 4-6、图 4-7所示，台湾地区长期照顾服务的具体输送流程为：（1）提出申请[⑤]；（2）由长期照顾管理中心单一窗口受理申请；（3）照顾资格的认定；（4）评估照顾需求；（5）申请者服务资格的认定、失能等级的认定、核定政府的补助额度；（6）拟订长期照顾计划；（7）通知申请者及服务提

---

① 老人营养餐饮服务的目的在于协助经济弱势失能老人获得日常营养的补充。

② 林万亿：《台湾的社会福利：历史与制度的分析》，台北五南图书出版股份有限公司，2012。

③ 为了推进长期照顾单一窗口制度，更好地满足失能者的长期照顾服务需求，台湾地区原“卫生署”以推进“老人长期照护三年计划”为契机成立“长期照护示范管理中心”。此外，台湾地区各县、市为配合台湾地区“照顾服务福利及产业发展方案”的推进也纷纷设立“照顾管理中心”。为整合这些名称、主管机构、经费来源各不相同的长期照顾管理机构，2005 年 5 月，台湾行政主管部门下属的“福利推动委员会”长期照顾制度规划小组决议同意将之命名为“长期照顾管理中心”，作为整合台湾地区卫生医疗与社政资源、为民众提供长期照顾服务咨询、资源连接与照顾管理等服务的单一窗口。

④ 参见《台湾地区长期照顾十年计划摘要本》（核定本）。

⑤ 为增强服务弹性，除了可以由长期照顾服务使用者自己直接申请长期照顾服务外，也可以由其家属代为申请。此外，医疗院所、长期照顾相关机构、乡镇市公所、卫生所、社区居民、邻里长、民间社会福利团体等其他单位或个人也可以主动通报或者代为申请长期照顾服务。

供单位结果；（8）连接服务；（9）申请者开始使用服务，做好监督与品质管理；（10）通过定期追踪同时在满6个月时进行复评需求；（11）视照顾个案的具体情况暂时或永久结案。

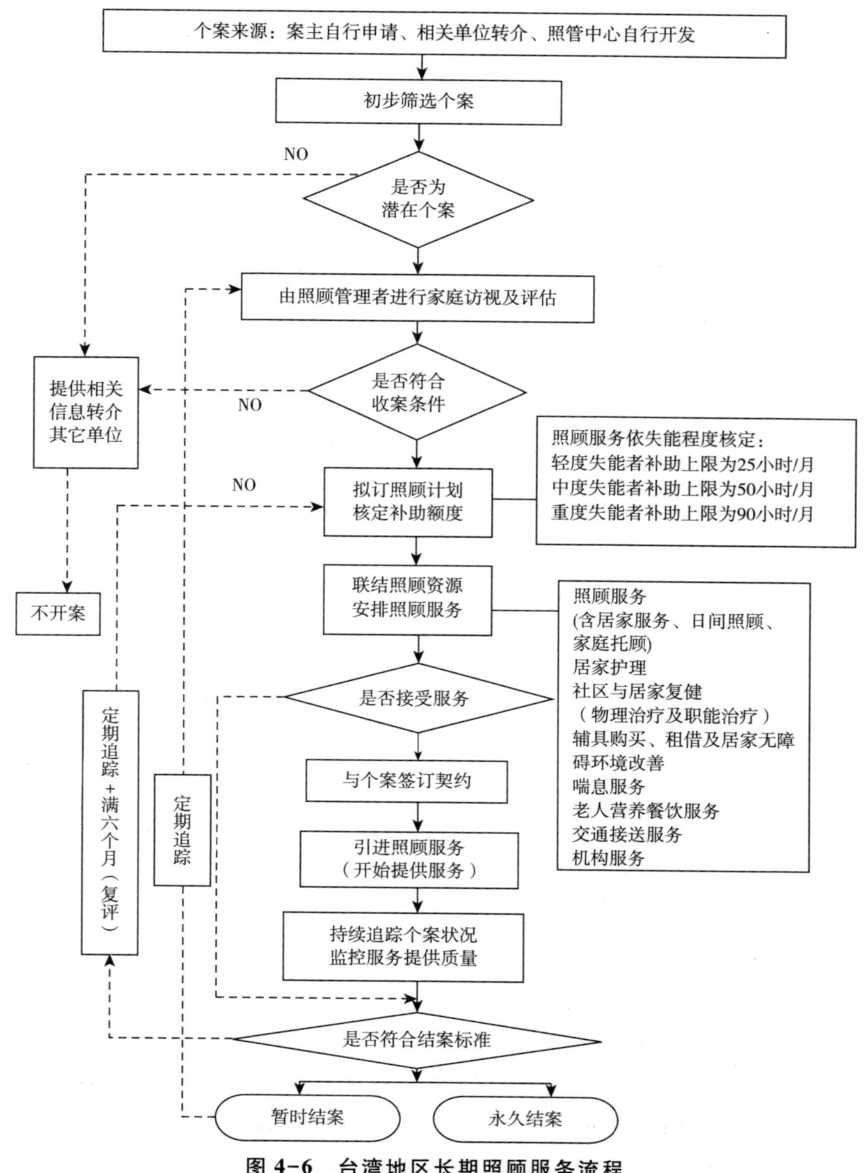

图4-6　台湾地区长期照顾服务流程

资料来源：《台湾地区长期照顾十年计划摘要本》（核定本）。

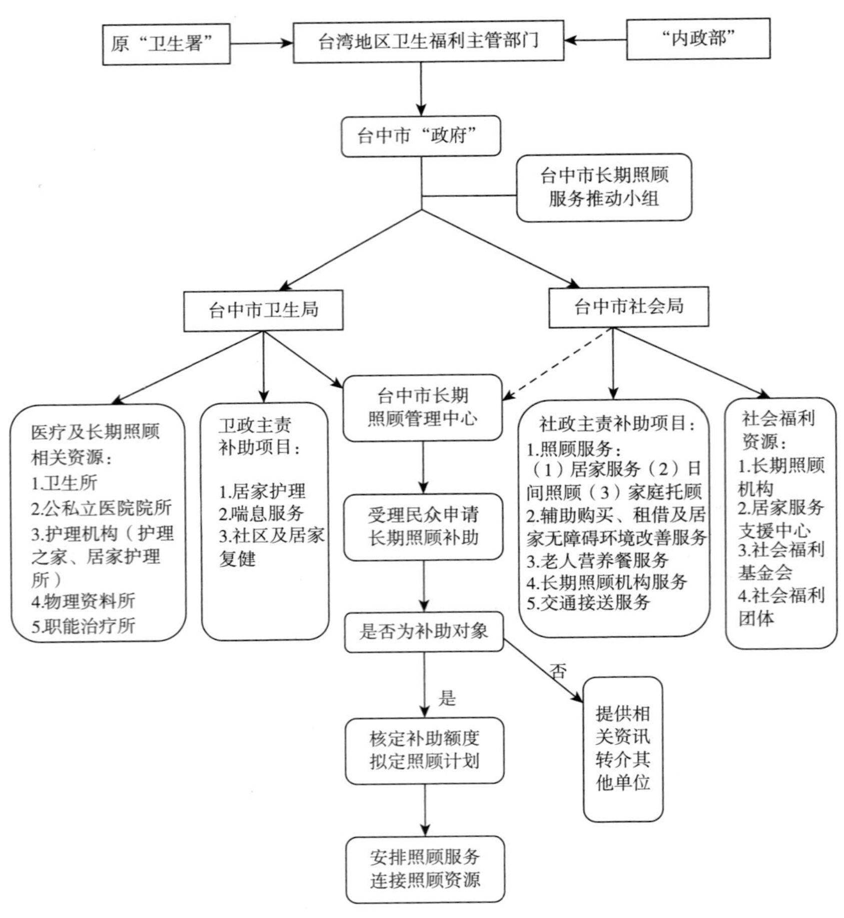

图 4-7　台中市长期照顾架构

资料来源：台中市政府社会局：《台中市长期照顾福利资源手册》，2012。依据台湾地区“政府”组织架构的最新调整情况以及涉台宣传用语的相关规范有所调整。

在具体长期照顾服务输送的流程中，服务使用者的申请如果通过管理方开展的家庭访视及评估且被认定为符合收案条件后，其所在地的照顾管理专员就会启动开案程序，与申请者及其家人探讨并决定具体的服务项目与服务内容。如果不符合开案条件，则由照顾管理者为申请者提供相关咨询或转介绍至其他单位为申请者提供帮助。对于符合开案条件的案主，照顾管理者依据认定的失能等级核定补助额度，拟订照顾计划并确定长期照顾服务的提供单位后，个案申请者如果接受其所安排的服务并与服务提供单位签订契约则长期照顾服务随即开始启用。此后，长期照顾管理者的责任中心转移到持续追踪个案状况，监控服务提供质量上。

（四）长期照顾十年计划的具体服务内涵：资金筹付的维度

在比较、借鉴了英国、丹麦、澳大利亚[①]与德国、日本[②]的长期照顾制度在财务方式上的特点与优劣之后，考虑到截至2007年初台湾地区还没有建构起全面性完整的长期照顾制度，当时该地区的长期照顾服务系统主要由“政府”重大法案或计划主导，并分由不同主管“机关”订定相关“法规”予以规范及推动等因素，台湾地区长期照顾十年计划不考虑社会保险制而采用普及式（全民式）的税收制长期照顾制度[③]。在税收制下，台湾地区长期照顾十年计划的财务来源主要为各级“政府”的税收及长期照顾服务使用者所支付的部分负担费用。如表4-5所示，2007年10月至2016年，台湾地区长期照顾十年计划推行的十年间台湾预计共需编列817.36亿元新台币的总预算。基于这一制度设计，台湾居民只要有长期照顾需求，且自身符合接受长期照顾服务的资格条件即可申请服务。

---

① 此三国的长期照顾制度均实行税收制。

② 德国与日本的长期照顾制度与服务均基于社会保险模式。

③ 在其专著《台湾的社会福利——历史与制度的分析》中，台湾地区“长期照顾十年计划”规划工作的实际领衔者、台湾大学社会工作学系林万亿教授进一步揭示了台湾地区在规划长期照顾十年计划进程中不考虑社会保险制而采用税收制的原因：2005年，林万亿所领导的《高领社会的来临：为2025年的台湾社会规划》整合型研究计划曾前往日本考察长期照顾发展情形，得到的结论是无论采取税收制或社会保险制的国家，均应先建构完善的服务系统才能上路。而日本厚生劳动省也强烈建议台湾地区应该先将长期照顾服务体系建立好，再来谈财务规划是否由社会保险来支应。于是，在台湾地区长期照顾十年计划的推动过程中，林万亿领衔的规划小组决定先排除社会保险制的选项，而集重兵于铺建台湾长期照顾体系，避免一旦开办即采社会保险给付，立即会陷入有保险无给付、现金给付造成过度依赖外劳、社会保险财务赤字的无底洞，以及因长期照顾商品化带来的去人性化、医疗化与翻在地老化的后遗症。林万亿的如上论述可参见林万亿《台湾的社会福利——历史与制度的分析》，台北五南图书出版股份有限公司，2012。

表 4-5 台湾地区长期照顾十年计划补助经费总金额推估

单位：亿元（新台币）

补助项目 \ 年份	2007	2008	2009	2010	2011	2012	2013	2014	2015	2016	总计
补助服务使用者	17.18	34.82	38.15	41.53	46.49	51.44	56.40	61.36	66.32	84.19	497.89
补助服务提供者	7.82	16.79	18.92	21.02	23.66	26.31	28.95	31.60	34.24	47.33	256.63
建构照顾管理制度	1.51	3.11	3.83	4.54	5.59	6.65	7.71	8.76	9.82	11.32	62.84
合计	26.51	54.72	60.90	67.08	75.74	84.40	93.06	101.72	110.38	142.84	817.36

资料来源：《台湾地区长期照顾十年计划摘要本》（核定本）。

在实地考察台湾地区尤其是台北市与台中市长期照顾管理中心有关长期照顾十年计划的具体给付内容与给付形式时，笔者发现，两市的长期照顾给付皆以直接提供长期照顾服务为主，而现金给付只作为辅助给付手段。此外，在实践中，各类长期照顾给付形式均仅限用于补助失能人口使用各类长期照顾服务项目作为基本给付原则。基于照顾弱者与社会再分配的原则，补助金额的高低取决于失能人口的身心障碍程度以及其所在家庭的经济状况，一般来说，“政府”提供的补助水平与失能程度成正比，与失能者家庭的经济状况成反比。在台湾地区照顾管理的具体实践中，台湾地区长期照顾十年计划将失能程度分为轻、中、重三级：轻度失能指一至两项 ADLs[①] 失能者或仅 IADLs[②] 失能的独居老人；中度失能指三至四项 ADLs 的失能者；重度失能则指五项（含）以上 ADLs 的失能者。失能者在补助额度内使用各项照顾服务，需承担部分费用，收入越高，则部分负担的费用越高，反之则越低。根据失能者家庭的经济状况提供不同标准的具体补助水平位，当家庭总收入未达“社会救助法”规定最低生活费用的 1.5 倍时由“政府”全额补助；失能者家庭总收入为“社会救助法”规定的最低生活费用的 1.5 倍至 2.5 倍时则由“政府”补助 90%，使用者自行负担 10%；而一般户则由“政府”补助 60%，使用者自行负担剩余的 40%。（参见表 4-6）

① ADLs（Activities of Daily Life）在长期照顾十年计划中包含的项目有进食、移位、如厕、洗澡、平地走动、穿脱衣裤鞋袜等六项。

② IADLs（Instrumental Activities of Daily Life）在长期照顾十年计划中包含的项目有上街购物、外出活动、食物烹调、家务维持、洗衣服等五项。其中只要有三项以上需要协助者即为轻度失能。

表 4-6 台湾地区长期照顾服务补助额度及标准

单位：新台币

失能程度	照顾服务补助额度：每小时补助经费（元）	照顾服务补助额度：补助时数（小时）	照顾服务补助额度：补助金额（元）	经济状况	费用分担：政府补助	费用分担：使用者负担	费用分担：合计（元/月）	使用者负担：元/小时
轻度	180 元×25		4500	最低生活费用 1.5 倍以下	4500	0	4500	0
				最低生活费用 1.5 倍至 2.5 倍	4050	450	4500	18
				一般户	2700	1800	4500	72
中度	180 元×50		9000	最低生活费用 1.5 倍以下	9000	0	9000	0
				最低生活费用 1.5 倍至 2.5 倍	8100	900	9000	18
				一般户	5400	3600	9000	72
重度	180 元×90		16200	最低生活费用 1.5 倍以下	16200	0	16200	0
				最低生活费用 1.5 倍至 2.5 倍	14580	1620	16200	18
				一般户	11340	4860	16200	72

资料来源：《台湾地区“长期照顾十年计划——大温暖社会福利套案之旗舰计划”》（核定本）。

自 2007 年至 2014 年底，执行 7 年多之后台湾长期照顾十年计划取得了明显的成效，但也存在比较明显的问题。[①] 该计划的既有推动成果可以从分配基础、分配内容、服务输送、资金筹集四个维度进行概括。就分配基础的维度，其主要成绩在于提升了台湾地区民众对于长期照顾服务的使用比率。具体成效体现在长期照顾服务量占台湾地区老年失能人口的比率不断攀升，该比值从 2008 年的 2.3%上涨到 2009 年的 5.7%，2010 年继续升为 16.3%，2011 年该比为 21%，2012 年则上升到 27%，较 2008 年提升了 12 倍之多。[②] 就分配内容的维度，其成效主要体现在建立多元长期照顾服务方案方面。实践中，该计划基于“在地老化”的理念，以大力增进台

① 对于台湾地区长期照顾十年计划的评价应该分为两个层面来研究阐述，一是取得的成绩，二是存在的不足之处。就长期照顾十年计划实施绩效，在通过德尔菲法呈现出专家群体判断的集中量数和意见之后，本章着重阐述其取得的成绩，而有关台湾地区长期照顾制度与服务体系存在的问题与困难则在本书第五章中给予详细解读。

② 该组数据来源于《台湾地区长期照顾十年计划~2012 至 2015 年中程计划》（台湾行政主管部门 2012 年 10 月 23 日“院台内字”第 1010061581 号函原则同意）。

湾地区民众选择服务的权利为核心任务，积极发展“居家护理、居家及小区复健、喘息服务、照顾服务（居家服务、日间照顾、家庭托顾）、辅具购买/租借及居家无障碍环境改善、老人营养餐饮服务、交通接送、长期照顾机构”等居家式照顾服务与社区式照顾服务方案。

基于“长期照顾十年计划最大的目的是在建构台湾地区的长期照顾服务系统”[①] 这一计划制订出发点，在服务输送的维度的实施成效是比较显著的，体现在如下两个方面：首先，该计划建构并完善了台湾地区长期照顾服务的输送模式。就输送模式建构所取得的具体成绩而言，一方面，通过建置长期照顾管理中心，“台湾地区各县市已设置长期照顾管理中心（22 个中心、38 个分站）作为受理、需要评估及整合、联结、输送长期照顾服务单一窗口，确保长期照顾服务提供的效率及效益”[②]；另一方面，通过建置长期照顾服务需求综合评估机制，台湾地区“各县市已建立标准作业流程，并依‘本署’统一制定之评估工具，执行需求评估”。[③] 其次，其实施成效还体现在长期照顾服务人力资源的发展方面。照顾服务员、社工以及相关管理人员等长期照顾服务人力资源的发展情况如何，既是任何国家或者地区发展长期照顾服务体系的基础，也是该国或地区是否会落入“有制度无服务”窘境的决定性因素。为此，台湾地区“内政部”“卫生署”（2013 年 7 月起长期照顾制度与服务体系的“掌理”部门变更为台湾地区“卫生福利部”）积极推动长期照顾服务员、长期照顾社工人员、各类医务人员以及长期照顾管理人员的培训工作，通过三个阶段课程规划的顺利实施，截至 2010 年底台湾地区长期照顾直接服务人力资源的存量情况分别为[④]长期照顾服务员 19402 人、长期照顾社工 1308 人、长期照顾管理人员 315 人、长期照顾医事专业人员 8235 人。这一人力配备，虽然尚远难以满足台湾地区民众对于长期照顾服务需求，但毕竟在长期照顾人力资源

---

① 林万亿：《台湾的社会福利——历史与制度的分析》，台北五南图书出版股份有限公司，2012。

② 参见《台湾地区长期照顾十年计划~2012 至 2015 年中程计划》（台湾行政主管部门 2012 年 10 月 23 日“院台内字”第 1010061581 号函原则同意）。

③ 参见《台湾地区长期照顾十年计划~2012 至 2015 年中程计划》（台湾行政主管部门 2012 年 10 月 23 日“院台内字”第 1010061581 号函原则同意）。

④ 该组数据来源于《台湾地区长期照顾十年计划~2012 至 2015 年中程计划》（台湾行政主管部门 2012 年 10 月 23 日“院台内字”第 1010061581 号函原则同意）。

的培养和配置上迈出了一大步。而在资金筹付的维度，台湾地区长期照顾十年计划的既有成果主要体现在“建立阶梯式补助及部分负担机制”上，具体而言，为了提高台湾地区长期照顾服务使用者的财务承受能力，同时努力规避长期照顾服务资源滥用情形的出现，台湾地区相关部门根据失能者家庭的经济能力差异给予不同额度的服务使用补助，其中低收入者由“政府”提供全额补助；中低收入者则由“政府”提供90%的补助，而使用者负担部分为10%；对于一般户“政府”补助额度为70%，而使用者负担部分则界定为30%。①

第四节　台湾地区长期照顾服务模式分析

依据照顾地点的不同，通常将长期照顾的服务模式区分为三种，即机构式照顾、社区式照顾以及居家式照顾。由于长期照顾属于连续性照顾之一，随着时间推移，照顾对象对于长期照顾服务的需求会因应身心状况的变化而改变，这些需求包括身体机能层面的需求、生活层面的需求、精神状态层面的需求以及（家庭）照顾者自身的被照顾需求等。因此，机构式照顾、社区式照顾以及居家式照顾“这三种照顾模式并不是绝对的区隔，有时同一种照顾服务，会依个人的健康状况、身体或认知功能等情况不同而在不同的地点提供照顾，例如，复健服务，可以有居家复健、社区复健以及机构的复健活动，这些复健服务，会依据个案的情况不同，而有不同的复健计划与服务内容”。② 就机构式照顾、社区式照顾以及居家式照顾三种服务模式的结构比例关系，以美国为例，该国86%的长期照顾对象在社区中接受照顾，只有14%的对象接受机构式照顾。③ 在“台湾地区社会福利政策纲领——迈向公平、包容与正义的新社会”之中，台湾行政主管部门提出，“政府”照顾老人及身心障碍者应以居家式和社区式服务为主，

① 该组数据来源于《台湾地区长期照顾十年计划~2012至2015年中程计划》（台湾行政主管部门2012年10月23日“院台内字”第1010061581号函原则同意）。

② 徐慧娟、叶玲玲、朱侨丽等：《长期照护政策与管理》，台北洪叶文化事业有限公司，2013。

③ Diane, R. Filling In the Long-term Care Gaps, http://www.aging.senate.gov/imo/media/doc/hr210dr.pdf, 2009-6-03.

机构式服务为辅。[①] 具体而言，“政府”除应支持家庭发挥生教养卫功能外，并应积极协助弱势家庭，维护其家庭生活质量，落实在地服务，让儿童、少年、身心障碍者、老人均以在家庭与社区中受到照顾与保护为优先原则，并在考虑上述人口群的最佳利益之下提供补充性措施，以切合被服务者之个别需求与人性化的要求。[②]

一 机构式照顾

所谓机构式照顾（Institutional Care），是指每天 24 小时都有照顾人员照顾有需求者的生活起居，照顾服务包括医疗、护理、复健与生活照顾等方面的内容。如表 4-7 所示，就台湾地区的实践而言，依据照顾的服务对象、主管部门、规模以及密集型程度划分，可将台湾地区的机构式照顾划分为护理之家、长期照顾机构以及“荣民”之家等三大类。在“卫生福利部”于 2013 年 7 月挂牌成立之前，台湾地区长期照顾行政体系呈“卫政体系”“社会福利体系”“退辅会体系”三足鼎立之势，而护理之家、长期照顾机构以及“荣民”之家则分属于此三大“行政体系”。

其中护理之家以照顾罹患长期慢性疾病且需要医护服务的病人为主，具体而言包括罹患慢性病需长期照护的病患以及出院后需要继续护理的病患。由于其是属于“卫政体系”下的护理机构，照顾对象需向所在地的卫生主管机关申请。就资金筹付的角度而言，全民健保只给付合乎居家护理部分的项目。

① 台湾行政主管部门：《台湾地区社会福利政策纲领——迈向公平、包容与正义的新社会》，http：//www. ey. gov. tw/Upload/RelFile/26/86027/%E4%B8%AD%E8%8F%AF%E6%B0%91%E5%9C%8B%E5%BB%BA%E5%9C%8B%E4%B8%80%E7%99%BE%EF%A6%8E%E7%A4%BE%E6%9C%83%EF%A8%9B%EF%A7%9D%E6%94%BF%E7%AD%96%E7%B6%B1%EF%A6%B4. pdf，2012-02-07。

② 台湾行政主管部门：《台湾地区社会福利政策纲领——迈向公平、包容与正义的新社会》，http：//www. ey. gov. tw/Upload/RelFile/26/86027/%E4%B8%AD%E8%8F%AF%E6%B0%91%E5%9C%8B%E5%BB%BA%E5%9C%8B%E4%B8%80%E7%99%BE%EF%A6%8E%E7%A4%BE%E6%9C%83%EF%A8%9B%EF%A7%9D%E6%94%BF%E7%AD%96%E7%B6%B1%EF%A6%B4. pdf，2012-02-07。

表 4－7 台湾地区机构式照顾的服务类型比较

类别	护理之家	长期照顾机构				“荣民”之家
		长期照护型	养护型	失智照顾型	安养机构	
服务对象	1. 罹患慢性病需长期照护的病患 2. 痊愈出院后因病情而需要继续看护的病人	主要针对患有慢性病的老年人，且需要医疗服务者	主要针对缺乏生活自理能力依赖他人照顾的老人或者需要三管（气切管、尿管、胃管）照护的老人为主	主要针对经神经科等相关科室的医生确诊为重度失智症，且具有行为能力但需要照顾服务的老人	主要针对孤苦伶仃或亲属没有抚养能力的老人，一般要求该类照顾对象具有日常生活料理能力	以提供“荣民”长期照顾服务，提供安养年老、伤残、生活贫困、退休俸的单身退除役“官兵”，使其获得妥善生活照顾
主管单位	原为“卫生署” 现为“卫生福利部”	原为“内政部” 现为“卫生福利部”	原为“内政部” 现为“卫生福利部”	原为“内政部” 现为“卫生福利部”	原为“内政部” 现为“卫生福利部”	“退辅会”主管
“法源基础”	“护理人员法”	“老人福利法”	“老人福利法”	“老人福利法”	“老人福利法”	“退除役官兵辅导条例”
规模（床数）	1. 平均每床应有 16 平方米以上空间（不包括车库以及宿舍面积） 2. 设有日间照护者，按照等级提供服务量计，平均每人应有 10 平方米以上空间（不包括车库以及宿舍面积）	1. 大型：收容人数为 50 人以上，200 人以下为原则，且平均每位老人应有 16.5 平方米以上的空间 2. 小型：收容人数以 5 人以上，50 人以下为原则，且平均每位老人应有 10 平方米以上的空间		1. 平均每位老人应有 16.5 平方米以上的空间 2. 采取单位照顾模式，每一个单位服务人数不得超过 16 人	1. 大型：收容人数为 50 人以上，200 人以下为原则，且平均每位老人应有 20 平方米以上的空间 2. 小型：收容人数以 5 人以上，50 人以下为原则，且平均每位老人应有 10 平方米以上的空间	采取部分供给制，由“荣民”缴交伙食费以及服务费，尽可能依照老人福利机构的设立标准，提供房舍、膳食和全方位的照顾服务

资料来源：除“荣民”之家外，其他服务类别引用自陈清惠、宋慧娟、田玫等《长期照顾（第五版）》，台中华格纳企业有限公司，2013。表格内容以及表述方式略有调整。“荣民”之家的具体服务对象、主管单位、规模等内容整理自：陈清惠、宋慧娟、田玫等：《长期照顾（第五版）》，台中华格纳企业有限公司，2013。此外，法源基础一栏由笔者自行整理添加。

长期照顾机构则分为长期照护型机构、养护型机构、失智照顾型机构、安养机构四种，此四类照顾机构皆为老人福利机构，“法源”基础为“老人福利法”，在地方其主管部门为各县市社会局。长期照护型机构主要以罹患慢性病需“长期照护”的病患、痊愈出院后因病情而需要继续看护的病人为主要照顾对象；养护型机构主要针对缺乏生活自理能力依赖他人照顾的老人或者需要三管（气切管、尿管、胃管）照护的老人；失智照顾型机构的服务主要针对经神经科等相关科室的医生确诊为重度失智症，且具有行为能力但需要照顾服务的老人；而安养机构则主要以日常生活能自理的老人为照顾对象，该群体一般是孤苦伶仃或亲属没有抚养能力的老人。

“荣民”之家以为“荣民”提供长期照顾服务为主要任务，其收住对象为“荣民”，大部分日常生活自理能力尚可，类似与一般性的安养机构。此外，台湾地区还有数家自费安养中心，以安养领有“荣民证”，而未安置公费就养，并有能力负担应缴费用之“荣民”为主。[①]

实践中，各类不同的照顾机构所服务的对象与规模有所差别，但其目的都在于为失能老人提供照顾方式以及场所，尽可能为失能者亲属特别是家庭照顾者们提供喘息服务等暂时替代性的长期照顾服务，从而切实达到缓解其因长期照顾而导致的身体与心理方面的双重压力的目的，并为失能老人自身提供比较完整、持续且较高品质的长期照顾服务。

二　居家式照顾

所谓居家式照顾（Home-based Care Service），是指老年人或身心障碍者等在家中接受各类长期照顾服务的照顾形式。作为人类历史上最普及同时也是历史最为悠久的一种长期照顾方式，居家式照顾的目的在于让照顾对象在家庭这种熟悉的生活环境中享受更有质量的养老服务，延迟照顾对

① 陈清惠、宋慧娟、田玫等：《长期照顾（第五版）》，台中华格纳企业有限公司，2013。

象进入照顾机构的时间，减少不必要的住院现象。[①] 从这一照顾形式的字面即可发现，这种照顾形式更能满足照顾对象留在家中的期待，同时也是最能实践“在地老化”与“社会福利社区化”理念的一种长期照顾服务模式。实际运行中，居家式照顾模式的优点与缺点都很明显，其优点在于这一照顾服务模式最能支持个案原有生活形态，是最自然的照顾方式；但是该照顾模式不易满足重度依赖个案的大量照顾需求，又因其服务地点分散，造成服务提供者的不便，并增加服务提供的时间与交通成本。[②]

（一）居家护理

作为台湾地区最早的居家式照顾服务之一，居家护理的照顾方式为由专业护理人员及医生定期前往护理对象家中访视，并协助护理对象及其家属解决照顾上的问题。为促进居家护理对象与台湾地区“政府”与社会各界所提供的各类长期照顾资源的联结，在居家护理的过程当中，护理人员也会帮助申请各类照顾服务与照顾资源，如帮助申请低收入户补助等等。由居家护理的如上定义可知，其优点在于使失能者可以足不出户即可享受专业医护人士的照护，从而不影响其正常家庭生活的开展，对于家属而言，也可以减少在家与医院之间通勤的奔波之苦，并可减轻一定的照顾负担。就分配基础的维度而言，在长期照顾十年计划的体系框架下，台湾地区居家护理服务对象的确定依据如下两个条件：首先，该服务只提供给日常清醒时间超过 50%，具有相对有限的自我照顾能力，而且日常活动仅局限在床上或者椅子上的失能者；其次，该失能者具有明确的医疗与照顾服务项目需求，而且其病情允许其可以在家中接受医疗照护服务。就分配内容的维度，居家护理的服务项目分为一般照护及检查、特殊照护项目及检

---

① 就家庭照顾的优缺点，在台北市“社会局”1993 年发布的名为《台北市老人居家福利需求与照顾网络之研究》的研究报告中，台湾学者谢美娥指出，其优点在于：首先，老人可以继续留在家中，享受家庭温暖；其次，老人因住在家中，被监视的感觉较低；再次，预防与延迟老人进住机构是照护的时间；最后，由成本效益分析来看，家庭照顾比社区照顾及机构式照顾成本低。其缺点在于：首先，性别不平等的产生，由于居家照顾的主要照顾者多落在妇女身上，因此妇女必须摒除其他工作，全心投入照顾工作。反之，男性角色则较少担任主要照顾工作者；其次，由于家中有老人（慢性病患者），在长期照顾下家庭产生社会、心理上的压力，造成家庭关系的紧张与不协调；最后，家庭照护不能给予老人技术密集的照顾。参见台北市“社会局”《台北市老人居家福利需求与照顾网络之研究》，1993。

② 《台湾地区“长期照顾十年计划——大温暖社会福利套案之旗舰计划”》（核定本）。

查验项目等，具体服务内容包括如下八个方面：[①]（1）一般身体检查，如身体评估、生命征象测量，包括：心跳、呼吸、血压等。（2）经医师指示执行之服务项目：a. 更换鼻骨管及护理；b. 留置导尿管及护理；c. 更换气切造口及护理；d. 肠道造口及护理；e. 膀胱造口及护理；f. 大量点滴注射；g. 膀胱灌洗；h. 深层伤口照护。（3）协助控制癌症引起的疼痛、恶心呕吐、呼吸困难、食欲不振、吞咽困难及意识混乱等癌末常间的问题；（4）提供居家照顾者技能指导及咨询；（5）提供病人健康问题之卫生教育及提供卫教资料；（6）抽血检验及代采送检体；（7）提供复健运动指导；（8）返诊联系。基于资金筹付的维度，居家护理的特殊之处在于，1995 年台湾地区开办全民健康保险时，在长期照顾领域的各服务项目之中只有居家护理被列入全民健康保险给付目录之中。在长期照顾十年计划的政策框架下，居家护理的补助标准如下：[②]（1）依健保给付标准，申请者须另行负担护理师到宅之交通费用。（2）长期照顾十年计划针对健保给付外或健保不给付，经照顾管理专员评估确有需求者，每个月可提供两次，补助居家护理师访视费用，每次以 1300 元计。（3）长期照顾十年计划之补助依家庭经济状况提供不同补助标准：低收入户由政府全额补助，中低收入户由"政府"补助 90%，自付 10%，一般户由"政府"补助 70%，自付 30%。

（二）居家服务

在借鉴欧美发达国家居家照护发展经验的基础上，长期照顾十年计划规划团队为居家服务的定义如下，居家照护是通过"配置各类照顾人力到个案家中提供医疗、护理、复健、身体照顾、家务清洁、交通接送、陪同就医等照顾工作，并协助或暂代家庭照顾者之角色，使其获得喘息机会"[③]的一种居家式照顾服务模式。实践中，台湾地区居家服务由照顾服务员根据有居家服务需求者或者失能老人不同的日常生活能力抑或失能程度而给

---

① 李孟芬、石泱、曾蔷儿等：《长期照顾概论——社会政策与福利服务取向》，台北洪叶文化事业有限公司，2013。

② 台湾地区老人福利推动联盟：《居家护理》，http：//www.oldpeople.org.tw/ugC_Care_Detail.asp？hidCareID=4，2014-08-03。

③ 《台湾地区"长期照顾十年计划——大温暖社会福利套案之旗舰计划"》（核定本）。

予其不同的照顾服务，主要包括：[①]（1）家务服务：环境清洁、换洗衣物、陪同散步、准备膳食、陪同或代购物品、陪同就医或联络医疗机构、代取药品、文书服务等；（2）身体照顾服务：沐浴、洗头、肢体关节活动、进食、翻身拍背、口腔清洁、协助服药、协助如厕、协助上下床、陪同运动、协助使用辅具等；（3）其他服务：血压测量、健康咨询等。

（三）社区送餐服务

作为福利社区化的重点推进项目，提供社区送餐服务的目的，在于减少社区老人或失能人士的断炊风险，并为送餐对象提供社会交流互动的机会，让其感受到社会的关心与温暖等[②]。其服务对象为户籍在该县市年满65岁的低收入老年人或者中低收入的老年失能人口[③]、低收入户、中低收入水平的失能老人。其补助标准为一天一餐，且平均每一餐的补助水平为新台币50元，其中低收入户全额补助，中低收入户补助90%，自行负担10%。就分配内容的维度，送餐服务主要分为“定点供餐”“送餐到府”“自助餐券”三类类型：[④] 其区别在于，“定点供餐”地点在社区，让老人使用上便利，定期可到社区用餐，或领回便当食用，主要提供中餐服务；供餐的地点变化性很大，依社区资源而有不同，可包括社区发展协会的活动场所、社区照顾关怀据点、社区老人中心（日托中心）、医院/立即购/

---

① 此三类服务项目引自林富琴、邱启润《接受居家服务老人生活品质及相关因素探讨》，《长期照护杂志》2004年第1期，第56~78页。

② 以台北市仁济院为例，在考察中，笔者了解到，该院送餐服务的对象，以台北市大同区与万华区的失能老人为主，每天送出约200份餐食。令人印象深刻的是，该院的所有志工都被要求，在送餐时务必要见到老人本人，不能送完就走，而要嘘寒问暖，以便实时掌握送餐对象的生活动态与健康状况。因此，在仁济院的志工们看来，他们送出的不只是热食与营养，更是对长者的关怀与温暖。另以台北市松山老人日照中心为例，该日照中心明确将送餐服务定义为“以饮食生存照顾为主要目标，社会心理支持为辅”，在既定的送餐服务流程设计中，要求送餐志工在完成送餐任务协助维持照顾对象的基本生理需求的同时，更要有意识地积极与照顾对象建立起良好的互动关系，要努力关心和了解照顾对象的身心状况与各方面需求，同时要求协助处理各类紧急状况。此外，松山老人日照中心的志工们还被期待能提供或转介更适切完整的服务，例如让照顾对象有倾诉说话的机会，减缓心理压力，让照顾对象感受到社会的关心与温暖，提升其自我价值感，等等。

③ 仅IADLs失能且独居的老年人亦被列为照顾对象。

④ 陈燕桢、谢儒贤、施教裕：《社区照顾：老人餐食服务模式之探讨与建构》，《社会政策与社会工作学刊》2005年第1期，第121~161页。

学校、社区自助餐厅、便利商店等。“送餐到府”则运用社区志工，将餐食送到需要者家中。“自助餐券”则结合社区当地餐厅或小吃店、便利商店，提供餐券，让有需要者自行领取。从分配内容的维度，社区送餐服务的设计具有一定的弹性，为送餐对象提供了一定的选择自由。实践运行中，社区送餐服务提供者，包括各类慈善组织、医院、社区发展协会、各类志工、社区照顾关怀据点、社区老人中心（日托中心）、学校、便利商店甚至寺庙等①。

（四）辅具购买、租借服务及居家无障碍环境改善服务

就分配基础的维度，在长期照顾十年计划规定中，辅具购买、租借服务及居家无障碍环境改善服务的补助对象被界定为向各地市长期照顾管理中心申请，经照顾管理专员评定失能者有辅具或居家无障碍环境改善需求者。就分配内容的视角，在参考日本对于长期照顾辅具补助规定的基础上，台湾地区长期照顾十年计划将使用者的日常生活照顾②与机能训练所必须使用且较私密适合个人专用的辅具，以“辅具补助”的方式提供。而对于那些不和身体直接接触的器材类辅具③则采用“辅具租借”的方式提供。在长期照顾十年计划中，居家环境的改善则以支付住宅的改修为主，依据 2014 年 11 月 24 日修订的“失能老人接受长期照顾服务补助办法”的附件表二“失能老人接受长期照顾服务辅具购买及居家无障碍环境改善补助项目表”的规定，当前居家无障碍环境改善项目主要包括电话闪光震动器、门铃闪光器、无线震动警示器、电话扩音器、门（加宽、折迭门、剔除门坎、拉门、自动门）、火警闪光警示器、防滑措施、扶手（单只）、扶手（连续）、可携带斜坡板、斜坡道（限自有土地）、水龙头（拨杆式或单阀式）、浴室改善工程（含水龙头、扶手、防滑措施、门等）、特殊简易洗槽、特殊简易浴槽以及厨房改善工程等。就服务输送以及资金筹付的视角，依照“失能老人接受长期照顾服务补助办法”

---

① 有如，在台北市万华区的考察过程中，笔者了解到台北市立心慈善基金会连接龙山寺、台湾证券交易所、台北市天后宫、台大医院北护分院与台北市私立爱爱院等爱心单位成立“餐食工作坊”提供的送餐服务网络。又有如，台湾地区金门安澜小学与碧山东店社区合作为该社区老人提供送餐服务。

② 如沐浴、排泄、饮食等日常活动。

③ 该类辅具主要是轮椅、特殊卧床等大件辅具。

第五条的相关规定，辅具购买、租借及居家无障碍环境改善的审核标准与补助水平控制为：[①]（1）家庭总收入按全家人口平均分配，每人每月未达“主管机关”当年公布最低生活费的1.5倍，且未超过台湾地区平均每人每月消费支出1.5倍之老人，全额补助；（2）家庭总收入按全家人口平均分配，每人每月达“主管机关”当年公布最低生活费一点五倍以上，未达2.5倍，且未超过台湾地区平均每人每月消费支出之1.5倍之老人，由“直辖市”、县（市）“主管机关”补助90%，老人自行负担10%；（3）前两款以外之老人，由“直辖市”、县（市）“主管机关”补助70%，老人自行负担30%。前项补助，自核定补助起10年内以新台币10万元为限。但经“直辖市”、县（市）“主管机关”评估有特殊需要者，得项目增加补助额度。

三　社区式照顾

就社区照顾的定义，台湾学者叶至诚认为，所谓社区式照顾（Community-based Care Service），是指动员社区资源，运用非正规支援网络，联合正规服务所提供的支援服务及措施，让有需求者在家里或在社区内的环境下得到照顾，过着正常的生活，加强在社区内生活的能力，“达致”[②] 与社区的融合，并建立一个具关怀性的社区。[③] 而早在1996年，台湾地区“长期照护”专业协会即与相关社会公益团体组成台湾地区“社区化长期照护联盟”，针对“长期照护社区化”计划的推行提出了社区式照顾应力求达到的四大目标：[④]（1）使受照顾者能舒适安全地留在家庭或生活于熟悉的社区中越久越好；（2）能提升受照顾者的生活品质及促使其家庭生活正常化；（3）配合有效之公共投资，使社区民众能负担“长期照护”的费用；（4）使社区居民依其需求实现多元化选择。由此可见，社区式照顾是最符合“全人照顾、在地老化、多元连续服务”等长期照顾三原则的照顾模式。就社区式照顾、机构式照顾与居家式照顾这三种长期照顾

---

① 台湾地区“卫生福利部”：《失能老人接受长期照顾服务补助办法》，http：//law. moj. gov. tw/LawClass/LawAll. aspx？PCode=D0050156，2014-11-24。

② 意为“实现”或“促成”。

③ 叶至诚：《老人长期照顾政策》，新北扬智文化事业股份有限公司，2012。

④ 李世代：《台湾原“卫生署”2005年度“社区化长期照护”政策推展企划案结案报告》，www. sea. net. tw/Archive/File/LC-report. pdf，2005-12-31。

服务网模式的关系定位而言，社区式照顾可视为衔接机构式照顾与居家式照顾的桥梁与纽带。

（一）日间照顾（护）

日间照顾（护）是台湾地区社区式照顾的主要服务类型之一。基于“在地老化”的理念，台湾地区开展日间照顾（护）服务的目的在于通过让照顾对象白天在社区接受医疗、照顾服务，并增加其与社会互动的机会，从而达到同时减轻照顾对象与家庭照顾者生理与心理压力的双重目的；晚上照顾对象则返回家中居住，接受家人的照顾服务，从而使需要照顾者能在自己熟悉的社区与家庭环境中与家人共同生活、安享天伦之乐。① 依照其所属行政体系的不同台湾地区日间照顾（护）服务模式可细分为“卫生医疗行政体系”的医疗型日间照护和隶属于“社会福利行政体系”的社会型日间照顾服务这两大服务模式。通过考察台湾地区尤其是台北市与台中市日间照顾（护）相关情况，可以发现“卫生医疗行政体系”的医疗型日间照护与“社会福利行政体系”的社会型日间照顾服务在照顾对象、人力资源配置、发展规模上均存在显著差异性。根据台湾地区“内政部”于 2011 年 12 月开展的“日间照顾服务使用者之主要照顾者满意度调查”② 的调查结果显示，截至 2011 年 12 月，台湾地区日间照顾使用者女性为 62.83%，75 岁以上者占 72.90%，轻、中度失能者各占 30%。针对当前日间照顾使用者的主要家庭照顾者身份的调查结果显示，家庭照顾者为使用者女儿的占 29.47%、家庭照顾者为使用者儿子的占 26.58%、家庭照顾者为使用者媳妇的占 17.72%、家庭照顾者为使用者配偶或同居人的占 15.16%，其他关系人均不到 3%。该调查还显示，就整体而言，日间照顾服务使用者的主要家庭照顾者对日间照顾中心提供的服务表示满意者高达 96.93%。各类失能者的主要家庭照顾者满意度均相当。此外，主要家庭照

---

① 基于照顾对象亲属（家庭照顾者）的角度来看，日间照顾（护）无疑属于工作-家庭平衡型社会政策。此外，基于生命周期理论，在调研过程中，常常令笔者感叹的是，幼儿园或者托儿所在海峡两岸皆为现代家庭生活的标配，无人质疑其合理性。然而，日间照顾（护）作为实质上的“老人园”或者“托老所”的存在，远未成为现代家庭生活的标配。

② 本次调查使用电话访问调查（CATI）法，调查区域为台湾地区各县市，调查对象为 2011 年 11 月 30 日前申请日间照顾服务且已使用一个月以上的使用者，共计 1313 人，实际完成有效样本 587 人，访问成功率为 44.71%。

顾者认为亲属在使用日间照顾服务以后，对使用者的生活质量有很大改善及许多改善者合计有74%左右，对于自己照顾负荷的程度上有很大减轻及许多减轻者共计81%左右。主要家庭照顾者认为亲属使用日间照顾服务后，有95.23%认为对于使用者的身心健康有帮助。[①] 可见，失能者的主要家庭照顾者对于台湾地区日间照顾服务的满意度是比较高的。

（二）喘息服务

所谓喘息服务（Respite Care）又被称为暂托服务，其基本的服务原理在于为长期照顾失能或失智的个案的家庭主要照顾者，提供一个有计划、短暂休息或周期性放松的机会的服务。[②] 具体而言，喘息服务的目的包括如下六个方面：[③]（1）预防照顾者的情绪及生理的耗竭，促进照顾者的身心健康，提升其生活品质；（2）减轻照顾者及其家庭的孤立感，以维持家庭关系；（3）协助家庭减轻危机期及调适期；（4）协助照顾者补充照顾能量，增加照顾者与外界互动交流及学习机会；（5）协助受照顾者增加与外界接触的机会，以及获得较佳的照顾品质，提升其生活品质；（6）避免受照顾着遭到虐待、忽视或过早及不当的机构安置。在台湾地区长期照顾服务体系的框架中，喘息服务被定义为提供照顾者依阶段期间的休息机会，以减轻照顾者压力为目的。根据喘息服务的提供形式与场所大致可分为居家喘息、机构喘息及日间喘息等三种类型。在台湾地区长期照顾十年计划实施之前，“卫生行政体系”经办的喘息服务依托于“老人长期照护三年计划”之中，主要以机构式服务为主。而“社会福利行政体系”下的喘息服务则以居家式服务为主。在长期照顾十年计划的推动下，台湾地区将“卫政”与“社政”的喘息服务通过各县市所属的长期照顾管理中心进行统筹协调，由家庭照顾者提出申请，长期照顾管理中心评估、核定后再提供喘息服务。在长期照顾十年计划的服务框架下，

---

① “日间照顾服务使用者之主要照顾者满意度调查”的相关数据来源于：台湾地区“内政部统计处”：《日间照顾服务使用者之主要照顾者满意度调查结果摘要分析》，http://www.moi.gov.tw/stat/news_content.aspx? sn=5981，2012-02-18。

② 黄秀梨、陈月枝、熊秉荃：《从社会批判理论角度看台湾的喘息服务》，《护理杂志》2006年第1期，第72~79页。

③ 此六个方面目的引自李孟芬、石泱、曾蔷儿等《长期照顾概论——社会政策与福利服务取向》，台北洪叶文化事业有限公司，2013。

家庭照顾者根据被照顾者的身心障碍程度（失能程度）享受不同时间与金额补助。其中，对于轻、中度失能人口而言，其平均每年的最高补助天数是两周（14 天），对于重度失能人口而言，其平均每年的最高补助天数是三周（21 天）。就补助金额而言，机构式及居家式喘息皆补助受照顾者每日照顾费新台币 1000 元，此外机构式喘息可另外增加每趟新台币 1000 元的交通费补助，一年最多 4 趟，而居家式则无额外的交通费补助。

（三）交通接送服务

长期照顾十年计划将交通接送服务正式纳入台湾地区长期照顾服务体系的例行服务及补贴项目之列。根据《台湾地区长期照顾十年计划——大温暖社会福利套案之旗舰计划》（核定本）关于交通接送服务的具体规定，开办该项服务的目的在于为协助重度失能者满足以“就医”及使用长期照顾服务为主要目的交通服务需求，预定推动失能者就医交通服务网络，对于重度失能人口等弱势群体使用复康巴士等交通接送服务给予一定额度的补贴。交通接送服务的受益者群体一般限定为：年龄超过 50 岁的重度身心障碍者、年龄超过 55 岁的台湾少数民族、年龄超过 65 岁的老者；其具体服务内容为：[①] 重度失能者每月乘车 4 次（来回 8 趟），每趟车资预估 190 元。每次乘车的车资补助，家庭总收入未达到台湾地区“社会救助法”规定最低生活费用 1.5 倍的失能者给予全额补贴；对于家庭总收入水平高于台湾地区“社会救助法”所定的最低生活费用 1.5 倍但又未达到 2.5 倍的失能者给予补贴 90%，另 10%实行使用者付费；对于一般户则给予补贴 60%。此外，轻度、中度失能者由于使用公交车、捷运[②]等大众交通运输工具时已获得特定标准的车资补贴，因此不再另行给予“交通接送服务”给付。

（四）家庭托顾

台湾地区家庭托顾服务模式起源于台湾行政主管部门 2000 年拟订、推动的“建构长期照护体系先导计划”的试办型计划。开办这一服务项目的目的在于通过提供失能者于白天到托顾家庭接受照顾，晚上返家照顾的服

---

① 《台湾地区长期照顾十年计划——大温暖社会福利套案之旗舰计划》（核定本）。

② “捷运”一词主要用来指称台湾的城市轨道交通系统。

务方式，“培训社区照顾人力资源，创造社区就业机会，提供可近性之社区家庭式照顾服务”。[①] 在台湾地区长期照顾十年计划开办之前，并没有明确的家庭托顾服务中心这一服务类别，因此，在长期照顾十年计划的规划中，设计为以“建构长期照护体系先导计划”的试办经验为基础，2007 年至 2012 年的五年间以一县市设置一个服务单位为目标开办这一服务项目。就负荷水平，设计为每个支持系统可辅导 30 个社区型托顾家庭。基于分配基础的维度，家庭托顾的服务对象为符合长期照顾十年计划的失能者，同时该类服务可与居家服务及日间照顾混合使用。[②] 就分配内容的维度，家庭托顾的服务项目可分为身体照顾服务、日常生活照顾服务、安全性照顾等类别。就补助标准而言[③]，根据托顾对象失能程度不同而划分为轻度失能、中度失能与重度失能三级，并结合照顾对象家庭经济状况提供不同水平的补助标准。其中，低收入户由政府全额补助，中低收入户由政府补助 90%，自付 10%，一般户由政府补助 70%，自付 30%。此外，还可依照照顾对象失能程度不同而给予不同数量的补助服务时数，其中轻度失能每月补助上限最高 25 小时，[④] 中度失能者则每月补助上限最高为 50 个小时，重度失能者则每月补助上限最高 90 小时。就补助经费来说，每小时以 180 元计[⑤]，超过“政府”补助时数者，则由民众全额自行负担。

（五）社区照顾关怀据点

2005 年 5 月，台湾行政主管部门颁布“建立社区照顾关怀据点实施计划”，该计划作为“台湾健康社区六星计划”的辅助计划，以社区营造及社区自主参与为基本精神，鼓励台湾地区民间团体设置社区照顾关怀据点，提供在地的初级预防照护服务，再依需要联结各级“政府”所推动社区照顾、机构照顾及居家服务等各项照顾措施，以建置失能老人连续性的长期照顾服务。（台湾地区社区照顾关怀据点与相关照顾服务资源关系可参见图 4-8）

① 李孟芬、石泱、曾蔷儿等：《长期照顾概论——社会政策与福利服务取向》，台北洪叶文化事业有限公司，2013。

② 以总额概念混合使用，以日计。

③ 有关家庭托顾补助时数与补助标准的相关数据引用自台湾地区老人福利推动联盟《家庭托顾》，http：//www. oldpeople. org. tw/ugC_Care_Detail. asp？hidCareID＝11，2014-08-02。

④ 仅 IADLs 失能且独居的老人，比照此标准办理。

⑤ 随物价指数调整。

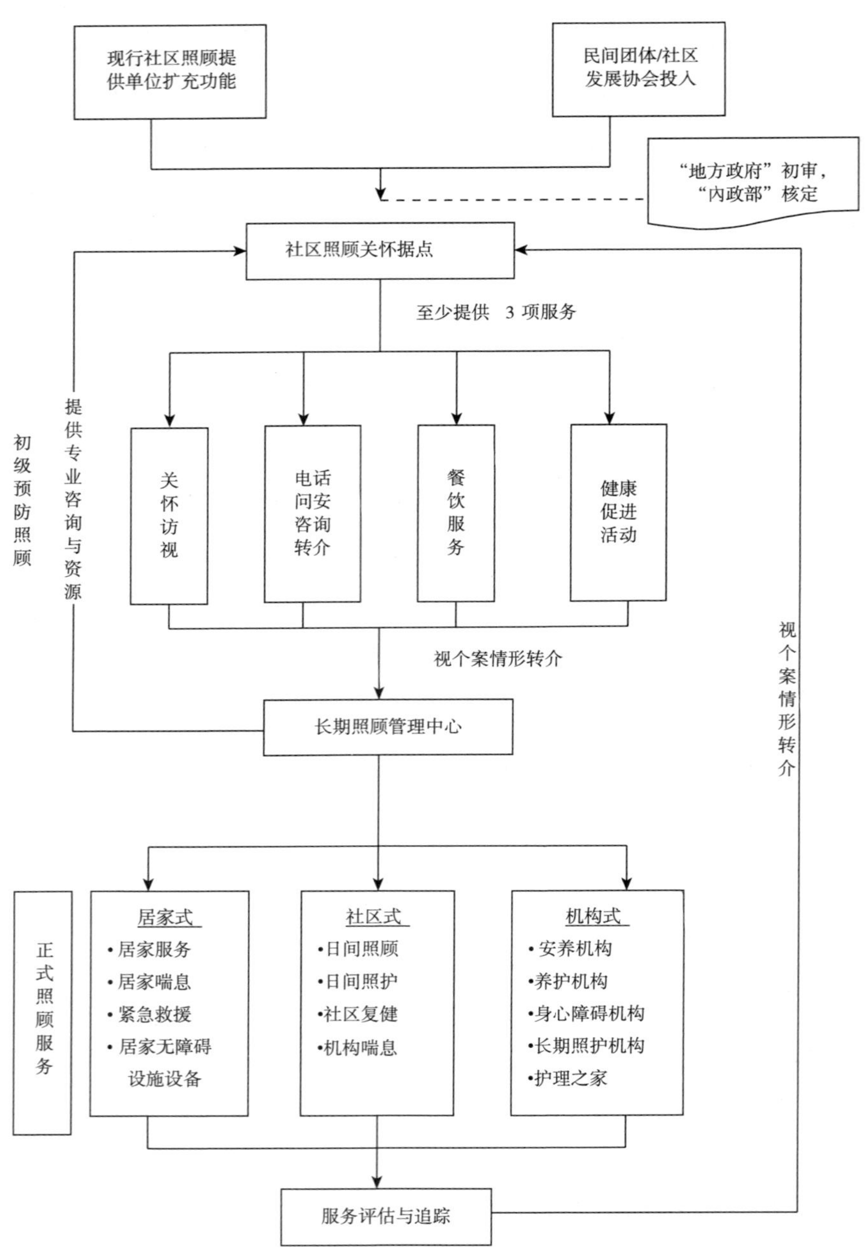

图 4-8　台湾地区社区照顾关怀据点与相关照顾服务资源关系

资料来源：台湾行政主管部门：《建立社区照顾关怀据点实施计划》（2005 年 5 月 18 日“院台内字”第 0940016301 号函核定版），2005。

纵览该计划，可以发现规划目标主要分为三个层面：一是落实台湾健康社区六星计划，由在地人提供在地服务，建立社区自主运作模式，以贴近居民生活需求，营造永续成长、健康的社区环境；二是以基于长期照顾社区营造的基本精神，分3年设置2000个社区照顾关怀据点，提供老人社区化的预防照护；三是结合照顾管理中心等相关福利资源，提供关怀访视、电话问安咨询及转介服务、餐饮服务、健康促进等多元服务，建立连续性的照顾体系。就实施策略层面，社区照顾关怀据点的运作模式主要包括以下三种：一是鼓励社区自主提案申请设置据点，结合当地人力、物力及相关资源，进行社区需求调查，提供在地老人预防照护服务；二是辅导现行办理老人社区照顾服务之相关团体，在既有的基础上，扩充服务项目至3项以上，设置据点提供服务；三是由“地方政府”针对位处偏远或资源缺乏的社区，通过社区照顾服务人力培训过程，增进其社区组织能力，进而设置据点提供服务。

回溯该计划文本，可以发现台湾地区“建立社区照顾关怀据点实施计划”的预期效益则主要体现在如下几个维度：一是设置2000个社区照顾关怀据点，落实预防照护普及化及社区化目标；二是发扬社区营造及社区参与的基本精神，发展在地社区生活特色；三是发挥长期照顾社区化预防功能，建立社区照顾支持系统；四是通过在地化社区照顾，使失能老人留在社区生活；五是减轻家庭照顾者负担，为其提供适当之喘息服务。

第五节　台湾地区长期照顾制度框架的可持续性与服务模式的保障程度评价

自2007年4月3日经台湾行政主管部门核定并推进实施以来至2014年底，台湾地区长期照顾十年计划已运行超过七年之久。其间该计划的第一细分计划“建立服务及体系前驱计划”已经实施完成，而基于扩大长期照顾服务对象为目标的第二细分计划“2012~2015年中程计划”亦已投入实施。那么实施七年多来，台湾地区长期照顾制度框架的可持续性与服务模式的保障程度如何呢？援引台湾地区长期照顾十年计划的牵头制订者、台湾大学社会工作学系林万亿教授的观点，长期照顾十年计划的目的在于“普及照顾服务、支持家庭照顾能力、建立照顾管理制度、发展人力资源与服务方案、以及建立财务补助制度”[①]。在政党政治的视域下，该计划制订、启动于民进党“执政”期间，而其主要推动工作则由马英九领导的国民党“执政团队”完成[②]。在此“蓝绿变幻”的背景下，台湾地区长期照顾制度框架的可持续性与服务模式对于台湾地区民众的保障程度究竟应该如何客观判定呢？

为较为客观地开展评价，笔者应用德尔菲法，通过对台湾地区高校与研究院所从事社会福利或公共卫生领域研究的学者、长期照顾社会工作者与心理咨询师、长期照顾相关 NGO 组织的负责人等熟悉台湾地区长期照顾制度与服务体系发展历程与现状的专家开展调查问卷，历经前后三轮的回馈循环，得出专家群体关于当前台湾地区长期照顾制度框架可持续性与服务模式保障程度的群体共识。

回溯本研究的实际操作过程，在赴台湾调研前笔者先行设计出调查问卷，然后采取先期发送电子邮件、打电话以及后期“滚雪球抽样”[③] 的方式联系、确定专家。其中，受访专家组成包括学者 7 人，社会工作者与心理咨询师 3 人，此外还包括台湾地区各类长期照顾相关社会组织的负责人共 10 人。

实际研究过程分为三个阶段进行，2014 年 5 月 28 日至 6 月 12 日开展第一轮的意见征询，其间完成问卷回收、汇总与统计处理后，将统计结果会同第一轮的调查问卷于 2014 年 7 月 21 日至 8 月 2 日再进行第二轮的意见征询，并请专家陈述相关理由。此后，再通过问卷回收、汇总、处理，得出第二轮征询的结果。笔者在于 2014 年 9 月 1 日至 9 月 26 日间陆续通过电子邮件与电话相结合的方式开展，同样经过问卷回收、汇总与处理后

---

① 林万亿：《台湾的社会福利——历史与制度的分析》，台北五南图书出版股份有限公司，2012。

② 2008 年 5 月 20 日，马英九正式宣誓就职台湾地区领导人，2012 年 5 月 20 日，顺利竞选连任成功的马英九再次宣誓就职台湾地区领导人。而台湾地区长期照顾十年计划的规划执行日期为 2007 年至 2016 年。

③ “滚雪球抽样”是一种比较实用的选择调查对象的抽样方法。实践中，由研究者先随机选择一些被访者并开展问卷调查，然后再请这部分被访者提供另外一些较为合适的调查对象，并据此线索选择后续的被访者。作为年轻的大陆学者，笔者对于台湾地区社会福利与公共卫生学界的学者比较陌生。也正因为如此，笔者采取了类似于“滚雪球抽样”的方法确定后续的受访专家。

得出第三轮征询的结果。台湾地区长期照顾十年计划的主要规划者台湾大学社会工作学系林万亿教授认为该计划的主要目的包括“普及照顾服务、支持家庭照顾能力、建立照顾管理制度、发展人力资源与服务方案、以及建立财务补助制度”五个方面①。因此，调查问卷中具体问题的设计同样涵盖如上五个维度，又由于实践中台湾地区的长期照顾服务模式可分为社区式照顾服务、居家式照顾服务以及机构式照顾服务，因此本次问卷调查共包括6个问题。这6个问题分别设计为：（1）您认为当前台湾地区长期照顾人力资源的充足程度如何？（2）您认为当前台湾地区长期照顾财源的充裕程度如何？（3）您认为长期照顾服务对象在生活中能获得居家式照顾服务的保障程度如何？（4）您认为长期照顾服务对象在生活中能获得社区式照顾服务的保障程度如何？（5）您认为长期照顾服务对象在生活中能获得机构式照顾服务的保障程度如何？（6）您认为家庭照顾者在有需要时，能获得喘息服务等长期照顾替代性服务的保障程度如何等？每个问题的评分均采用李克特（五等分）量表（Likert scale）进行计分，根据各问题所描述指标的保障程度分为五个等级，按照5分、4分、3分、2分、1分的顺序依次递减，其中3分的保障程度可定义为普通。

如表4-8所示，依据前后三轮专家意见征询的结果可知，在各类长期照顾服务模式均得到一定程度发展的同时，台湾地区长期照顾制度框架的可持续性与服务模式的保障程度的总体情况并不容乐观，尤其体现在对于家庭照顾者的社会支持不足，而长期照顾服务人力资源的充足性与长期照顾财源的持续性与稳定性等方面亟待改善。究其详细，作为长期照顾制度与服务体系可持续发展与否的最重要的决定因素，长期照顾服务人力资源以及长期照顾财源的保障程度均很不乐观，其中专家评价“当前台湾地区长期照顾人力资源的充足程度”平均数为2.51，其保障程度为“普通倾向差”；而专家对于“当前台湾地区长期照顾财源的充裕程度”指标的评分平均数仅为2.18，其保障程度为“普通倾向差”。由此可见，台湾地区长期照顾服务人力资源以及长期照顾财源的匮乏问题应引起高度重视，相应的，此二者的培育与增长问题理应列为台湾地区长期照顾服务体系进一步

① 林万亿：《台湾的社会福利——历史与制度的分析》，台北五南图书出版股份有限公司，2012。

转型发展中需要着重解决的重点问题。就长期照顾服务模式的保障程度而言，专家评价“长期照顾服务对象在生活中能获得居家式照顾服务的保障程度”平均数为3.38，其保障程度为“普通倾向佳”；专家评价“长期照顾服务对象在生活中能获得社区式照顾服务的保障程度”平均数为3.06，其保障程度为“普通倾向佳”；专家评价“长期照顾服务对象在生活中能获得机构式照顾服务的保障程度”平均数为3.23，其保障程度为“普通倾向佳”。家庭照顾者是长期照顾服务体系中比较容易被忽视的弱势群体，而专家对于“家庭照顾者在有需要时，能获得喘息服务等长期照顾替代性服务的保障程度”评价的平均数为2.55，其保障程度为“普通倾向差”，可见台湾地区家庭照顾者自身的“照顾需求”未被充分考量的问题仍然比较突出。在长期照顾十年计划的制度框架中，社区式照顾、居家式照顾以及机构式照顾均获得一定程度的发展并努力回应台湾地区民众长期照顾服务需求的同时，当前台湾地区长期照顾服务模式对于台湾地区民众的保障程度仍有待提升。

表 4-8　台湾地区长期照顾制度框架的可持续性与服务模式的保障程度评价

序号	所提问题	平均数	保障程度
1	当前台湾地区长期照顾人力资源的充足程度	2.51	普通倾向差
2	当前台湾地区长期照顾财源的充裕程度	2.18	普通倾向差
3	长期照顾服务对象在生活中能获得居家式照顾服务的保障程度	3.38	普通倾向佳
4	长期照顾服务对象在生活中能获得社区式照顾服务的保障程度	3.06	普通倾向佳
5	长期照顾服务对象在生活中能获得机构式照顾服务的保障程度	3.23	普通倾向佳
6	家庭照顾者在有需要时，能获得喘息服务等长期照顾替代性服务的保障程度	2.55	普通倾向差

资料来源：笔者自制。

第五章

台湾地区长期照顾服务体系转型发展面临的焦点议题

作为台湾地区仿照日本"新黄金计划"推动台湾长期照顾制度与服务体系转型发展的依据，2007 年 4 月经台湾行政主管部门核定通过的台湾地区"长期照顾十年计划"是该地区除"国民"年金制度之外台湾地区财政投入规模最大的社会福利计划，也是台湾地区"大温暖政策"的旗舰计划。作为当前台湾地区的主要长期照顾服务政策，"长期照顾十年计划"规划的初衷抑或该计划的预期效益被认为有可能主要体现在如下制度建构与服务体系完善的层面上：[①]（1）以专有稳健之财源，建构可长可久之长期照顾制度；（2）引进民间资源，建构多元且完善的社区照顾网络；（3）提高服务提供的质与量；（4）创造台湾本土照顾服务人员、长期照顾相关专业人员之就业机会；（5）减缓台湾民众对外籍看护工的依赖；（6）建立单一窗口的照顾管理制度，提供民众快速近便服务；（7）借由长期照顾基础服务人力与设施的铺设，并将有助于照顾服务科技的发展。自 2007 年启动推行以来，虽然在有关各方的努力推动下，在"建立长期照顾服务输送模式、建立多元长期照顾服务方案、建立阶梯式补助及部分负担机制、发展长期照顾服务人力资源以及提升长期照顾服务使用比率"[②] 等

① 《台湾地区长期照顾十年计划——大温暖社会福利套案之旗舰计划》（核定本）。

② 参见《台湾地区长期照顾十年计划～2012 至 2015 年中程计划》（台湾行政主管部门 2012 年 10 月 23 日"院台内字"第 1010061581 号函原则同意）。

多个服务维度上均取得了一定的突破，但在日益扩展的长期照顾服务需求压力之下，除“建立单一窗口的照顾管理制度，提供民众快速近便服务”一项借由长期照顾管理中心的整合、运营，取得比较明显的效果之外，其他设计初衷总体上均未达到预期效果。此外，本书第四章专家评价结果亦表明，在台湾人口快速老龄化的背景下当前台湾长期照顾制度与服务体系转型发展仍面临着许多现实困难，特别是该地区长期照顾服务人力资源以及长期照顾财源的匮乏问题亟待解决。台湾地区“长期照顾十年计划”正式启动实施至今已经超过七年，但以该计划为核心推进计划的台湾地区长期照顾服务体系却面临着供需失衡的窘境。换言之，本书的一个基本判断是，囿于长期照顾制度设计局限与长期照顾服务网络构建欠缺，当前台湾地区长期照顾服务处于供需失衡的状态之中。

为印证这一判断，2014 年 5 月至 2014 年 8 月在台湾地区调研期间，笔者在台北市大安区、万华区、中正区与松山区展开了访谈，访谈样本共 16 人。如表 5-1 所示，其中深度访谈对象包括家庭照顾者（4 人）、照顾服务员（1 人）、长期照顾对象（1 人）、外籍看护雇主（1 人）、外籍看护工（1 人）、大学教授（2 人）以及长期照顾社会工作者（1 人）在内共 11 个样本，其中男性 5 人，女性 6 人。因为焦点访谈的主题设定为“台北市照顾服务员工作现状与困境”，因此 5 个样本的职业身份皆为照顾服务员，其中男性 1 人，女性 4 人。

表 5-1　深度访谈与焦点访谈样本基本资料暨代码

序号	称谓代码	身份类别	性别	年龄	访谈时间
1	SYX	家庭照顾者	女	47	2014 年 7 月 21 日上午
2	LMJ	家庭照顾者	女	45	2014 年 5 月 26 日下午
3	ZSX	家庭照顾者	女	59	2014 年 6 月 7 日中午
4	DQZ	家庭照顾者	男	51	2014 年 5 月 29 日晚上
5	CJX	长期照顾对象（日间照顾）	男	69	2014 年 7 月 2 日下午
6	WLH	照顾服务员	女	31	2014 年 7 月 25 日上午
7	ZWT	照顾服务员	女	49	2014 年 7 月 25 日上午

续表

序号	称谓代码	身份类别	性别	年龄	访谈时间
8	LHJ	照顾服务员	女	53	2014年7月25日上午
9	PXR	照顾服务员	女	41	2014年7月25日上午
10	WXY	照顾服务员	男	25	2014年7月25日上午
11	JSQ	照顾服务员	女	46	2014年7月2日晚上
12	XMH	外籍看护雇主	女	/	2014年5月27日下午
13	Melda	外籍看护工	女	36	2014年5月28日中午
14	YWG	大学教授	男	/	2014年6月27日晚上
15	YDW	大学教授	男	/	2014年8月3日上午
16	THC	长期照顾社会工作者	男	/	2014年7月13日中午

资料来源：笔者自制。

第一节 基于分配基础维度的焦点议题

一 老年人对于长期照顾制度认知度与服务使用率有待提升

老年人并非长期照顾服务体系的唯一照顾对象。然而在人口老龄化的背景下，老年人是长期照顾服务最主要的受益群体却是没有疑义的。详读、分析《2013年老人状况调查报告》中台湾地区65岁以上老人对“政府”各项老人福利设施认知及利用情况（参见表5-2），可以发现台湾地区由于全民健康保险制度以及多层次老年经济安全保障制度的发展相对比较健全，“老人健康检查”“‘国民’年金”“中低收入老人辅助装置假牙”等项目类别上台湾地区65岁以上老人的认知比率均超过50%。

表 5-2　台湾地区 65 岁以上老人对“政府”各项老人福利设施认知及利用情况①

单位：%

依“知道”排序	项目别	总计	知道					不知道
			合计	曾利用	未利用		无法利用或目前不需要	
					不知如何申请	不想利用		
1	老人健康检查	100.0	83.1 (100.0)	55.7 (67.1)	2.1 (2.6)	11.9 (14.3)	13.3 (16.0)	16.9
2	“国民年金”	100.0	78.8 (100.0)	30.1 (38.2)	2.3 (2.9)	1.0 (1.3)	45.4 (57.7)	21.2
3	中低收入补助装置假牙	100.0	52.0 (100.0)	3.5 (6.7)	4.8 (9.1)	3.0 (5.7)	40.8 (78.4)	48.0
4	身心障碍者生活补助	100.0	49.3 (100.0)	3.4 (7.0)	1.7 (3.4)	1.4 (2.9)	42.8 (86.7)	50.7
5	专人到住家协助身体照顾或家务服务（居家服务）	100.0	48.9 (100.0)	2.8 (5.7)	2.1 (4.3)	1.8 (3.6)	42.3 (86.4)	51.1
6	中低收入老人生活津贴	100.0	40.1 (100.0)	3.4 (8.6)	3.2 (7.9)	1.3 (3.4)	32.1 (80.1)	59.9
7	提供老人各类进修教育或活动之设施（终身学习机会）	100.0	39.3 (100.0)	5.1 (13.0)	1.4 (3.5)	14.1 (38.3)	15.4 (41.7)	60.7
8	老人休闲娱乐活动	100.0	36.8 (100.0)	6.0 (16.2)	1.4 (3.9)	14.1 (38.3)	15.4 (41.7)	63.2
9	提供失能老人交通接送服务	100.0	34.6 (100.0)	1.1 (3.3)	1.1 (3.1)	1.5 (4.3)	31.0 (89.4)	65.4
10	设置老人文康休闲活动中心	100.0	30.1 (100.0)	4.6 (15.3)	1.4 (4.8)	11.2 (37.2)	12.9 (42.7)	69.9
11	由专业护理师到住家提供护理服务（居家护理）	100.0	29.1 (100.0)	1.1 (3.9)	0.8 (2.9)	0.7 (2.3)	26.5 (90.9)	70.9

① 依据台湾地区 2013 年老人状况调查实施计划，本表仅呈现由本人填答的真实状况，该认知情形为询问所有受访者而得，而非符合该项具体老人福利措施的匹配对象。

续表

依“知道”排序	项目别	总计	知道					不知道
			合计	曾利用	未利用		无法利用或目前不需要	
					不知如何申请	不想利用		
12	中低收入老人特别照顾津贴	100.0	28.7 (100.0)	1.0 (3.5)	1.8 (6.2)	0.6 (2.3)	25.3 (88.1)	71.3
13	提供失能老人辅具购买、租借与居家无障碍环境改善	100.0	21.3 (100.0)	1.1 (5.0)	0.3 (1.6)	0.8 (3.7)	19.1 (89.7)	78.7
14	设置社区照顾关怀据点	100.0	19.7 (100.0)	1.7 (8.9)	0.6 (2.9)	1.4 (7.0)	16.0 (81.3)	80.3
15	设置乐龄学习中心	100.0	18.0 (100.0)	3.0 (16.6)	0.9 (4.8)	4.5 (24.9)	9.6 (53.7)	82.0

资料来源：台湾地区“卫生福利部统计处”：《2013 年老人状况调查报告》，http：//www.mohw.gov.tw/cht/DOS/Statistic.aspx？f_list_no=312&fod_list_no=4695，2014-11-30。

此三项老人福利设施与服务中，除了“中低收入补助装置假牙”这一项目相对特殊曾利用率比较低（6.7%）外，“老人健康检查”与“国民年金”的曾利用率分别高达67.1%与38.2%。不容乐观的是，老年人对于长期照顾相关的福利设施与服务的认知度与曾利用率均明显偏低。其中，“专人到住家协助身体照顾或家务服务（居家服务）”的认知度仅为48.9%，在所有接受调查的老人中，曾利用该项服务的老人仅为2.8%，在知晓该项福利设施与服务的老人中，曾利用该项服务的也仅为5.7%。“提供失能老人交通接送服务”的认知度仅为34.6%，在所有接受调查的老人中，曾利用该项服务的老人仅为1.1%，在知晓该项福利设施与服务的老人中，曾利用该项服务的也仅为3.3%。“由专业护理师到住家提供护理服务（居家护理）”的认知度仅为29.1%，在所有接受调查的老人中，曾利用该项服务的老人仅为1.1%，在知晓该项福利设施与服务的老人中，曾利用该项服务的也仅为3.9%。“提供失能老人辅具购买、租借与居家无障碍环境改善”的认知度仅为21.3%，在所有接受调查的老人中，曾利用该项服务的老人仅为1.1%，在知晓该项福利设施与服务的老人中，曾利用该项服务的也仅为5.0%。

台湾地区各界非常重视以社区为中心开展社区式与居家式养老服务体系，然而令人惊讶的是，作为社区式照顾重要举措的“设置社区照顾关怀据点”在调查对象中的认知度仅为19.7%，而知道该项服务的老人仅为80.3%。在所有接受调查的老人中，曾利用该项服务的老人仅为1.7%，在知晓该项福利设施与服务的老人中，曾利用该项服务的也仅为8.9%。正因为如此，截至2012年12月，台湾地区“长期照顾十年计划”实施了5年多之后，长期照顾服务量占台湾地区老年失能人口的比率为27%，较2008年增长了12倍之多，并占所有失能人口总数的17.2%。[①] 然而，由于台湾地区民众长期照顾需求快速增加而长期照顾服务体系的发展相对滞后，加之台湾地区民众付费试用长期照顾服务的习惯尚未养成，现有长期照顾制度与服务模式又错综复杂，民众认知度偏低等因素的综合作用，仍有许多失能老人尚未受益于现行长期照顾服务体系。

由如上统计数据可以得知，一方面，老人自身是否知道各项福利设施与服务对于老人最终能否获取该项福利设施与服务具有显著影响；另一方面，虽然近年来台湾地区各方比较重视老年人长期照顾服务体系的构建与宣传，甚至于长期照顾服务相关政策已俨然成为台湾地区各级别、各类型选举中“蓝绿更迭”的关键因素之一，然而台湾地区老年人对于长期照顾服务的认知度却有待进一步提升，而这也对“长期照顾十年计划”的受益群体覆盖率的提升造成了负面影响。换言之，如果对照顾服务与资源不熟悉，容易造成资讯不畅，不利于包括老人在内的失能者选择适合自己需求的长期照顾服务类型，因此如何解决台湾地区老人对于各项老人福利设施与服务的“信息不对称”问题可谓任重道远。通过多渠道宣传提升台湾地区老人对于各项老人福利设施的认知度从而提高各项老人福利设施的利用效率，进而提升台湾地区长期照顾服务体系的整体效率，既迫在眉睫，又意义深远。

二 身心障碍者的长期照顾服务需求未得到充分满足

基于长期照顾概念的界定，笔者认为，长期照顾服务需求源自人体衰老、疾病以及身体、心理障碍等多方面的原因。因此，在台湾社会人口老

---

① 《长期照护服务网计划（第一期）——2013年至2016年》（核定本）。

龄化趋势不断加剧的背景下，台湾地区需要长期照顾服务的人口总体上以老年人为主这一判断并没有问题。但在实际生活中，不同社会阶层、不同性别、不同年龄层的民众都有失能与失智的现实风险，其长期照顾服务需求亦不容忽视。换言之，长期照顾服务是人权而非特权，并非特殊群体才能享有。为此，基于分配基础的视角，Halamandaris 在定义长期照顾概念时认为各年龄段的身心障碍者都应该纳入长期照顾系统。[①] 然而，当前台湾地区长期照顾服务体系在一定程度上回避了 50 岁以下身心障碍者的长期照顾服务需求。为此，在《长期照顾推动的关键焦点——充实照顾服务网络减轻全民照顾负荷》一文中，台湾地区智障者家长总会秘书长林惠芳基于身心障碍团体的立场回溯了台湾地区长期照顾服务体系的规划历程，解读了“长期照顾十年计划”实施后台湾地区长期照顾服务体系的发展状况，探讨了台湾地区现行长期照顾服务体系因应失能者基本生活需求进程中的不足之处。林惠芳指出，在如何有效推估日常生活当中有需要长期日常生活照顾的障碍者人数、哪些是生活必要照顾项目等问题未能达成有效解决的共识之下，为求十年长期照顾计划[②]能尽快提出，十年长期照顾计划仍以满足老人失能者的照顾需求为主要考虑的基础。[③]

正是在此政策制定的博弈中，台湾地区 49 岁以下身心障碍者约为 10 万人的需求未被纳入长期照顾十年计划。在人口老龄化的背景下，老年人的长期照顾服务需求无疑应引起全社会的格外关注，对此应是毫无疑义的。然而，对于一个文明社会而言，年龄不是也不应该是决定长期照顾服务供给的唯一决定性因素。一方面，从长期照顾的定义来看，国际社会公认的长期照顾的概念并不排斥低龄者对于长期照顾服务的刚性需求；另一方面，台湾地区公布的社会福利统计年报表中，身心障碍者人数按类别及年龄别分的统计数据（参见表 5-3）可以很直观地显示出台湾地区 1997

① Halamandaris, V. J., 1987, “Long-term Care: Filling the Gap”, *Caring*, Vol. 6 (10), pp. 18-22.

② 该计划全称为《台湾地区长期照顾十年计划——大温暖社会福利套案之旗舰计划》（核定本），台湾地区学界、“政府机构”以及民间团体在正式文件行文、学术论文发表以及一些非正式场合的致辞中对于该计划有不同的简称，如“十年长期照顾计划”、“长期照顾十年计划”、“长期照顾十年”或“十年长期照顾”，均是指代这一计划。

③ 林惠芳：《长期照顾推动的关键焦点——充实照顾服务网络减轻全民照顾负荷》，《社区发展季刊》2009 年第 3 期，第 205 页。

年至2013年间49岁以下身心障碍者的具体人数，其总量与比例均十分可观。美国亦是如此，虽然2009年该国的1030万需要长期照顾服务的人口中过半数为65岁以上的老年人，但该国长期照顾对象中有42%为65岁以下的身心障碍者与长期病患。[①] 生命周期是指生物体经历的“出生→成长→成熟→衰退→死亡”的全部过程，人在生命周期的不同阶段，其多样化需求是紧密联系而非机械分割的，前一阶段的经历会对其后面阶段的经历产生直接的影响。在社会政策理论中，这种关联性主要表现为一些特定阶段的问题会在后一阶段重新出现，或者会影响到期后续阶段的机会。[②] 由此可见，生命周期理论具有明显的“前馈控制”意蕴，而实践中台湾地区长期照顾十年计划将49岁以下身心障碍者排斥在该计划之外的做法，在损害该群体即期利益的同时也会对其迈入老年后的身心状况造成进一步的消极影响。因此，无论是从“政府”责任，抑或是从人道主义的视角出发，影响日常生活功能实现的失能程度才应该是“政府”决定提供长期照顾服务与否的决定性因素。正因为如此，台湾地区一些身心障碍团体认为台湾地区长期照顾十年计划以年龄来界定身心障碍者是否既不合情理，又不够专业。

表5-3 台湾地区身心障碍者人数（按类别及年龄别分）[③]

单位：人

年底别	总计	0~2岁	3~5岁	6~11岁	12~14岁	15~17岁	18~29岁	30~44岁	45~59岁	60~64岁	65岁以上
1997	500138	1495	6049	16331	10154	13741	61141	124496	86551	32179	148001
1998	571125	1341	5768	17481	9771	13273	64821	135476	100723	37316	185155
1999	648852	1564	5716	19054	10247	12957	67069	146821	118894	44281	222249
2000	711064	1753	5873	19970	10664	12735	70292	155746	136777	49354	247900

① Diane, R., Filling In the Long-term Care Gaps, http://www.aging.senate.gov/imo/media/doc/hr210dr.pdf, 2009-6-03.

② 徐月宾、刘凤芹、张秀兰：《中国农村反贫困政策的反思——从社会救助向社会保护转变》，《中国社会科学》2007年第3期，第42~43页。

③ 自2012年7月11日起，台湾地区正式颁行《身心障碍鉴定需求评估》新制，原来台湾地区领取身心障碍手册者都必须按照新规定在指定日期以指定方式重新办理鉴定及需求评估，或者换发身心障碍证明。预计这一工作将在7年内完成。因此，自2012年底起，本表身心障碍者人数为新、旧制（人数统计）之和。

续表

年底别	总计	0～2岁	3～5岁	6～11岁	12～14岁	15～17岁	18～29岁	30～44岁	45～59岁	60～64岁	65岁以上
2001	754084	1836	5897	20291	11001	12397	72476	159973	153645	52641	263927
2002	831266	1983	6641	21710	11645	12858	76677	168788	177012	58665	295287
2003	861030	2203	6915	22195	12207	13266	78491	171030	193854	60918	299951
2004	908719	2271	7546	23279	12724	14059	80804	173397	214672	64735	315232
2005	937944	2151	7593	23782	13312	14338	81212	171091	232405	64361	327699
2006	981015	2188	7424	24655	13764	14575	81657	171099	249923	65366	350364
2007	1020760	1998	7032	25182	14133	15167	81872	169317	267302	67669	371088
2008	1040585	1792	6660	25218	14241	15598	80794	166051	279376	70869	379986
2009	1071073	1727	6571	24580	14566	15996	79739	164809	290051	76555	396479
2010	1076293	1609	6255	24219	14402	16220	78173	161901	296491	83244	393779
2011	1100436	1461	6015	23636	14352	16369	76199	161756	299857	93601	407190
台湾少数民族	21980	39	141	710	416	480	2134	4349	7162	1671	4878
2012	1117518	1510	5971	22655	14954	16961	75981	162745	304021	101276	411444
台湾少数民族	20930	30	125	647	379	468	2057	4030	6930	1701	4563
新制	87027	531	1524	2787	1652	1646	4855	12364	20559	7435	33674
旧制	1030491	979	4447	19868	13302	15315	71126	150381	283462	93841	377770
2013	1125113	1669	5639	21281	14730	16251	74514	159604	303431	105636	422358
台湾少数民族	18408	27	90	386	314	367	1819	3488	6140	1584	4193
新制	254357	1385	3870	9361	5363	4885	13689	32059	56998	22685	104062
旧制	870756	284	1769	11920	9367	11366	60825	127545	246433	82951	318296

资料来源：台湾地区“卫生福利部统计处”：《身心障碍者人数按类别及年龄别分（社会福利统计年度报表）》，http：//www.mohw.gov.tw/cht/DOS/Statistic.aspx？f_list_no＝312&fod_list_no＝4182，2014-04-21。

三　家庭照顾者自身的“照顾需求”未被充分考量

何谓家庭照顾者？台湾地区家庭照顾者关怀总会认为，所谓家庭照顾者，是指不论年龄大小，是男是女，只要是提供“照顾”给因年老、疾病、身心障碍或意外等而失去自理能力的家人，就是“家庭照顾者”。[①] 那么家庭照顾者在长期照顾服务体系中扮演着什么样的角色呢？台湾地区学者吕宝静认为，家庭照顾者在正式照顾服务体系中的角色可以大致分为如下四种类型：（1）照顾者是一种资源（resources）；（2）家庭将照顾者视为需要协助的案主之一（co-clients）；（3）照顾者是协同工作者（co-works）；（4）照顾者是被取代的照顾者（the superseded carer）。[②] 在台湾地区家庭照顾者关怀总会编辑的《家总资源手册》中，台湾地区的家庭照顾者的通常样貌被描绘为：“一天 24 小时，全年无休，不间断地照顾家人；缺乏喘息，连续睡个 4 小时都难，心理压力大，身体变差；为了照顾家人，四成得辞去工作，顿失收入来源；失去社交机会、资讯管道变得狭窄，生活封闭；其中有七成是女性，多由配偶与媳妇、女儿担任主要照顾者。”[③] 该群体的弱势与无助由此可见一斑。笔者由此衍生出的两个追问是：其一，什么是照顾？就此，台湾地区家庭照顾者关怀总会认为，照顾就是“协助有身体或心智能力障碍的人，完成他们日常生活的活动。一般来说，为失能的人准备三餐、协助吃饭、穿脱衣服、洗脸洗澡、上厕所及一般的外出活动、打扫家务、洗衣、采买、吃药、打电话、处理财务等，都可以算是照顾的内容。这些照顾的工作几乎是一天二十四小时、日复一日必须协助的，所以照顾并非一件轻松简单的事务，更是需要爱心、耐心、体力、技巧以及充足协助资源的工作”。[④] 其二，是否任何人都有可能成为家庭照顾者呢？就此，台湾地区家庭照顾者关怀总会指出，家庭照顾者“可能是照顾失智父母/公婆的子女或媳妇，可能是照顾中风或因工作伤害而致残先生的太太，也有可能是照顾罕见疾病孩子的父母亲，也有可能是照顾患有精神障碍的手足；甚至因隔代教养，而需要照顾年迈祖父母

① 台湾地区家庭照顾者关怀总会：《何谓家庭照顾者》，http：//www.familycare. org.tw/index.php/howto，2013-8-02。

② 吕宝静：《支持家庭照顾者的长期照护政策之构思》，《台湾政策季刊》2005 年第 4 期，第 26~40 页。

③ 台湾地区家庭照顾者关怀总会：《家总资源手册》，2013。

④ 台湾地区家庭照顾者关怀总会：《何谓家庭照顾者》，http：//www.familycare. org.tw/index.php/howto，2013-8-02。

的孙子女们[①]，因此，这样的角色我们都可称之为‘家庭照顾者’”。[②] 身为家庭照顾者，面对着几乎是无时不在的长期照顾压力，但无论基于社会成本抑或从照顾质量考量，这一群体的照顾努力均是不可替代的。早在 1998 年台湾学者吴淑琼等人就曾指出该地区家庭照顾者独撑长期照顾责任，负荷至巨。换言之，台湾地区非正式照顾服务体系[③]具有正式照顾服务体系所不具备的独特优势，但与此同时家庭照顾者的照顾负荷偏大，家庭照顾劳务价值未得到充分肯定的问题非常突出。在台北市万华区西门町的个案访谈中，家庭照顾者 SXY 表示，“这几年，为了照顾母亲，失去工作，失去朋友，花光了积蓄，真的希望‘政府’能开眼重视关爱家庭照顾者，无论是正在照顾或是毕业[④]的照顾者都需要关怀与支持”（SXY—20140721）。

为此，在《台湾地区长期照顾十年计划——大温暖社会福利套案之旗舰计划》（核定本）中，将“支持家庭照顾能力，分担家庭照顾责任”[⑤]作为长期照顾十年计划的六项目标之一。在阐述其规划原则时，亦将“支持家庭照顾责任：透过照顾服务及喘息服务方案，支持家庭照顾持续照顾能量，并增进照顾者之生活质量”[⑥] 列为其规划七项原则之一。此外，台湾地区在制订《人口政策白皮书：少子女化、高龄化及移民》时也将“支

---

① 在台湾地区长期照顾十年计划“三年全台长期照顾个案”资料中的相关统计表明，就性别分布而言，台湾地区家庭照顾者以女性居多，占 60.46%，而男性约为 39.54%。另外，基于主要照顾者与个案的社会关系而言，以儿女照顾父母的比例为最多，占 49.32%，而配偶间互相照顾的占 34.84%，此外还有一些为老年照顾者。这一组数据转引自《台湾地区长期照顾十年计划~2012 至 2015 年中程计划》（台湾行政主管部门 2012 年 10 月 23 日“院台内字”第 1010061581 号函原则同意）。

② 由此可见，面对现实的（被）照顾风险，每个人都有可能是家庭照顾者，也可能是被照顾者，正是基于这一现实考量，在台湾地区人口快速老化的背景下，基于 NGO 自身定位抑或促进自身发展的一种策略，台湾地区家庭照顾者总会在其网页中令人感同身受且发人深醒地提出了“每个人将来也都很有可能成为一个家庭照顾者，因此从现在开始关心家庭照顾者，就是关心您的未来”的号召。

③ 早在 1985 年，美国学者 Cantor 与 Little 即指出，相对于正式照顾体系，非正式照顾体系所提供的照顾支持具有如下特质：提供非技术性的协助，如家务、陪同就医、购物等；较能符合个别老人不可预测的需求；能迅速提供协助，在时间投入和照顾项目上较具弹性；协助是基于互惠关系，对于老人过去付出的照顾加以回馈；情绪支持。转引自陈怡如、曾蔷薇、徐明仿等《老人福利服务》，台北华格纳企业有限公司，2013。

④ 意指因被照顾者去世，家庭照顾者结束照顾工作，如同学生完成学业一般。

⑤ 《台湾地区长期照顾十年计划——大温暖社会福利套案之旗舰计划》（核定本）。

⑥ 《台湾地区长期照顾十年计划——大温暖社会福利套案之旗舰计划》（核定本）。

持家庭照顾能力、分担家庭照顾责任，维护受照顾者与照顾者生活质量”列为台湾地区人口政策的重要政策目标。在论及强化家庭与社区照顾及健康体系的具体理念时，台湾地区《人口政策白皮书：少子女化、高龄化及移民》更进一步指出，一方面，应着手于因应家庭结构变迁，强化家庭照顾能量；另一方面，家庭照顾者在正式服务体系应纳为协助的服务对象。在《台湾地区社会福利政策纲领——迈向公平、包容与正义的新社会》中，台湾行政主管部门更是旗帜鲜明地提出，“政府”应结合民间资源提供家庭支持服务措施，提升家庭照顾能量及亲职教育功能、减轻家庭照顾及教养压力，预防并解决家庭问题。[①] 上述社会福利服务政策与各类行动纲领的提出，表明台湾地区相关“掌理”机关与社会各界极为重视家庭照顾者的照顾负荷问题，那么长期照顾十年计划及其他计划、政策、纲领的颁布实施，是否使得台湾地区家庭照顾者的身心压力顺利得到缓解了呢？现实情况并不乐观，台湾地区原“卫生署”于2012年发布的《“国民”长期照护需要第二阶段调查报告》指出，台湾地区“有25.86%主要照顾者已不堪照顾负荷”[②]。笔者在与家住台北市大安区龙渊里的家庭照顾者LMJ访谈时，当谈及她的日常照顾压力时，她表示“每天照顾公公、婆婆和孩子全都是我一手包办的，真的是蜡烛两头烧，早上眼睛睁开，就要煮早餐、接送孩子、洗衣、拖地等，每天总有做不完的事，每天疲惫不堪，没有人可以诉苦，也没有人可以聊天，心酸委屈都往肚子里吞，有时候半夜常常起来偷哭。”（LMJ—20140526）

依据台湾地区家庭照顾者关怀总会整理台湾各地家庭照顾者来电需求协助的服务资料统计显示，台湾地区家庭照顾者面临着十大烦恼，依序分别是：（1）没有替手；（2）对资源的陌生；（3）照顾负荷；（4）经济压力；（5）看护选择问题；（6）沟通不良；（7）缺乏陪伴；（8）情绪困扰；

---

① 台湾行政主管部门：《台湾地区社会福利政策纲领——迈向公平、包容与正义的新社会》，http：//www.ey.gov.tw/Upload/RelFile/26/86027/%E4%B8%AD%E8%8F%AF%E6%B0%91%E5%9C%8B%E5%BB%BA%E5%9C%8B%E4%B8%80%E7%99%BE%EF%A6%8E%E7%A4%BE%E6%9C%83%EF%A8%9B%EF%A7%9D%E6%94%BF%E7%AD%96%E7%B6%B1%EF%A6%B4.pdf，2012-02-07。

② 转引自李玉春、林丽婵、吴肖琪等《台湾长期照护保险之规划与展望》，《社区发展季刊》2013年第1期，第26页。

(9) 缺乏喘息服务；(10) 不知道自己照顾的正不正确。[①] 上述烦恼分散于多个维度，涵盖许多现实需求，构成台湾地区社会不稳定与社会风险的“直接”诱因之一。在与家住台北市信义区的家庭照顾者 ZSX 访谈时，谈及其需要三管（气切管、尿管、胃管）照护的先生，已经独自照顾先生近五年的她表示，“每天都担心他的状况，每个晚上都不敢睡熟的，害怕没去抽痰，会让他无法呼吸……他受苦，我也受苦，马上五年了嗨，会好就赶紧好，为了照顾他，把我也磨垮了”（ZSX—20140607）。如表 5-4 所示，回溯 2009 年至 2014 年间台湾地区家庭照顾者源于照顾压力而爆发的系列典型极端案件，可以发现家庭照顾者变成行凶者的背后上述十大烦恼中的某一项或者各种压力组合的风险释放均得到了印证。就此，来自憨老家庭[②]的家庭照顾者 DQZ 感慨指出：“我真的可以理解为什么有照顾者会带着自己的家人一起去寻短见，很多人都熬不过来，实在是因为承受不了。如果没有亲身体验，你是不会知道会有多苦，当然想要照顾好他们，但你永远不会知道下一秒会发生什么，真的是防不胜防。很多时候，光想想他们（的状况）和自己（的辛苦）都会掉眼泪。”（DQZ—20140529）针对当前台湾地区长期照顾服务体系的不足之处，台湾地区家庭照顾者关怀总会列举出了家庭照顾者对于台湾地区长期照顾政策调整的十大诉求：(1) 家庭照顾者的付出是选择而非义务；(2) 家庭照顾者有权追求自我生命的实践；(3) 照顾政策应响应家庭照顾者的需求；(4) 应分担家庭照顾者的照顾负荷；(5) 应建立普及式的公共照顾服务体系；(6) 应提供适当的训练与支持以协助家庭照顾者；(7) 就业政策应充分支持并回应受雇者的家庭照顾责任；(8) 应提供充足、价格合理且质量良好的喘息服务；(9) 应担任照顾体系整合及协调的角色；(10) 应尽快规划“长期照护”财务制度。[③]

综合所述台湾地区老年人、身心残障人士以及家庭照顾者群体的“境遇”，关于台湾地区现行长期照顾服务体系现状可以归结出的一个尴尬事实

① 李孟芬、石泱、曾蔷儿等：《长期照顾概论——社会政策与福利服务取向》，台北洪叶文化事业有限公司，2013。

② 所谓憨老家庭，是指同一个家庭之中既有智障者又有高龄老年人存在，此类家庭具有长期照顾的双重需求，但现实中往往由高龄者照顾智障者，殊为不易。

③ 台湾地区家庭照顾者关怀总会：《成立宗旨》，http：//familycare. org. tw/index. php/about-familycare，2014-08-07。

是，一方面符合现行长期照顾十年计划服务对象的失能人数成长迅速[①]；另一方面，长期照顾的实际适切服务对象并未被全面纳入长期照顾服务体系当中。由此可见，当前台湾地区长期照顾服务处于供需失衡的状态之中。

表 5-4 近年来台湾地区家庭照顾者源于照顾压力的典型极端案件

序号	时间	地点	具体案情	案例来源
1	2009 年 2 月	高雄市	46 岁妇人梁美足照护 71 岁卧病瘫痪的婆婆 4 个多月，身心俱疲，涉嫌以枕头闷死婆婆后自首。梁女坦承，因长久照顾卧病在床的婆婆，又无法外出工作赚钱，身心俱疲，她并认为“婆婆动弹不得，活着无任何意义”	自由时报
2	2009 年 4 月	台北市	台北市肢障者连先生由于家庭经济困难，同时又要照顾痴呆且中风的父亲，不堪照顾压力之下企图用枕头闷死其父未遂。“法院”审酌连男父亲因中风、老年痴呆等病症，断断续续在医院就诊治疗，前后达十余年之久，平日在家生活也无法自理，均由连男照顾，无人可替换，又连男仅小学毕业，智识不丰，不知由正常管道寻求社会帮助，二审依杀直系血亲尊亲属罪，判连男 12 年徒刑	台湾时报
3	2010 年 12 月	台北市	台北一名 84 岁的老人，不忍年迈妻子摔断腿又饱受帕金森氏症所苦，让妻子服药昏迷，随后用铁锤将螺丝起子钉入妻头颅致死，事后自首。就此，临床心理师杨雅明说，长者面临身体老化，一旦遇病痛又乏人照料，就容易忧郁、悲观走极端	苹果日报
4	2012 年 9 月	宜兰县	宜兰县一名 45 岁林姓男子得知自己罹患肝癌末期，担心年迈父母无力照顾从小身障的弟弟，趁父母不在家时，以改造手枪杀弟弟，再朝自己头部自戕身亡；警方找到林姓男子遗书，上头除叮咛 3 名子女要乖乖听话，还说会带走弟弟，是因为不想成为家人的负担，并祈求家人原谅	TVBS 无线卫星电视台
5	2012 年 11 月	嘉义市	45 岁的男子疑因长期照顾久病失智的母亲，身心俱疲，加上不堪经济压力，他拿电线勒死妈妈，伴尸 5 小时才到警局自首。5 个姐妹得知最孝顺的他，竟然亲手杀了妈妈，十分不舍，频频安慰，就怕他想不开。其实之前家人曾经把妈妈送到赡养院，不过儿子不舍，之后干脆辞职，把妈妈带回来自己顾，没想到发生悲剧	TVBS 无线卫星电视台

① 关于长期照顾服务体系发展的一个经验性事实是，一个国家或地区的长期照顾服务体系逐渐健全且该国（地区）民众的长期照顾服务需求被“诱发”之后，在未开办长期照顾保险前自认为具有“刚性”长期照顾需求的人口一般占失能人口的 30%。

续表

序号	时间	地点	具体案情	案例来源
6	2013年1月	台南市	台南市一名75岁老翁，不堪长期照顾70岁罹患慢性病的太太，10日晚间跟女儿说要带妈妈出去走一走，没想到老翁竟是抱着生重病的老伴，到德元埤湖寻短见。邻居说，阿公曾多次向亲友抱怨，照顾老伴的压力很大，让他有寻短见念头；大家认为他只是发发牢骚，劝他想开一点，没想到竟真带老伴走绝路	自由时报
7	2013年5月	台中市	61岁周姓出租车司机，因长期照顾癫痫症妻子，精神压力大，唯恐以后没人照顾妻子，掐死癫痫发作的妻子后，开车在外闲晃，3天后企图自杀不成被寻获。台中"地院"审结，以被告在负面情绪下行凶，其情可悯，减轻其刑，依杀人罪判处3年徒刑	中时电子报
8	2014年7月	嘉义县	嘉义县台三线大埔乡段，清晨近六时路边惊见一八旬老翁路树上吊，妻子则倒卧车内，现场留有遗书。警方后来也在老妇人身上发现一封遗书，表示自己生病多年，都是由老伴照顾，如今老伴也罹病，两人才决定共赴黄泉	联合晚报

资料来源：由笔者根据各案例实际发生时间为序整理而成。

第二节　基于分配内容维度的焦点议题

台湾地区各类长期照顾服务资源供给结构不合理的问题比较突出。具体体现在机构式照顾资源过剩的同时，社区式、居家式服务方案却仍不够普及。依据台湾地区2010年底对全岛长期照顾资源盘点[①]的结果，就台湾地区居家、社区、入住机构式长期照顾服务资源分布而言，长期照顾服务人力的分布仍集中于机构，约为居家式人力的2倍，约为社区式人力的15倍；长期照顾型服务资源总量也以机构最多，2010年底服务人数为居家式的1.5~2倍，约为社区式的10倍；身障型资源总量服务人数则是机构式照顾与居家式照顾相当，各为11000人左右，均约为社区式的3倍。同期，

① 本次长期照顾资源盘点所获得的数据为截至2010年底盘点结果的统计数据。开展本次盘点的目的在于掌握台湾地区长期照顾服务资源的总体分布情况，并在此基础上推进台湾全岛各区域的长期照护服务网的统筹规划。

台湾地区居民入住机构式、社区式与居家式长期照顾服务的比例为6∶3∶1，可见居家式照顾及社区式照顾仍应加强发展，而此三类服务中更以社区式长期照顾服务最需发展。此外，机构式照顾资源中，长期照顾服务占床率均超过80%，考量失能人口逐年快速增长的趋势已不可扭转，如果不增加床位等相关资源，将渐趋不足；而失智入住机构式专区（或专责），台湾地区床位数超过半数归属于荣民之家建置，每万名失能人口拥有床位数仅为15.56张，明显难以满足需求。[①]

就总体而言，当前台湾地区机构式照顾的开业机构数、床位数均呈现出供过于求的现象，而台湾地区失能人口更加急需的"居家式、社区式照顾服务方案仍不够普及"[②]。应当指出的是，我国台湾地区长期照顾服务各类资源内部结构不合理的现象无疑与长期照顾服务发展的国际趋势是背道相驰的。从世界各国的长期照顾事业发展规律看，虽然早期也偏重于发展机构式照顾设施与服务，但在20世纪60年代之后，多数国家均纷纷转向发展居家式照顾与社区式照顾，以期身心障碍者能尽量延迟进入养老机构的时间而尽量多地在社区与家中过上正常的家庭生活。其背后的驱动性因素既有经济层面的考量，也有科技发展的因素，更关键的是长期照顾理念与共识的更替。具体来说，对于过上正常家庭生活的强烈欲求与老人自身教育和经济水平的提升，使"在地老化"成为各国长期照顾服务发展的指导性理念；就经济层面的考量而言，随着人口老龄化甚至是高龄化趋势的不断加剧，长期照顾服务需求亦快速增长，为此许多国家、地区的决策者们希望通过加大对于社区式照顾与居家式照顾的支持力度，从而减少对于机构式照顾设施与服务的投入，达到削减整体长期照顾财政投入的目的；随着许多辅具的问世与"居家无障碍环境改善项目"的运营，许多器质性、功能性障碍者与家人共同居住或者独自居住成为现实可能。

就台湾地区老年人的实际需求而言，在台湾地区《2013年度老人状况调查报告》中，就"理想的居住方式"，调查对象中55~64岁者希望自己在65岁之后能"与子女同住"的比例最高，占66.2%；其次为"仅与配偶同住"占18.5%，其余选项皆不足10%。与2009年的同主题调查相比，

---

① 该比例引用自《长期照护服务网计划（第一期）——2013年至2016年》（核定本）。

② 林万亿：《台湾的社会福利——历史与制度的分析》，台北五南图书出版股份有限公司，2012。

希望“与子女同住”者增加了15.2%，而选择“仅与配偶同住”则减少9.4%。针对65岁以上老人的“理想居住方式”调查则显示，高达65.7%的老年人选择“与子女同住”，有16.0%的老人选择“仅与配偶同住”，其余选项都在一成以下。就入住长期照顾机构的意愿调查显示，55~64岁者表示未来生活可自理时，“愿意”住进老人赡养机构、老人公寓、老人住宅或社区赡养堂者占27.2%。与2009年的调查比较，表示“愿意”者减少10%。未来生活可自理的65岁以上老人仅14%表示“愿意”住进老人赡养机构、老人公寓、老人住宅或社区赡养堂。与2009年比较，表示“愿意”者减少3.6%。究其原因，55~64岁者及65岁以上老人之所以不愿意住进长期照顾机构均以“无认识亲友同住”为最多，分别占22.8%及28.9%。生活无法自理的65岁以上老人表示“愿意”住进老人长期照顾机构或护理之家的占43.1%，其不愿意住进机构的原因以“无认识亲友同住”为最高，占31.8%。[①] 在台北市松山区某老人日间照顾中心的一次访谈中，当问及CJX老人当初到该日间照顾中心的情形时，他表示，“是我和牵手[②]一起过来看的，两个儿子不放心，说‘你们又不是没有儿子，没有媳妇的，为什么要去那边?’我跟他们说，‘这个是托老的，只是白天在这里。’一起过来看了以后他们才同意。”（CJX—20140702）可见，通过居家式照顾与社区式照顾获得高品质的长期照顾服务，从而与家人共同居住实现“在地老化”的目标是符合多数台湾地区老年人的主观养老意愿的，同时也与台湾地区孝敬老人的风俗相融[③]。而当前台湾地区机构式照顾存量服务资源虽然会逐渐被不断增长的老年失能人口所消化，但机构式照顾“品质参差不齐，如果不通过资讯公开、评鉴，很难汰旧增新。一旦品质参差不齐，给付就很难公平。”[④]

---

① 台湾地区“卫生福利部”:《2013年度老人状况调查报告》，2014。

② 指配偶。

③ 除中华传统文化因素外，在台北市长期照顾机构与在家接受照顾者的调研、访谈中，笔者了解的有关台湾民众对于长期照顾机构心存排斥的一个特殊原因在于，历史上台湾地区的老人安养机构长期以来以收容孤独贫穷老人或亲属无能力抚养的老人为主，这也让台湾民众对于在机构养老的老人形成了偏贬义的刻板印象。正是受中华民族尊老爱幼的传统文化影响，许多子女害怕担负上遗弃父母的骂名，因此对于要将父母送到长期照顾服务机构常常心怀内疚。

④ 林万亿:《台湾的社会福利——历史与制度的分析》，台北五南图书出版股份有限公司，2012。

第三节　基于服务输送维度的焦点议题

一　长期照顾服务人力不足的问题比较突出

创造长期照顾社会工作人员、护理人员、职能治疗人员、物理治疗人员、照顾管理者、照顾管理督导等相关专业人力的就业机会，被列为《台湾地区长期照顾十年计划——大温暖社会福利套案之旗舰计划》所列的预期效益之一。而该计划的成败亦在很大程度上取决于有无足够的长期照顾服务人力。然而，作为“台湾地区长期照顾十年计划”制订团队的领军人物，台湾大学社会工作学系林万亿教授在其 2012 年出版的专著《台湾的社会福利：历史与制度的分析》一书中分析台湾地区长期照顾服务体系发展面临的挑战时，指出当前“服务人力尚不足以因应所需、服务人力的劳动条件未明订……尤其一部分取得资格者转至医疗体系服务，使长期照顾人力更加短缺”。①

造成台湾地区长期照顾服务人力缺口的因素是多方面的。在经济层面上，长期偏低的照顾服务费无疑对吸引照顾服务员进入与留任有着极为负面的作用。截至 2014 年 5 月，台湾地区虽有 98918 人完成了照顾服务员培训课程获得照顾服务资质，薪资主要来自“政府”补助的照顾服务费，然而十多年来照顾服务费未随物价指数调整，使照顾服务员的整体薪资待遇偏低。低薪资一方面极大地降低了获得照顾服务资质人员投入长期照顾服务领域的意愿；另一方面，过低的照顾服务费水平也对现任照顾服务员留任的稳定性造成了极为不利的负面影响。2014 年 7 月 25 日，在台北市大安区举行的主题为“台北市照顾服务员工作现状与困境”的焦点小组座谈②中，居家照顾服务员 WLH 与 ZWT 的发言充分印证了这方面的负面影响。入职时间较短的 WLH 对于这一行业的薪酬水平很不满意，她表示，“（由于）个案时数

① 林万亿：《台湾的社会福利：历史与制度的分析》，台北五南图书出版股份有限公司，2012。

② 作为定性调研中最常用的一种方法，焦点访谈法往往由一个在某个领域训练有素的专家扮演主持人的角色，这种定性研究方法的好处在于由于采取无结构的自然形式与焦点访谈对象进行座谈交流，且采取一对多的形式，鼓励畅所欲言、充分互动，这种方法比一对一的面谈更容易发现新问题、新见解，同时也能节省大量时间。

少，我们的薪水真的不会很高啦，不像一般行业有基本底薪。我们付出跟我们的收入不成正比。可以说是比较克难啦。一个小时才100多块，每个月15000~20000元，你想要拿到更多的话，嘿，那真的是要拼命了！‘政府’整天喊着推动十年长期照顾急需新血加入，但你看现在真的是有多少保障到照服员？”（WLH—20140725）而入职已经5年的居家照顾服务业者ZWT则表示，“像我这样做到120个小时以上，你每天都要有去做才有钱，工作蛮不稳定的。而且我们花在路上的时间是不算的。每天都要骑机车跑来跑去……我们每天做这么多，给的薪水真的是标准太低！这也是一种技术性的工作嘿，‘政府’应该把它（居家照顾服务）当作一个服务业，（薪水）应该再提升！”（ZWT—20140725）在此背景下，台湾地区取得照顾服务员资质的98918人中实际从事（留在）长期照顾服务业的从业者仅2万人，这无疑影响了台湾地区长期照顾服务体系的可持续发展。为提高台湾地区照顾服务员的平均收入水平，鼓励有资质证书的照顾服务员投入长期照顾工作领域，进而缓解台湾地区长期照顾人力短缺的现状，2014年7月1日起台湾地区“卫生福利部社会及家庭署”将台湾地区的照顾服务费（包含居家服务、日间照顾、家庭托顾）的给付标准由每小时180元新台币调高为每小时200元新台币。同时，将照顾服务员的平均时薪由每小时150元新台币调升为每小时170元新台币。但即便如此，由于外籍看护工的大量存在，台湾地区本土籍照顾服务员的实际服务时数受限，每天的服务个案数量很有限，或者其所在的服务据点没办法提供稳定、足额的长期照顾服务个案，照顾服务员实际收入水平有限。

在服务内容方面，虽然长期照顾管理中心与被照顾个案有制定服务契约，但照顾服务员在具体服务过程中，为了和照顾个案保持比较良好的互动关系，常常会自觉或不自觉地使服务内容超出契约规定的范围。而现实中有些照顾个案对于照顾服务员的照顾服务预期过高，会将家中大大小小的事情都让照顾服务员去做，加之照顾服务工作非常需要耐心，这对于相对年轻的照顾服务员而言无疑是巨大的挑战。此外，面对案主时的高压力与不被尊重的不愉快体验①，也是台湾地区许多照顾服务员选

---

① 与此相关的一则真实事例是，台湾地区英语补教业者徐薇在某综艺节目中自曝把家中的照顾服务员当作自己的外劳，令其清理狗毛，被“台北市劳工局”罚款3万元新台币。

择离职或者“考虑转变跑道”[①]的普遍原因。就此，照顾服务员 LHJ 表示，“每天这个要做、那个要做，案主真觉得我是他的台佣喔，九点多洗脸洗嘴用早餐，然后要吃药，要用点心，呷茶，包山包海为他们工作，伺候全家的人，是，照顾服务员要有爱心、细心、贴心、同理心，但即使是如此，也不该拿来滥用”（LHJ—20140725）。在谈及其在照顾服务过程中遇到的不愉快体验时，照顾服务员 PXR 哽咽说：“其实我也是刚加入没多久，但我想退出了……阿公讲话真的很刻薄。有一次，帮他煮饭，他就跟客人讲，‘她是我们家请来煮饭的’，如果（案主）这样，抱歉我没办法帮你服务，我不是菲佣喔。”（PXR—20140725）不被尊重的不愉快体验并非个案，在台北市松山区的一次访谈中，照顾服务员 JSQ 谈及，有一次“正在帮老人（照顾个案）清理排泄物，正好听见他的媳妇在教训小孩：‘不认真做功课，不好好念书，将来会跟她一样年纪轻轻要去清大便。’”（JSQ—20140702）在此低薪资、低地位、高压力且“污名化”的困境下，台湾地区年轻一代很少有人愿意涉足这一“克难”的行业，因此目前台湾地区照顾服务员的图像是由一群中高龄具有高中职学历的妇女们组成。[②]作为这一庞大群体中难得的年轻男性业者，正“考虑转变跑道”的 25 岁照顾服务员 WXY 在谈及其考虑换工作的原因时指出，“‘政府’整天口头说长期照顾要吸引台湾年轻人加入，这只是天人说梦话，你肯定要多投入些让（从事）照顾服务员有吸引人入行的动机才行。现在这样（的工作环境、薪资）只有年纪大又需要钱的人想做，在台湾没有百太郎[③]。我蛮想去学修个社工学分转社工跑道，毕竟都进来这行业两年了，跑社工说不定会好很多！”（WXY—20140725）

“台湾地区长期照顾十年计划”实施了多年之后，台湾地区长期照顾服务人力缺口问题仍然非常突出。如表 5-5 所示，依据长期照顾服务人力盘点结果可知，截至 2010 年 12 月，台湾地区在职照顾服务员 19154 人，2016 年需求量为 57854 人，至 2016 年需增加 38700 人；台湾地区在职社工人员 2932 人，2016 年需求量为 5998 人，至 2016 年需增

---

① 指换一份工作。

② 吴玉琴：《照顾服务人力的培育与留任》，《社区发展季刊》2013 年第 1 期，第 124 页。

③ 百太郎是日本漫画《看护工向前冲》中的主人公，在该漫画中，作为高中生的主人公热血沸腾地去当照顾服务员，积极投入照顾老人。

加 3066 人；台湾地区在职护理人员 8647 人，2016 年需求量为 16494 人，至 2016 年需增加 7847 人；台湾地区在职物理治疗人员 1301 人，2016 年需求量为 2692 人，至 2016 年需增加 1391 人；台湾地区在职职能治疗人员 653 人，2016 年需求量为 2777 人，至 2016 年需增加 2124 人。此外，台湾偏远地区一般是台湾少数民族聚集地，由于语言与文化的差异性，缺乏在地人力投入长期照顾服务领域，既有存量照顾人力的流动性也比较大，因此台湾地区长期照顾服务人力在总量不足的同时，该地区人力资源配置的城乡差距也比较明显。

表 5-5　台湾地区长期照顾服务人力缺口情况[①]

服务人力	2010 年 12 月盘点结果	2016 年需求量	至 2016 年需增加量
照顾服务员	19154	57854	38700
社工人员	2932	5998	3066
护理人员	8647	16494	7847
物理治疗人员	1301	2692	1391
职能治疗人员	653	2777	2124

资料来源：邱文达：《台湾地区长期照护制度规划及政策建议》，台北台湾行政主管部门，2013 年 4 月 14 日。

在长期照顾服务人力不足之外，不容忽视的是，台湾地区长期照顾服务输送系统尚不够健全，甚至担任中间枢纽的照管中心都只是“任务性编组”，人员负担大，流动性也高。[②] 而这对于长期照顾服务的稳定性与品质提升无疑有着极为负面的影响。

二　长期照顾服务严重依赖“外劳”的症结难以扭转

台湾地区“外劳依赖”[③] 起源于该地区长期照顾人力资源不足的窘境。追溯其形成历史，台湾大学林万亿教授指出，20 世纪八九十年代，台湾地区

① 林万亿：《台湾的社会福利：历史与制度的分析》，台北五南图书出版股份有限公司，2012。

② 钟秉正：《社会保险法概论》，台北三民书局股份有限公司，2014。

③ “外劳”不等于但包含“外籍看护工”或者“外佣”。

“失能老人与重度身心障碍者的家庭照顾负荷沉重，在人民需求长期照顾的压力下，当时，‘政府’并无意积极介入长期照顾制度的规划，而以开放‘外籍’看护工作为响应。于是，1992 年台湾地区通过所谓“就业服务法”，允许‘外籍’劳工到台湾地区担任产业‘外劳’与家庭照顾‘外劳’，是为今日台湾长期照顾依赖‘外劳’的源头”①。1992 年底，台湾地区首度引进外佣，“人数为 669 人，而至 2011 年底引进外佣人数已遽增为 187445 人”。② 截至 2014 年 10 月底，台湾地区外籍家庭看护工数量更已高达 21.5 万人，几乎成为该地区长期照顾服务的主要人力资源。③ 实践中，台湾地区家庭看护雇主申请聘雇外劳的作业流程可参见图 5-1。

在自身长期照顾人力资源不足的背景下，台湾地区采取“补充性原则”引进外籍看护工应用于家庭密集式照顾，主要目的是保护本土劳工的就业机会。由台湾地区家庭看护雇主申请聘雇外劳作业流程图，结合笔者在台湾期间的访谈与调研亦可以发现，台湾地区对于外籍看护工的招募与使用均有比较严格的规定。那么实践中“遍地外劳”的场景与台湾地区民众对于外籍看护工可谓根深蒂固的依赖是如何形成的呢？

如表 5-6 所示，通过外籍看护工与台湾地区本地照顾服务员围绕照顾服务展开的多项目比对，可以发现，台湾地区本地照顾服务员看似比外籍看护工拥有许多优势之处，比如在与本土文化兼容性方面，具有语言可沟通、文化背景相同的优势；在专业训练与督导方面，具有经过专业训练、拥有专业督导体系的优势；又有如，在申请程序上，雇佣台湾地区本土照顾服务员具有“专人到府协助办理申请”“审核时间短”的优势；在费用负担方面，可获得“政府”补助部分费用且不需提供服务人员吃饭及住宿费用等。最后，雇佣台湾地区本土照顾服务员所在家庭的家庭照顾者还可以申请喘息照顾服务。那么为什么台湾地区还形成严重的外劳依赖呢？表 5-6 中外劳“全天候 24 小时照顾”可谓“秒杀”了雇佣本地照顾服务员的如上一切优势。在台北市大安区的调研中，笔者了解到目前台湾地区失

---

① 《社区发展季刊》编辑部：《完善照顾体系，俾利建构长期照顾制度》，《社区发展季刊》2013 年第 1 期，第 1 页。

② 周阳山、赵荣耀、吴丰山等：《台湾地区外佣引进及外佣人权问题之探讨项目调查研究报告》，2013。

③ 徐沛然：《“劳动部”欲放宽外籍看护申请　恐扼杀长期照顾服务体系》，http：//www.coolloud.org.tw/node/81014，2014-12-09。

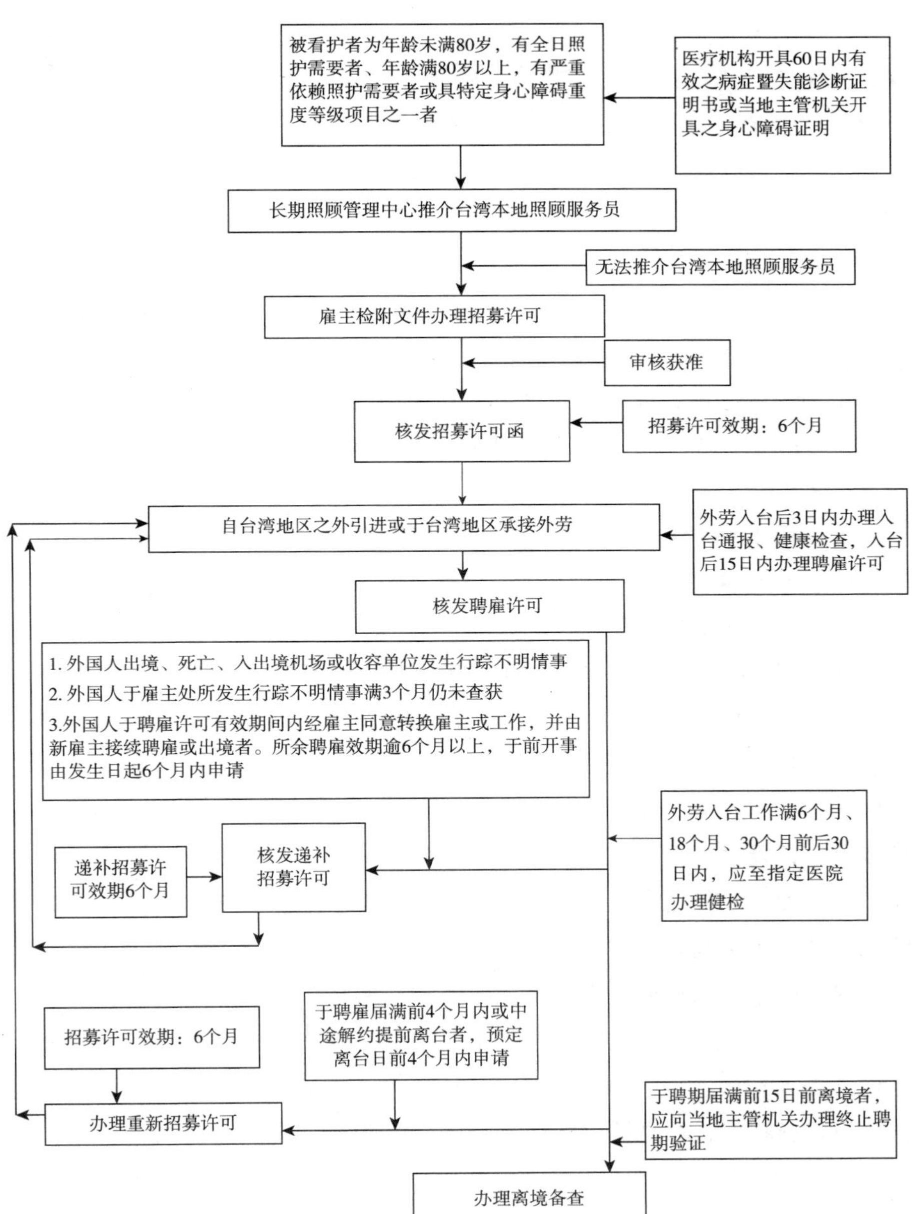

图 5-1　台湾地区家庭看护雇主申请聘雇外劳作业流程

资料来源：台湾地区“劳动力发展署北基宜花金马分署”：《家庭看护雇主申请聘雇外劳作业流程图》，https：//tkyhkm. wda. gov. tw，2012-02-07。

能家庭聘用外籍看护工的费用普遍在每月新台币 2 万元左右，而雇佣台湾本土籍家庭看护工的花费却高达 4 万~6 万新台币，这对于普通台湾民众来说肯定是无法负担的。笔者在与外劳雇主 XMH 聊及她家不聘请台湾本土籍家庭看护工的原因时，她表示，“豪宅里有玛利亚[①]，但我们家不是郭台铭[②]。依‘劳基法’规定，如果请台籍看护，我家肯定请不起啊！更不用说还有工作时数的限制，这里（指台北市）鲜少有劳工愿意常长住在雇主 24 小时才领 22K[③]（每月）的，你知道吗？台籍看护一天 24 小时要价是 2000 元（新台币）起跳，怎么可能请得起？”（XMH—20140527）换言之，“目前家庭外籍看护工属全天候工作待命状态，薪资低、工时长，对雇主来说当然好用，以至长期以来‘国人’无法摆脱依赖外籍看护工的心态”。[④] 为此，台湾民众尤其是失能者及其家属强烈要求“政府”能放宽外籍看护工的相关引进政策。笔者在台期间的考察访谈表明，台湾地区相关主管部门仍秉承“发展长期照顾制度满足长期照顾需求”的管控思路，仅适度降低对于高龄人口雇佣外籍看护工的门槛，总体上仍然坚守应基于“补充性原则”引进外籍看护工。

在此雇佣关系下，外籍看护工一方面面临着沉重的照顾压力，另一方面又面临着跨语言、跨文化双重适应的考验，作为台湾社会的外来弱势群体其因心理和生理出现问题而导致的有如“刘侠悲剧事件”等极端案件发生的例子并不鲜见。笔者在台北市万华区与印度尼西亚外籍看护工 Melda 访谈时，谈及“在日常工作生活中最困扰的一件事情”时，已在台北雇主家工作近四年、能比较熟练掌握普通话的 Melda 表示：“我这样从很远来台湾，一开始主要是不适应这里的文化和生活习惯。当然会有很多压力，主要是遇到困难不知道要跟谁去说。周边有一些印尼同胞，也在做看护的工作，有时候能聚一下，但时间很有限，阿嬷一会就电话来叫了。一天到晚这样真是太忙了。”（Melda—20140528）由此可见，由于外籍看护工的工作压力普遍较大，加之缺乏社会支持系统，生活环境又相对孤立封闭，该

① 玛利亚是许多台湾地区民众对于外籍女性看护工的代称。

② 郭台铭是台湾地区著名企业鸿海精密创办人，富士康科技集团是其下属企业，2010 年郭台铭曾名列台湾地区首富。在这里特指有钱人。

③ 22K 指月薪新台币 22000 元，访谈当日（2014 年 5 月 27 日）折合为人民币约 4564 元。

④ 林万亿：《台湾的社会福利：历史与制度的分析》，台北五南图书出版股份有限公司，2012。

弱势群体情绪困扰时欠缺沟通渠道。正因为如此，台湾地区社会各界有不少人士认为台湾地区失能家庭对于外籍看护工的使用近乎属于一种“剥削”的关系。此外，由于台湾地区居民对外劳的依赖根深蒂固，外籍照护工的巨量存在无疑在挤压台湾地区本土籍照顾服务员的生存空间，造成了该群体由于受到实际服务时数限制，日常的服务量很有限，在影响其收入的同时也造成了本土照顾人力在存量与增量层面的“双重溢出”。对于台湾地区本土籍从事照顾服务行业的中高龄妇女而言，外籍劳工尤其是家庭看护工大量涌进无疑会对她们的就业机会造成巨大的冲击。也正因为如此，减缓台湾民众对外籍看护工的依赖被列为《台湾地区长期照顾十年计划——大温暖社会福利套案之旗舰计划》所列的预期效益之一。台湾行政主管部门在其发布的《台湾地区社会福利政策纲领——迈向公平、包容与正义的新社会》中亦指出，“政府”应积极鼓励雇主雇用本地劳工，以保障“国人”就业机会，除为补充本土劳动力之不足，不得引进外籍劳工，并应积极创造多元就业机会以促进“国民”就业。[①] 然而实施数年之后，在保障台湾地区本土籍劳工就业机会的目标没能实现的同时，对于外籍照护工严重依赖的情形非但没有减少，反而有进一步加剧之势。笔者在台北市某高校进行专家访谈时该校 YWG 教授的观点直接印证了这一判断。YWG 教授指出：“台湾每年培训的七八千照顾者由于待遇问题，从事这一个行业的只有 5%左右，流失量巨大，而且由于时薪低下，服务质量有待提升；另一方面，不能使用长期照顾服务的家庭外请二三十万外劳的年投入为 500 亿元新台币。”（YWG—20140627）

如表 5-6 所示，在现行外籍看护工管理制度下，可以聘雇外籍看护工的照顾对象仅限于需 24 小时照顾，或巴氏量表达 30 分且有重度照顾需求者，以及巴氏量表评估达 35～60 分的 80 岁以上老人。因台湾地区失能者及其家属对于放开外籍劳工要求的巨大舆论压力，台湾地区“劳动部”于 2014 年 12 月 6 日宣布将考虑放开 85 岁以上轻度失能老人申请聘雇外籍看

① 台湾行政主管部门：《台湾地区社会福利政策纲领——迈向公平、包容与正义的新社会》，http：//www. ey. gov. tw/Upload/RelFile/26/86027/%E4%B8%AD%E8%8F%AF%E6%B0%91%E5%9C%8B%E5%BB%BA%E5%9C%8B%E4%B8%80%E7%99%BE%EF%A6%8E%E7%A4%BE%E6%9C%83%EF%A8%9B%EF%A7%9D%E6%94%BF%E7%AD%96%E7%B6%B1%EF%A6%B4. pdf，2012-02-07。

护工，这实质上降低了对 85 岁以上老人聘雇外籍看护工的所有门槛。[①] 正是在此背景下，台湾地区“长期照顾十年计划”制订团队的领军人物林万亿教授同样承认：“长期照顾十年计划推动了 4 年[②]，并没有让外籍看护工减量，反而继续快速地增加。这除了反映老人人数增所带来的长期照顾需求增加外，也反映长期照顾服务员的训练脚步太慢。”[③]

表 5-6　外籍看护工与台湾地区本地照顾服务员之比较

比较项目	台湾地区本地照顾服务员	外籍看护工
一、与本土文化兼容性		
语言可沟通	√	×
文化背景相同	√	×
二、专业训练与督导		
服务人员经过专业训练	√	×
拥有专业督导体系	√	×
三、申请程序		
专人到府协助办理申请	√	×
审核时间短	√	×
四、负担费用		
“政府”补助部分费用	√	×
不须提供服务人员吃饭及住宿费用	√	×
五、服务项目		
日常生活协助	√	√
家庭照顾者得申请喘息照顾服务	√	×
六、其他		
全天候 24 小时照顾	×	√

资料来源：《台湾地区长期照顾十年计划——大温暖社会福利套案之旗舰计划》（核定本）。笔者有所调整。

① 徐沛然：《“劳动部”欲放宽外籍看护申请　恐扼杀长期照顾服务体系》，http://www.coolloud.org.tw/node/81014，2014-12-09。

② 台湾地区长期照顾十年计划于 2007 年正式推行，林万亿的这一观点阐述于 2011 年，因此称为 4 年。

③ 林万亿：《台湾的社会福利：历史与制度的分析》，台北五南图书出版股份有限公司，2012。

三　长期照顾相关机构、"法令"与资源均有待整合

由于台湾各地的长期照顾服务资源隶属于不同的行政体系，依据不同的法源，台湾地区长期照顾的机构与"法令"都亟待整合。特别值得关注的是，由于台湾地区一些长期照顾服务相关政策的"法源"基础是多元且非内洽的，因此对于同一位长期照顾服务对象，如果依据不同的"法源"则其可以享受到的长期照顾服务会有非常明显的差异性。一个经典的例子是，一位65岁以上的老人，领有身心障碍手册，"老人福利法"与"身心障碍者权益保障法"对个案的福利措施在很多项目均不相同，如低收入户委托安置费、住宅无障碍设施设备、重病住院看护费、所得税特别扣除额、学分学杂费用减免等等，以致不知"法规"的民众容易损失自己的权利。[①] 也正因为如此，台湾地区现行长期照顾服务体系面临着利用率仍然偏低的问题。据台湾地区原"卫生署照护处"的统计资料显示，虽然"长期照顾十年计划"已经推行了数年，但老年失能者"长期照护"利用率仅由2008年的2.3%成长为2012年的27%，仅占台湾地区全体失能者的16%，仍然有84%的老年失能者由于对于"长期照护"服务的认知度有待提高、信息不对称、服务可及性差等各种原因而未能使用"长期照护"服务。在主管机关与"法令"亟待整合的同时，台湾地区的长期照顾资源的分布亦可谓非常多元的，而且在现有的税收制下财源亦难以为继，随着台湾地区人口老龄化的加剧与台湾社会对于这一社会风险的关注，长期照顾服务资源亦随之不断增长，具体的照顾服务与模式也不断被创新。因此长期照顾服务资源的整合问题亦迫在眉睫。所谓资源整合，是指使资源的供给需求间获得充分配合，对资源间的类型、数量、目标、功能进行协调合作，一方面，通过"分工"，由不同机构提供不同服务；另一方面，通过"合作"来共同完成整体性的服务，借由组织间的努力建立联结的服务关系。[②] 细究以社会保险制度推进本国长期照顾服务体系转型发展的OECD国家的具体实践探索，无论是日本、德国或是荷兰，在规划长期照顾保险

---

① 黄惠玑、杜敏世、陈丽华等：《长期照顾》，台北新文京开发出版股份有限公司，2012。

② 陈怡如、曾蔷薇、徐明仿等：《老人福利服务》，台北华格纳企业有限公司，2013。

制度时，均面临着长期照顾保险与全民健康保险之间的竞和问题。其中，日本采取的策略是将介护保险与健康保险切割，德国采取的策略是将长期照顾保险建立在健康保险的基础之上，而荷兰的长期照顾保险则籍由健康保险提供许多补充性的服务。[①] 台湾地区在规划长期照顾保险的过程中将同样存在该险种与全民健康保险竞和的问题，因此，如何整合、理顺这两个社会保障服务项目之间的关系，亦需要在台湾地区“长期照顾保险法”的制定中给予明确解答。

正是源于如上多元整合的需求，台湾地区主管长期照顾业务的组织机构的调整与整合已不可避免，为此原台湾地区“经建会”于 2014 年 1 月 22 日改制为“发展委员会”，原“卫生署”与“内政部社会司”“内政部家庭暴力及性侵害防治委员会”及“内政部儿童局”等单位于 2013 年 7 月 23 日合并成立“卫生福利部”。就后续如何加强卫生福利服务在各主管层级的整合与管理，2014 年初，台湾地区首任“卫生福利部部长”邱文达[②]在《卫生福利政策之擘画与展望》一文中指出，规划预计将分两个阶段进行，第一阶段维持地方卫政及社政现行体系运作，推动方案及业务先做整合。第二阶段则推动辅导“地方政府”体系整合，即台湾行政主管部门以计划方式规划政策，“地方”则通过计划之执行，先行整合社区资源，建构社区的卫生福利网络，再向上整合乡镇区卫生所及社会课之业务服务，最后达成卫生局与社会局（处）之业务整合。[③] 虽然台湾地区“卫生福利部”有此宏观规划，但令社会福利学界担心的是，台湾地区“卫生福利部”挂牌成立之后，台湾行政主管部门如何着手与各县市“政府”合作构建出高效的再造机制，从而在包括长期照顾在内的卫生与社会福利事务上使两个层级之间可以真正搭建起高效的互动、协作机制。这一担心并非杞人忧天，仔细审读台

---

① 李孟芬、石泱、曾蔷儿等：《长期照顾概论——社会政策与福利服务取向》，台北洪叶文化事业有限公司，2013。

② 邱文达为台湾地区原“卫生署”第 14 任“署长”，台湾地区“卫生福利部”第一任“部长”，在“卫生署”与“卫生福利部”合计任职三年八个月期间将长期照顾制度的制订视为其最期待推动的工作。在邱文达的直接推动下，2014 年 9 月底台湾地区“卫生福利部”完成“长期照顾保险法”（草案）。2014 年 10 月 3 日，邱文达因台湾地区馊水油事件辞去台湾地区“卫生福利部”第一任“部长”职务，在辞职声明中，其希望台湾地区长期照顾制度“仍应尽速建立”。但此人事变更对于仍在规划中的台湾地区“长期照顾双法”而言无疑蒙上了一层阴影。

③ 邱文达：《卫生福利政策之擘画与展望》，《社区发展季刊》2014 年第 1 期，第 15 页。

湾地区“卫生福利部组织法”可以发现，其重心更多放在台湾地区整体的层面上，对于台湾地区下属的“各个县市以至乡镇公所的社政体系，要如何与既有的卫政体系做相互的整并和结合，或是维持现状也都没有进一步的讨论和说明”。[①] 由此可见，“卫生福利部”成立后台湾长期照顾相关机构、“法令”与服务资源亟待整合。

四　长期照顾服务资源区域、城乡发展双重不平衡的现象比较突出

台湾地区长期照顾资源区域、城乡发展不平衡的现象比较突出。[②] 一方面，长期照顾资源区域发展有失均衡。由表 5-7 可知，截至 2011 年 12 月底，以“每 1 万老人可使用的居家服务”指标为例，低于台湾地区整体平均值的有新北市、台北市、台中市、宜兰县、桃园县[③]、新竹县、屏东县、台东县、基隆市、新竹市等 10 个县市。该项指标中，服务量最多的嘉义县（35086.4）是服务量最少的新竹市（5810.9）的近 6.04 倍。以“每 1 万老人可使用的日间照顾服务”指标为例，低于台湾地区整体平均值的有新北市、高雄市、桃源县、新竹县、苗栗县、彰化县、嘉义县、屏东县、基隆市等 9 个县市，而花莲县与连江县两地则未开展失智/失能日间照顾服务，因此其“每 1 万老人可使用的日间照顾服务”指标为 0。

另一方面，台湾地区城乡间长期照顾资源的发展亦有失均衡。台湾离岛与偏远地区，如台湾少数民族聚集的乡镇地区与台北等都会地区的长期照顾服务各方面资源有着相当大的差距，在服务使用方面，地区越偏僻则

---

① 郭登聪：《“卫生福利部”下行政体制运作的检视与调整——从“中央”到“地方”“社政”及卫生体系规划与设计》，《社区发展季刊》2014 年第 1 期，第 66 页。

② 台湾地区的有些学者认为台湾地区面临着长期照顾资源城乡差距过大的问题。但如表 5-7 所示，以“每 1 万老人可使用的居家服务”为例，低于台湾地区整体平均值的 10 个县市中包含了新北市、台北市、台中市、桃源县等台湾地区所谓的“直辖市”，而“每一万老人可使用的日间照顾服务”这一指标中，新北市、台南市、高雄市、桃园县亦低于台湾地区整体平均值。因此，笔者认为，台湾地区长期照顾资源的配置面临着区域与城乡发展双重不平衡而不仅仅是城乡发展不平衡的问题。

③ 该统计截至 2011 年 12 月，而原桃园县自 2014 年 12 月 25 日起“升格改制”为所谓“直辖市”，与台北市、新北市、台中市、台南市、高雄市等五市合称“六都”。特此说明。

其服务的质与量皆呈不断下降之势。这一趋势特别突出地表现在身心障碍资源的配置上，非都市区的县市资源非常匮乏，即使是在同一个县市之内，位于偏远山区的乡镇其资源也会贫乏许多，面临着长期照顾服务资源区域、城乡双重弱势的突出问题。特别是交通不便的山地离岛偏远地区，可谓"穷乡僻壤"一词的生动写照，交通十分不便，经济发展水平比较低，就业状况亦不容乐观。由民间单位参与提供长期照顾服务是台湾地区长期照顾服务体系的特点之一，然而在现实运营中，台湾地区的民间单位在提供长期照顾服务时不得不考虑一些因素以确保有利可图，有如当地实际长期照顾需求量、个案来源的稳定性，人力资源的充足性以及整体运营成本等因素。

表 5-7 台湾地区各县市每 1 万老年人口可使用的服务（2011 年 12 月底）

县市别	老年人口数（人）	居家服务（人次）	每 1 万老人可使用的居家服务	失智/失能日间照顾服务人次（日）	每 1 万老人可使用的日间照顾服务
台湾地区	2600152	5257545	20200.1	295342	1135.9
新北市	353396	581597	16457.4	24002	679.2
台北市	348656	374184	10732.2	58162	1512.1
台中市	243197	386432	15889.7	52983	2178.6
台南市	222930	500274	22440.9	25949	1164.0
高雄市	301960	921005	30500.9	28724	951.3
宜兰县	61137	81397	13313.9	13298	2175.1
桃园县	174266	290700	16681.4	7712	442.5
新竹县	57941	87456	15094.0	2426	418.7
苗栗县	76362	208586	27315.4	1404	183.9
彰化县	162143	345120	21284.9	5045	311.1
南投县	72541	249862	34444.2	12176	1678.5
云林县	110164	291246	26437.5	21717	1971.3
嘉义县	85612	300382	35086.4	5404	631.2

续表

县市别	老年人口数（人）	居家服务（人次）	每1万老人可使用的居家服务	失智/失能日间照顾服务人次（日）	每1万老人可使用的日间照顾服务
屏东县	112453	194652	17309.6	4589	408.1
台东县	30470	48421	15891.4	5883	1930.8
花莲县	43365	127875	29488.1	0	0
澎湖县	14110	59166	41932.0	3754	2660.5
基隆市	43558	52216	11987.7	461	105.8
新竹市	40768	23690	5810.9	11418	2821.5
嘉义市	31161	84557	27135.5	7302	2343.3
金门县	12908	42622	33019.8	2933	2272.2
连江县	1054	6105	57922.2	0	0

资料来源：台湾地区“内政部统计处”：《“内政”统计年报——老人福利——十年长期照顾服务成果》，http://sowf.moi.gov.tw/stat/year/list.htm，2013-08-03。

由于上述原因，山地离岛偏远地区应开展的许多长期照顾服务实际处于空置状态。综合台湾地区前“经建会”2009年开展的“全台长期照护资源供给调查”，以及台湾地区“内政部”2010年开展的居家服务调查的相关数据表明，“全台30个山地乡、18个离岛及65个偏远地区（含38个山地离岛），共75个乡镇中，4%乡镇无居家式服务，22.7%乡镇无社区式服务，86.7%乡镇无机构式服务”。细察之，在台湾地区长期照顾十年计划所列的七项社区式照顾服务中，台湾少数民族乡镇仅送餐服务与关怀据点有服务量，而日间照顾、喘息服务、家庭托顾、居家复健服务皆处于空白状态，以照顾服务员的配置为例，“五十五个山地乡中，二十三个山地乡只有不到五名照顾服务员可以提供服务”。①

① 王增勇：《这样的“长期照顾法”你能放心?》，http://tywangster.blogspot.com/2011/05/blog-post.html，2011-05-04。

第四节　基于资金筹付维度的焦点议题

当前提供长期照顾服务的国家与地区当中，在模式选择上大多采取税收制通过政府补贴的方式来推动长期照顾制度与服务模式的发展。加之，台湾地区长期照顾十年计划规划团队在日本考察得到的结论是，无论采取税收制还是社会保险制的国家，均应先建构完善的长期照顾服务系统才能上路。而日本厚生劳动省也强烈建议台湾地区应该先将长期照顾服务体系建立好，再来谈财务规划是否由社会保险来支应。① 为此，台湾地区长期照顾十年计划亦规划在 1997 年至 2016 年的十年间以税收的方式筹措、投入 817.36 亿元新台币，以建构一个符合多元化、社区化（普及化）、优质化、可负担及兼顾性别、城乡、族群、文化、职业、经济、健康条件差异的长期照顾制度。然而，早在台湾地区长期照顾十年计划开办之初，台湾地区学者王云东即曾提出，当前成功以税收制提供长期照顾服务的国家“多半都是高税收的欧洲福利国家，相较于税收严重偏低且加税不易的台湾（地区）现况，是否可以适用欧洲福利国家的模式？又或是应早日采取社会保险的方式来筹措财源？这些都是我们应该深思并及早未雨绸缪的课题”。② 一语成谶。在运行了七年多之后，“受经济不景气与‘政府’其他‘政事’的竞争，近几年长期照顾十年计划皆预算不足，必须动用第二预备金，2012 年共使用 28.4 亿，无法如原先规划以十年挹注 817 亿元，以建立长期照顾基础建设。缺乏稳定而充足的财源，民间对长期照顾体系的投资多存观望，无法如全民健保一般，大幅带动资源之成长。对家庭而言，照顾经济负担沉重，有 40.49% 主要照顾者有经济上的压力”。③ 简言之，囿于其经济发展水平，税收不足，台湾地区缺乏稳定的财源带动该地区长期照顾服务体系的发展，同时家庭照顾负担沉重。

---

① 林万亿：《台湾的社会福利——历史与制度的分析》，台北五南图书出版股份有限公司，2012。

② 王云东：《长期照顾十年计划的挑战!!!》，http://www.npf.org.tw/post/1/2144，2007-05-04。

③ 李玉春、林丽婵、吴肖琪等：《台湾长期照护保险之规划与展望》，《社区发展季刊》2013 年第 1 期，第 27 页。

可见，就资金筹付的角度而言，在运行了七年多之后，以税收制作为财源筹措方式的长期照顾十年计划在预算上已然难以为继，这是台湾地区长期照顾制度与服务体系转型发展所面临的最大问题。在与台北市长期照顾社会工作者 THC 的访谈中，他深有感触地指出，“长期照顾的架构是对的，但这个是小人国的长期照顾，规模太小了，一年照顾对象才两三万，我们十年才 800 多亿元（新台币）而已，我看一年需要 800 亿元（新台币），现在才十分之一。”（THC—20140713）巧妇难为无米之炊。因此在台湾地区“政府”与学术界中再度引发了有关长期照顾制度在资金筹集上应采取税收制抑或采取社会保险制的争论。为此，台湾地区长期照护保险筹备小组总顾问李玉春与林丽婵、吴肖琪等学者联袂指出：“为长期照顾建立一个可以永续经营的财务制度——如社会保险，与 OECD 国家一样，应列为长期照顾体系最优先的政策。”[①] 而台湾地区“卫生福利部”在其制定的《长期照顾保险制度规划问答集》中回答“政府”为何要以社会保险的方式来办理长期照顾保险，而不是采取税收制这一问题时更是直截了当地表示，“采税收制，因财源稳定性及充足性会受到税收的影响，预算编列亦须与其他政事竞用资源，因此，照顾的对象及范围势必受到很大的局限，以现有公务预算显然难以支撑庞大的长期照顾经费”。[②] 笔者在与台湾地区某高校学者 YDW 教授的访谈之中问及“台湾的长期照顾模式究竟应该走税收制还是社会保险制度，您的看法是?”这一问题时，他表示：“台湾是采取选举制，而且‘政府’相对来说又小又穷，想要加税发展长期照顾很难。”（YDW—20140803）然而台湾地区“长期照顾十年计划”规划的实际“操盘手”、台湾大学社会工作学系林万亿教授认为，“长期照顾十年计划”之所以陷入资金不足困境之中，是因为以马英九为台湾地区领导人的国民党执政当局不情愿推动“长期照顾十年计划”的发展。他指出，台湾行政主管部门“最直接的反应就是删减长期照顾十年计划的预算，导致服务受限。不足的经费必须仰赖第二预备金补足缺口，地方‘政府’就

① 李玉春、林丽婵、吴肖琪等：《台湾长期照护保险之规划与展望》，《社区发展季刊》2013 年第 1 期，第 33 页。

② 台湾地区“卫生福利部社会保险司”：《长期照顾保险制度规划问答集》，台湾地区“卫生福利部”网站，http：//www. mohw. gov. tw/cht/Ministry/DM1_P. aspx？ f_list_no = 99&fod_list_no = 839&doc_no = 47482，2014-11-07。

必须疲于奔命于‘议会’追加预算的行政程序与修改和民间的委托服务契约。民间服务单位本就缺乏足够的周转资金，一旦经费拨补延后，必然导致服务停摆。如此的预算控制，一定会让十年长期照顾计划执行出现严重的困难。”[①]“长期照顾十年计划”在资金筹集上举步维艰的现状究竟源于“囊中羞涩”抑或“政治算计”，笔者暂无法判断。无论如何，“‘政府税收’不足，缺乏稳定财源带动长期照顾服务发展，家庭负担沉重”[②]已成为台湾地区社会各界的共识。此外，从台湾地区以社会保险制度推行长期照顾服务的使用意愿与民众支持率的角度看，开办长期照顾保险的民众支持度是比较高的。在此背景下，通过长期照顾保险制度的合理设计确保长期照顾服务体系的顺利运转无疑是当务之急，换言之，能否通过长期照顾保险制度的制定、颁行确保长期照顾事业获得足额、稳定财源，已成为左右台湾地区长期照顾服务体系转型发展的关键变量之一。

---

① 林万亿：《台湾的社会福利——历史与制度的分析》，台北五南图书出版股份有限公司，2012。

② 李玉春、林丽婵、吴肖琪等：《台湾长期照护保险之规划与展望》，《社区发展季刊》2013年第1期，第33页。

第六章

以社会保险制度推进长期照顾服务体系转型发展的国际经验

任何事物的产生及其发展变化皆是对其所置身的文化环境、社会环境、历史环境、政治环境与制度环境的一种能动反应的认识。基于这一认识，对于一个国家或地区长期照顾服务体系转型发展的研究也必须嵌入具体的文化环境、社会环境、历史环境、政治环境与制度环境之中。

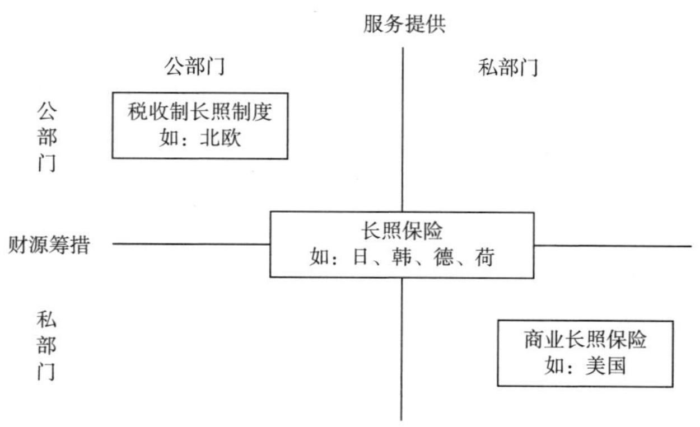

图 6-1　各国长期照顾制度财源筹措

资料来源：台湾地区“卫生福利部”：《长期照顾保险财务规划内容及各界关切议题》，台北台湾地区“卫生福利部”，2015 年 1 月 28 日。

基于财源筹措的视角，参见图 6-1，在长期照顾服务体系发展比较完善的发达国家或地区中，北欧福利国家多采取税收制长期照顾的制度设计，而秉承自由主义传统、崇尚个人奋斗的美国则主要基于商业性长期照顾保险的方式推动本国长期照顾服务体系的发展。采取社会保险方式办理长期照顾服务的国家或地区相对较少，德国、日本、荷兰、韩国四国是其中的典型代表。这四个国家都是经济合作与发展组织（简称经合组织或OECD）成员，经济发展水平普遍较高，但文化传统各异，且彼此开办长期照顾保险的历史背景与现实进程有显著差别，可谓各具特色。在台湾地区长期照顾服务相关政策即将发生从“整合式在地型发展期”到“普惠式法制化发展期”转变的背景下，该地区长期照顾服务体系进一步转型发展采取社会保险制已几无悬念，当前该地区长期照顾服务体系转型发展的中心任务在于推动长期照顾保险制度的规划与长期照顾服务的顺利升级。他山之石，可以攻玉。在这一背景下，系统梳理、比较德国、日本、荷兰、韩国长期照顾服务体系的转型发展历程与现状的“差序格局”，特别是辨析此四国从原有的长期照顾制度设计走向长期照顾保险制度转型的决策与实践历程，对于我国台湾地区长期照顾服务体系的转型发展无疑具有经验价值与借鉴意义。

第一节　严谨科学的德国模式

一　德国以社会保险制度推进长期照顾服务体系转型发展的历程

在人类社会保险制度的发展历史中，德国始终保持着先驱的地位。作为世界上最早实施社会保险制度的国家，该国早在 1883 年俾斯麦时期就实施了健康保险制度，一年之后该国又陆续推行了老年、遗属与残疾保险制度，至 1889 年推行职业灾害保险制度后，该国的社会保险制度已经初步完善。20 世纪 50 年代，德国将退休老年人强制纳入健康保险体系之中。但长期以来，德国有关长期照顾需求的社会给付仍主要来自社会救助体系，以税收方式支付。具体而言，德国在实施长期照顾保险制度之前，“除基于法定职灾保险与社会补偿而有‘照护’需求者，得享有‘公共的照护’之外，其他人若有‘照护’需求，只能自己负担‘照护’费用，或由有抚养能力的子女负担。"[①] 而符合德国《社会救助法》的资质规定的社会给付受领人，其长期照顾费用由社会救助体系负担。到了 20 世纪 70 年代，因为面临人口老龄化以及家庭结构变迁的负面因素的影响，德国需长期照顾的失能者增长迅猛，因长期照顾费用负担沉重，给德国普通民众以及家庭造成了极大的经济与心理压力，无法负担的普通德国民众越来越多，多数人只能转而求助于社会救助体系，相应的，德国社会救助支出费用亦大幅增长。

在此背景下，德国政府意识到了人口老龄化问题给德国社会良性运行与协调发展可能带来的负面冲击，于是在社会领域提出了一系列改革举措：1988 年德国提出应进行健康体制改革，1989 年该国开始提供居家照护给付，1990 年推行租税改革，1992 年该国开始实施年金改革，1994 年则通过了《长期照顾保险法》。以人为镜，可以明得失。对于我国台湾地区而言，德国长期照顾制度与服务体系的转型发展历程与现状之所以值得大力借鉴，其原因在于两个 20 年：首先，在德国国会于 1994 年 5 月 26 日通过《长期照顾保险法》[②]，将之纳为德国社会保险体系的第五支柱[③]并列为德国《社会保险法》的第十一编之前。该国经过了 20 年以上的可行性论证，立法过程既科学又严谨；其次，德国《长期照顾保险法》自 1994 年 5 月在德国国会获得通过并于 1995 年 1 月 1 日正式开始实施至 2014 年年底已累计实施 20 年，积累了丰富的实践运营经验。1974 年，在开始实施长期照顾保险制度之前，德国老年辅助管理委员会即发布了主题为长期照顾保险实施可行性的《老年疾病住院治疗与法定疾病基金会费用负担评鉴报告》，该报告距离德国国会于 1994 年通过《长期照顾保险法》正好 20 年。报告讨论的重点为：德国长期照顾制度与服务体系的转型发展究竟应该走私人商业性长期照顾保险的形式，还是应该采取税收支付的长期照顾制度，抑或两者都不切合实际而只能采取社会保险的形式推进该领域的转型发展。对于"私人保险"模式，该报告认为，"当时执政者以国家是否对

---

① 叶至诚：《老人长期照顾政策》，台北扬智文化事业有限公司，2012。

② 该法案德语原文为 Gesetz zur sozialen Absicherung des Riskos der Pflegebedüftikeit，可直译为《照顾需求风险分担社会保障法》，本书简称为德国《长期照顾保险法》。

③ 已先行立法实施的德国社会保险其他四大支柱为健康保险、职业灾害保险、年金保险与失业保险。此四个险种与德国长期照顾保险并称德国社会保险体系的五大支柱。

经济弱势但有缴税能力的四十五岁至六十五岁的人民提供补助为争点而加以否定，因为，采私人任意投保方式，可能无法照顾到当时有照护需求性的至少一百五十万人口，且有些家庭也无法负担保险费用，而即使以完全提存准备制作为财源，也有问题。”① 同时，以税收方式承担长期照顾费用也遭到了否定，其原因在于“无法解决统计上问题，也无法符合社会保险体系个人负责、给付正义、自治行政等基本概念”。② 最终，多数德国民众认为，该国应该秉承社会保险传统，以社会保险形式继续推进长期照顾制度与服务体系的转型发展。基于如上原因，德国国会领风气之先于 1994 年 5 月 26 日正式通过《长期照顾保险法》，成为世界上首个将长期照顾保险实施立法的国家。

二　社会保险制度下德国长期照顾服务体系的现状分析③

（一）社会保险制度下德国长期照顾服务体系的现状：分配基础的维度

《德意志联邦共和国基本法》④（简称《德国基本法》）第 1 条规定应保障人性尊严。因此德国《长期照顾保险法》立法目的在于“使需要照护者过着独立自主之生活，故法律须支持需要照护者得以维持或回复其身体、精神或智能之能力”。那么，德国长期照顾保险制度的被保险人资格是如何确定的呢？在梳理了德国《长期照顾保险法》立法历程之后，台湾地区学者谢荣堂与周佳宥指出，德国“照护保险制度当初系附随疾病保险体制建立，并肯认此需求系全民皆得能遭遇之社会风险事项，故照护保险之被保险人同时亦为法定疾病保险之被保险人，加入法定疾病保险者，依个别加入之疾病保险类型而自动地加入各该保险人所设置之照护保险人，

① 林谷燕：《德国长期照护制度之探讨》，http：//www. npf. org. tw/post/3/5368，2009 - 02 - 04。

② 林谷燕：《德国长期照护制度之探讨》，http：//www. npf. org. tw/post/3/5368，2009 - 02 - 04。

③ 林谷燕：《德国长期照护制度之探讨》，http：//www. npf. org. tw/post/3/5368，2009 - 02 - 04。

④ 该法案德语原文为 Grundgesetz für die Bundesrepublik Deutschland，可缩写为 GG。该法是联邦德国法律与政治的基石，是东、西德统一之后德国的根本大法。

因此属于法定疾病保险之被保险人眷属，亦自动地纳入照护保险之保障。"[①] 简而言之，由于德国长期照顾保险依附于健康保险之下，因此德国民众如果想参加政府实施的健康保险制度，就必须同时参加公立的长期照顾保险。在实践中，该保险的"被保险人与受给付对象，不分年龄、不问需'照护'的原因，但接受给付者以老人占大多数"。[②] 此外，基于德国公民收入与照护需求的现实考量，对于收入水平高于一定额度者，也可以选择参加民营的健康保险，相应的，也必须参加民营的长期照顾保险。[③] 正因为德国长期照顾保险制度采取全民纳保的形式，因此其给付并非单纯局限于老年人口。照顾管理流程中，只要符合六个月以上的身心残障或者失能的条件，而且确有长期照顾的需要者，经过申请并获医疗保险人医疗服务处（可简称谓 MDK）的评估人员到家中评估认可后，就能获得照顾给付。

（二）社会保险制度下德国长期照顾服务体系的现状：分配内容的维度

德国长期照顾服务政策的目标之一为"居家照护优于机构照护"。德国长期照顾保险以家庭照护为前提，支持民众自立、连带责任与补助支援为原则。目前获得长期照顾保险给付者中，有三分之二在家中接受照顾，另外三分之一则使用机构照顾服务。在家中接受照顾的长期照顾保险给付者中有80%左右通过现金给付的方式由家人自行照顾，其他20%通过购买居家照顾服务的方式给予实物给付。提供多样化的长期照顾服务内容，是德国长期照顾保险的特色之一。"不论是机动式照护（居家照护）、部分机构式照护/短期照护或是全机构式照护，德国长期照护保险提供被保险人多样的选择，甚至可以组合各种不同的给付方式。对于短期需求的被保险人，亦提供暂时性的替代照护或短期照护，让家属或照护提供者可以获得

① 谢荣堂、周佳宥：《德国照护保险法制之研究——作为台湾未来立法借镜》，《法学论著（军法专刊）》2009年第5期，第20页。

② 李孟芬、石泱、曾蔷儿等：《长期照顾概论——社会政策与福利服务取向》，台北洪叶文化事业有限公司，2013。

③ 截至2010年1月，德国法定长期照顾保险参保人数共6977万人，而至2008年年底则共有929万人参加私人商业性长期照顾保险。

喘息，而被保险人的照护服务也不会因此而中断。”① 德国为了保障家庭照顾者的社会权、避免家庭照顾者因照顾工作阻碍无法投入正规劳动市场获取薪资，在老年时反而陷入贫苦，则在给付内容中纳入家照者现金给付，即使选择自己照顾失能者的家庭照顾者，也可以向长期照顾保险请领每月现金补助。②

（三）社会保险制度下德国长期照顾服务体系的现状：服务输送的维度

由于德国《长期照顾保险法》采取独立立法的形式，因此德国的疾病基金与长期照顾保险基金在财务运作上是彼此独立的。德国的疾病基金是德国各州健康保险的保险人，在“健康保险人”之下另外设置“长期照顾保险人”，专门负责处理德国长期照顾保险的各项具体业务。就健康保险人与长期照顾保险人之间的关系与联系，台湾地区学者梁亚文与徐明仪（2010）、谢荣堂与周佳宥（2009）分别联袂撰文指出，两者属于独立的法人组织，在财务上亦相互独立，但照顾保险人可以使用健康保险人的建筑物、人员等资源，在相关费用与财务结算上采取平均分摊的形式。③ 由此可见，德国长期照顾保险采取了实质性的多元保险人制度。实践中，无论是健康保险人抑或长期照顾保险人均接受德国“医疗疾病理监事会”的监督，同样的，私人的“长期照护保险”的照护品质和给付内涵等，亦须接受该单位的监督。④ 在台湾地区长期照护保险筹备小组的既定方案设计中，规划中的台湾地区长期照顾保险制度将由台湾地区“健康保险署”同时担任长期照顾保险的保险人，此制度安排与德国现行的制度设计是一致的。台湾地区在进一步完善规划长期照顾保险制度的管理经验时，无疑可以借鉴这一经验。

---

① 李孟芬、石泱、曾蔷儿等：《长期照顾概论——社会政策与福利服务取向》，台北洪叶文化事业有限公司，2013。

② 方敬纶、刘淑娟：《论台湾推动长期照顾保险与其可能带来的挑战》，《源远护理》2013年第7期，第11页。

③ 参见梁亚文、徐明仪《德、荷长期照护保险之比较》，《护理杂志》2010年第4期，第17~22页。谢荣堂、周佳宥《德国照护保险法制之研究——作为台湾未来立法借镜》，《法学论著（军法专刊）》2009年第5期，第85~107页。

④ 黄汉平：《德国长期照护其体系与产业发展介绍》，http：//yungfong. taiwantrade. com. tw/CH/bizsearchdetail/33673/I/，2011-05-09。

再好的制度设计如果无法落实到具体的服务提供上，则一切都可能沦为纸上谈兵。因此在长期照顾服务输送系统中最核心的问题之一是人力资源问题。德国并不讳言其长期照顾体系最大的服务提供者为家中女性，因此必须于制度中给予家庭照顾者足够的支持，包括以现金给付补偿其薪资、给付年金保险费、提供喘息服务等。[①] 截至 2010 年，德国的长期照顾可用人力大约为 80 万人，仍难以满足日常照顾所需。虽然如此，但考虑到语言与社会文化背景的差异性会对长期照顾质量造成负面影响，因此德国对于引进外籍长期照顾人力采取保守的态度。但实际上，该国目前有大量东欧人口涌入境内从事长期照顾工作，形成了事实上的长期照顾灰色市场（Grey Market）。

（四）社会保险制度下德国长期照顾服务体系的现状：资金筹付的维度[②]

就资金筹付的角度而言，德国长期照顾保险采用现收现付制（pay as you go，PAYG），目前保险费率为 1.95%，由劳资双方共同负担各出一半，其保险费的计算方式与健康保险完全一致。被保险人的保费征收与其收入有关，但与年龄、健康风险无关。[③] 被保险人是否拥有子女会影响到保险费率的高低[④]，有子女的保险费率会较无子女者为低，主要在于希望教养子女培养未来的给付能力和照顾能力[⑤]。此外，被保险人如果正在领取失业给付或者正在服兵役，则不需要负担额外的保险费用。特别值得称道的是，德国长期照顾保险制度高人一等的设计精确度与运营稳定性。1996 年因为需要在照顾服务内容中增加机构式照顾[⑥]，德国

---

① 台湾地区原“经济建设委员会人力规划处”：《德国长期照护保险制度之现况及未来》，www. ndc. gov. tw/dn. aspx? uid = 8910，2010-08-31。

② 李孟芬、石泱、曾蔷儿等：《长期照顾概论——社会政策与福利服务取向》，台北洪叶文化事业有限公司，2013。

③ 李孟芬、石泱、曾蔷儿等：《长期照顾概论——社会政策与福利服务取向》，台北洪叶文化事业有限公司，2013。

④ 基于世代公平，经过德国社会各界讨论规定，2005 年之后，将没有子女的被保险人参保费率提升 0.25%。

⑤ 林谷燕：《德国长期照护制度之探讨》，http：//www. npf. org. tw/post/3/5368，2009-02-04。

⑥ 德国于 1996 年 7 月开始正式提供机构式照护服务给付。

长期照顾保险主管部门对其保险费率进行了精算调整，之后此费率水平维系了 12 年之久，直到 2008 年才再度进行调整，并预计可维持财务平衡至 2016 年。

第二节　弹性多元的日本模式

一　日本以社会保险制度推进长期照顾服务体系转型发展的历程

作为人均寿命高居前列的国度，日本人口老龄化趋势明显。自 20 世纪 70 年代初期进入了高龄化社会后，日本社会面临着家庭结构的变迁①以及照顾者与被照顾者皆高龄化②的现实；随着全社会价值观念的改变，以及“社会性住院”③ 等因素的影响导致日本医疗财务亏损的进一步加剧，日本老人长期照顾在 20 世纪 80 年代处于“黑暗期”。当时，由于日本长期照顾人力的不足，加之长期照顾的专业性地位未获确立，日本多数的安养机构以“为了公平地照顾每位老人、提高工作效率、保护老人的安

---

① 体现在日本主干家庭数量的下降上，三代同堂家庭的比率由 1980 年的 69%降为 50%。与此同时，日本独居老人或高龄夫妇家庭由 28%增加到 46%，而妇女劳动参与率由 58%增加到 67%。此组数据引自叶至诚：《老人长期照顾政策》，新北扬智文化事业股份有限公司，2012。

② 据相关调查，60 岁以上的照护者占 50%以上，70 岁以上的高龄照护者占 20%以上。此组数据引自林淑萱《日本长期照护保险的发展经验及其对台湾的启示》，《社区发展季刊》2003 年第 4 期，第 455 页。

③ 其背后的原因在于当时日本“社会性住院”问题突出，“社会性住院”患者人数居高不下。20 世纪七八十年代，由于当时日本长期照顾保险制度的缺失，长期照顾服务主要用于免费提供给经济弱势的独居老人，对于普通日本家庭而言，必须全额支付所需的长期照顾费用。即便如此，由于长期照顾服务资源短缺，日本家庭即使有购买力也不见得可以足额购买长期照顾服务。再加上日本社会的传统认为照顾老人是家庭的当然责任，为了在“家庭声誉”与称重的照顾压力间寻找平衡，许多家庭选择将老人以生病住院需要治疗的名义送到医院接受治疗、照顾。由于当时住院所需要的费用一般低于老人安养机构的费用，加之 1973 年 1 月至 1983 年 1 月的十年间，该国实施老人医疗免费措施，推进了老人医院的兴建。正是在如上背景下，日本的平均住院天数为 30 天以上，高居发达国家前列。其中，住院患者中高龄者占了一半以上，其中更有三分之一住院天数在一年以上。这种并非医疗需要而导致老人大规模、长时间住院，将医院当成养老机构的现象被称为“社会性住院”。

全”[①] 为借口，通过身体约束或者给服药物来控制老人的日常行动，将老人固定在床上或者轮椅上，让老人每天过着躺在床上看着天花板发呆的悲惨生活。在日本国内社会舆论的监督推动下，关注老人社会福利的市民运动开始兴起，日本社会日渐关注老人在安养机构中所受的非人性化待遇问题。在各方力量的共同推动下，将日本长期照顾服务从原有制度推进、升级为介护保险制度的变革正式列入日本改革议程。正是基于如上实施背景，日本成为亚洲最早开办长期照顾保险制度的国家[②]。（日本原有照顾制度与介护保险制度的差异可参见图 6-2）

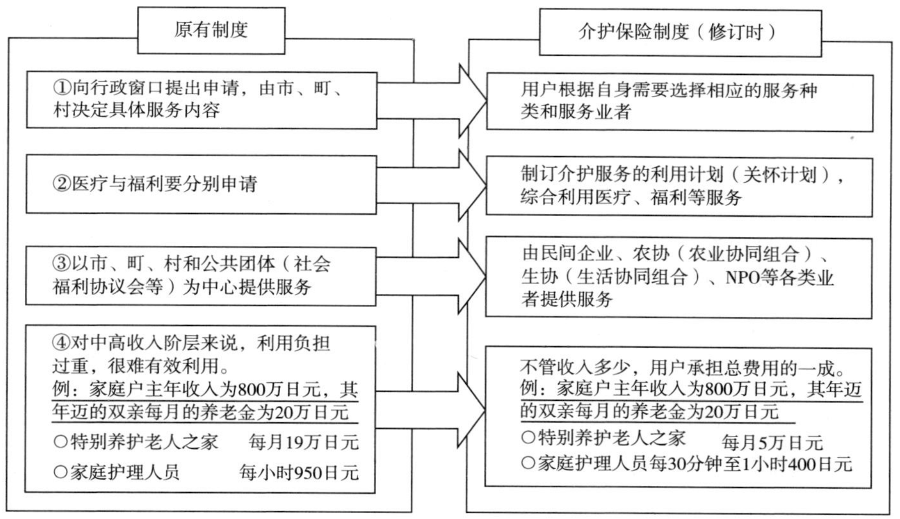

图 6-2　日本原有照顾制度与介护保险制度的差异

资料来源：日本厚生劳动省：《介护保险制度的现状及今后的社会性作用》，日本厚生劳动省网站，http://www.mhlw.go.jp/seisakunitsuite/bunya/hukushi_kaigo/kaigo_koureisha/gaiyo/dl/hoken.pdf，2014-12-17。

系统回溯日本介护保险制度的发展历程，可以发现日本介护保险制度的制定并非一蹴而就。早在 1989 年该国就制定了《老人保健福利推动十年战略》（简称“黄金计划”）[③]，该计划共包括八项实施重点，涵盖长

① 詹火生、陈怡如、曾蔷薇等：《老人福利服务》，台北华格纳企业有限公司，2013。
② 日本《介护保险法》于 1997 年底通过，日本于 2000 年 4 月 1 日正式开办介护保险制度。
③ 该计划英文名称为 Gold Plan，因此翻译为“黄金计划”。

期照顾体系发展所需的设备、设施、人力资源以及研究力量与相关教育等方面。正是基于对日本老人长期照顾“黑暗期”非人道现实的深刻认知，日本老人保健福利“黄金计划”将“零卧床老人作战”作为重要推进目标。基于该目标，日本政府明定了十项长期照顾原则，并向全体日本国民宣导，以取得全社会的共识。该十项原则分别是：[①]（1）预防得到脑中风和骨折。（2）老人的长期卧床是人为所引起的问题。（3）复健要及早开始进行，才能有效提高成效。让我们一起实践“从床上开始做复健”。（4）从生活里做复健。从用餐、如厕、穿脱衣服的生活动作里开始实践生活复健。（5）新的一天始于换衣服；装扮是一件很重要的事。用餐的地点和睡觉的地点要分开，让生活有节奏感。（6）不过度照顾、不离开视线，是照顾的基本原则。尊重老人也想自立的心情。（7）从床上移位到轮椅。活用辅具，扩大老人的活动范围。（8）装扮扶手、去除地面的高低差，住得安心舒适，活用创意来改善环境。（9）从家庭、社区、社会里发现生活中的喜悦。大家一起来预防整天窝在家里的情形。（10）积极训练生活功能和使用日间照顾服务。要消除老人的卧床问题，需要你我他的力量、需要社区的力量。1994 年日本又在“黄金计划”的基础上调整、续推出“新黄金计划”，该计划针对“黄金计划”在实践中暴露出的问题进行检讨与修正，力求以市、町、村为中心，尽量使有长期照顾服务需求者能就近获得照顾服务。“黄金计划”与“新黄金计划”推行的目的均是为后续介护保险制度开办后对于照顾服务机构与人力资源的需求做好充足的储备，它们的推行、实施为介护保险制度的正式实施做好了充分的铺垫与准备。

二 社会保险制度下日本长期照顾服务体系的现状分析

（一）社会保险制度下日本长期照顾服务体系的现状：分配基础的维度

日本介护保险制度创立的目的在于希望能为日本社会为每位日本老年

① 此十项原则转引自詹火生、陈怡如、曾蔷薇等《老人福利服务》，台北华格纳企业有限公司，2013。

人提供长期照顾服务[①]，其具体理念可分为三个层次，一是自立支援。意即介护保险制度的作用不能仅仅停留在帮助、照顾失能老人的日常生活起居之上，还要帮助老年人实现自我独立。二是使用者为本。介护保险制度的设计与实施力求达到让使用者按照自己的异质性需求选择最合适的机构获得保健医疗、福利服务等综合性服务。三是采用社会保险的方式推动长期照顾体系的发展，从而建立起给付与个人负担之间的明确关系。日本介护保险与健保一样，都是强制性的社会保险，每位40岁以上的日本国民都必须投保并交纳保费。

根据日本《介护保险法》第9条之规定，如图6-3所示，被保险人分类两类，第一类是65岁以上的老人，且需在参保地（市、町、村）有住所，依据日本《2011年介护保险事业状态报告年报》数据显示第一类被保险人数为2978万人，其中65岁至74岁参保人数为1505万人，75岁以上参保人员为1472万名。第二类则为40岁到64岁的人口，需在参保地（市、町、村）有住所且具备医疗保险，依据2011年度内的月平均值，该类参保人数为4299万人。此外，根据日本《外国人登录法》相关规定，除了身体障碍居住于疗养机构者外，在日本合法居住满一年以上的外国人也可以成为被保险人。[②]

（二）社会保险制度下日本长期照顾服务体系的现状：分配内容的维度

日本介护保险制度采取实物给付（服务提供）为主的方式，只在严格条件下才提供现金给付。[③] 这一制度设计背后的原因有供需两个方面，就

---

① 日本老人保健福利审议会报告曾明确提出将“需要照顾的高龄者，不管身处何时何地，人人都可以迅速地利用高龄者照顾服务的理念”作为日本介护保险的宗旨。

② 就分配基础的维度，日本介护保险制度比较特殊之处之一在于虽然日本《介护保险法》在实施5年后于2006年进行检讨修订，但身心障碍者未纳入介护保险制度范围之内。但这并非日本各级政府的忽视与懈怠，恰恰是日本身心障碍者团体自身在反对纳入介护保险制度之中。其理由在于福利理念的不同，日本身心障碍者团体普遍认为原本以税收来支付的身心残障服务在很大程度上意味着身心残障者的权利，这与强调缴费义务的介护保险有着本质区别。由此可见，一个国家或者一个地区社会福利制度与服务体系的发展固然可以参考与借鉴发达国家或者发达地区的先进经验，但其前提是一定要嵌入本国或者本地区的具体政策环境与社会文化之中，同时要与本国或者本地的实际需求紧密结合起来。

③ 严格限制为需照护程度4级或5级的重度需照护者，一整年未利用过保险给付，且家庭照护者本身拥有居家照护员资格。

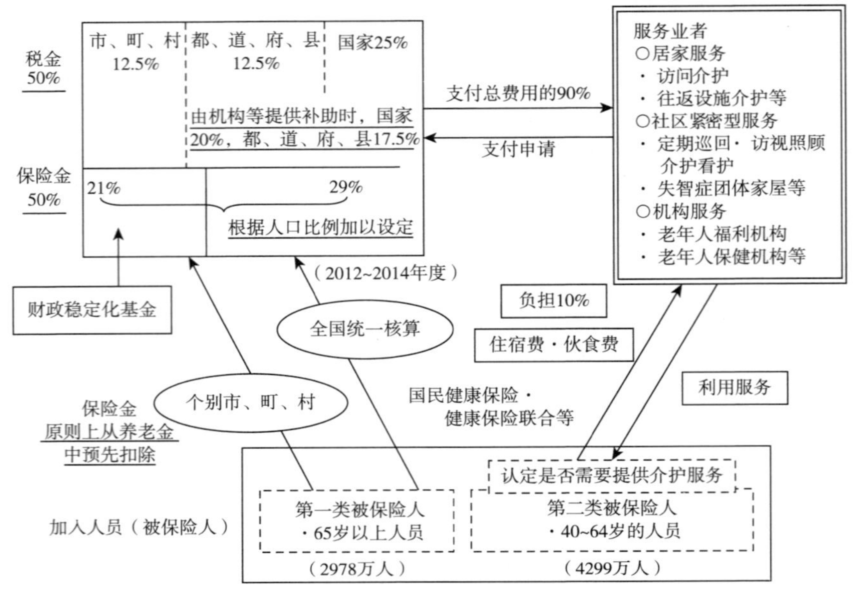

图 6-3 日本介护保险制度的组织结构

注：第一类被保险人数引用自日本《2011 年介护保险事业状态报告年报》。

第二类被保险人数是社会保险诊疗报酬支付基金为了确定介护辅助缴纳金额而根据医疗保险人所提交的报告加以确定，该数值为 2011 年度（日本平成 23 年）内的月平均值。

资料来源：日本厚生劳动省：《介护保险制度的现状及今后的社会性作用》，日本厚生劳动省网站，http：//www. mhlw. go. jp/seisakunitsuite/bunya/hukushi_kaigo/kaigo_koureisha/gaiyo/dl/hoken. pdf，2014-12-17。

需方而言，制度设计者主要考虑如果提供现金给付，受益者常会将现金挪作他用，而非用于购买或使用介护服务。就供方而言，一方面，日本一些妇女团体担心提供现金给付会变相鼓励妇女主动或者被动地留在家中，成为全职家庭照顾者；另一方面，介护保险制度设计者也担心作为保险人的各级政府因为履行了给付现金义务，而不用心发展、提供更好的介护服务。参见表 6-1，日本介护保险的给付项目分为三类：第一类是对需要照顾者给予照顾给付。所谓“需要照顾者”，是指照顾被保险人因为身心障碍而导致 6 个月以上洗澡、吃饭及排泄等日常生活不能自理。一般按照需要照顾的状态，将所需照顾的程度分为 1~5 级。第二类是对需要支援者给予预防给付。所谓“需要支援者”，是指被保险人因为身心障碍而导致日常生活的开展受到一定程度的影响，但尚未达到“需要照顾者”的障碍水平，而且时间持续达到 6 个月以上。一般按照需要支援的状态，将所需支援的程度分为 1~2 级。第三类是针对需要照顾或需要支援者，由其所在地的市、町、村单独给予的特别给付，主要目的在于防止被保险人身心健康的恶化。表 6-1 中，社区紧密型服务即为特别给付。

表 6-1　日本介护保险制度的给付项目

居家照护服务	
照护服务 （需照护 1~5 级）	预防照护服务 （需支援 1 级及需支援 2 级）
◆ 家庭访视服务 访视照护 访视沐浴（泡澡）、访视护理、访视复健 ◆ 当天来回照护服务 日间照护 日间复健 ◆ 短期入居机构照护 ◆ 辅具租借及购买 ◆ 自费老人之家等生活照护 拟订照护计划	◆ 家庭访视服务 预防照护型访视照护 预防照护型访视沐浴（泡澡）、预防型访视护理、预防照护型访视复健 ◆ 当天来回照护服务 预防型日间照护 预防型日间复健 ◆ 短期入居机构照护 ◆ 辅具租借及购买、住宅改造 ◆ 自费老人之家等生活照护 ◆ 拟订照护计划
社区紧密型服务 （需支援 1~2 级及需照护 1~5 级）	机构照护服务 （需支援者不能使用）
◆ 夜间型访视照护 ◆ 失智症日间照护 ◆ 小规模多功能型居家照护 ◆ 失智症团体家屋 ◆ 小规模自费老人之家（生活照护） ◆ 小规模特别养护之家（生活照护）	◆ 老人福利机构（老人特别养护之家） ◆ 老人保健设施（强化复健） ◆ 疗养型医疗机构（慢性病床等）

资料来源：日本厚生劳动省：《介护保险制度改革概要》，日本厚生劳动省网站，http://mhlw.go.jp/topics/kaigo/topics/0603/dl/data.pdf，2013-12-5。

（三）社会保险制度下日本长期照顾服务体系的现状：服务输送的维度

日本介护保险制度的特点之一在于，其服务输送流程里删除了资产调查这一环节，主要依据长期照顾个案的失能程度来认定其是否符合给付的资格。如图 6-4 所示，日本介护保险制度设计中，被保险人（利用者）可以使用什么类型的介护服务，各类型的服务可以使用多少次，是由被保险人被认定的失能等级来决定的。其服务流程为，首先被保险人到所在市、町、村的主办窗口申请介护服务，依据专人家访认定调查与主治医生开具的意见认定书来确定被保险人是否符合介护服务的法定条件。对于认定需要提供介护服务的被保险人，在介护保险的给付额度内，只要自付 10%的费用就可以使用服务。表 6-1 与图 6-4 共同诠释了日本介护保险制度的服务输送流程及服务对象。具体而言，日本介护保险制度的照护服务对象分为：（1）卧病在床或患痴呆症需提供介护服务的 1~5 级人员；（2）有需要提供介护服务的隐患且日常生活需要支援的 1~2 级者。若经认定确有需要，可以回溯自申请之日起享受照护服务。此外，对于身体虚弱的特定高龄者，可以利用综合中心的保健服务等预防性服务，但此类服务经费来源为介护保险经费的 3%。对于其他的一般性的高龄者，日本介护保险制度一般不提供服务，但有些条件较好的市、町、村会采取公务预算的方式提供给本地老人相关的福利服务。

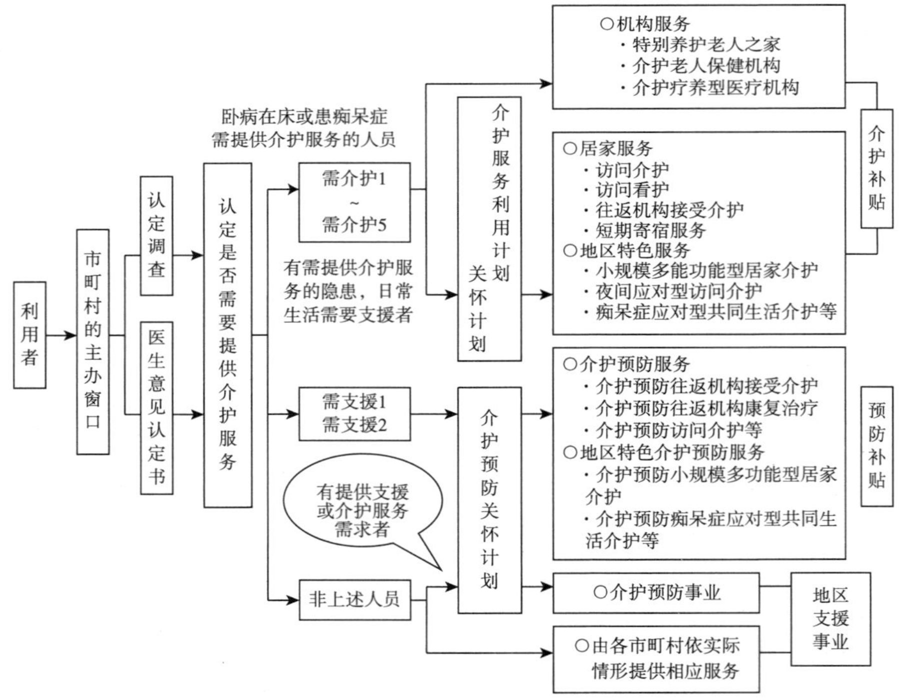

图 6-4　日本介护保险制度的服务流程

资料来源：日本厚生劳动省：《介护保险制度的现状及今后的社会性作用》，日本厚生劳动省网站，http://www.mhlw.go.jp/seisakunitsuite/bunya/hukushi_kaigo/kaigo_koureisha/gaiyo/dl/hoken.pdf，2014-12-17。

（四）社会保险制度下日本长期照顾服务体系的现状：资金筹付的维度

基于长期照顾服务的区域特性以及日本地方分权福利的趋势，日本介护保险的保险人为日本各地方政府机构（市、町、村）。市、町、村一方面负责保险费的计算、征收、管理；另一方面，保险给付的核定、支付，长期照顾服务的具体输送（即长期照顾服务递送的“最后一里”）亦是其责任。就保费负担而言，其总额的50%由各级政府的一般税收负担，另50%则由被保险人出资。政府出资的50%中，中央政府负担25%，[①] 各都、道、府、负担12.5%，市、町、村负担12.5%。此外，如图6-3所示，如果由机构等提供补助时，则中央财政出资比例为20%，都、道、府、县为17.5%。因被保险人的类别不同，保费的缴纳方式有所区别。通常，第一类被保险人通过国民年金扣缴保险费，而第二类介护保险人的保险费则由国民健康保险费中额外缴纳。

就介护保险实施后日本长期照顾制度与服务体系的优点，台湾地区学者周韦诗认为，主要体现在被保险人有自由选择权、结合医疗照护和福利服务、服务提供的多元化以及部分负担的公平等四个方面[②]，笔者亦深以为然。

第三节　适切强制的荷兰模式

一　荷兰以社会保险制度推进长期照顾服务体系转型发展的历程

荷兰长期照顾制度与服务体系的转型发展之所以值得我国台湾地区借鉴，是因为其作为该领域的先驱者，具有风向标的示范性作用。德国是世界上第一个将长期照顾保险制度实施立法的国家，但如果详细追溯全球长期照顾保险制度的发展历史可以发现，最早将长期照顾成功规划、融合在

① 中央负担的25%中的5%作为市、町、村保险财政的“调整补助金”，确保财政比较困难的市、町、村可以获得较多的经费补贴，以促进区域均衡发展。

② 周韦诗：《机构式长期照护需求之影响因素及建构长期照护体系之雏议》，台湾大学博士学位论文，2006。

社会保险制度当中的国家却是荷兰。正因为如此，德国、日本、韩国等后续开办长期照顾保险的国家都纷纷将荷兰作为最主要的制度设计参考对象。回溯其发展历史可以发现，1962 年荷兰以“特殊医疗费用支出”一词为该国长期照顾保险的专门用词，1967 年荷兰国会顺利通过《特殊医疗费用支出法》（The Exceptional Medical Expenses Act，简称 AWBZ 法或直称为 AWBZ），该法于 1968 年 1 月 1 日开始正式实施。荷兰政府之所以将长期照顾制度财源与一般医疗保险相分离转而以社会保险的方式发展长期照顾事业的最主要原因，是该国长期住院人数的增加以及住院费用的日趋高涨，这一困境迫使荷兰国会从 1962 年开始重视医疗成本控制的问题，并认为医院及长期照顾机构的“照护”费用应另谋财源[①]。事实上，除了人口老化与长期住院所导致之医疗费用高涨外，荷兰大量的慢性病患，以及照顾身心障碍者及精神疾病患者所需的高额医疗费用，亦是荷兰推动“长期照护保险”的主要原因之一。[②] 由于缺乏自由竞争的机制，在荷兰《特殊医疗费用支出法》实施之后的几十年间，该国长期照顾服务体系运行效率不高的矛盾日趋突出，加之荷兰社会经济环境发生剧烈变化，既有服务体系已无法有力满足人口老龄化加剧背景下医疗费用大幅增长的需要。为此，“荷兰政府自 2003 年开始，逐步引进‘规范性’的市场机制，来推进 AWBZ 的‘现代化’改革”。[③] 其具体措施包括 2005 年与 2006 年分别通过 AWBZ 修正案[④]与荷兰《社会支持法》，规定将 AWBZ 辖下的部分服务项目转由其他法案来管理，同时赋予各地方政府更多的照顾责任。2006 年是荷兰长期照顾服务体系转型发展的一个分水岭。

二 社会保险制度下荷兰长期照顾服务体系的现状分析

（一）社会保险制度下荷兰长期照顾服务体系的现状：分配基础的维度

荷兰 AWBZ 法对于长期照顾使用者资格的限制极为宽泛，作为一种强

---

① 周世珍：《荷兰健康照护法制新趋势》，《长期照护杂志》2006 年第 2 期，第 138 页。

② 柯木兴、林建成：《从荷兰的经验看台湾未来长期照顾保险的推动》，http://www.npf.org.tw/post/2/6117，2009-07-10。

③ 李孟芬、石泱、曾蔷儿等：《长期照顾概论——社会政策与福利服务取向》，台北洪叶文化事业有限公司，2013。

④ AWBZ 修正案于 2006 年 1 月 1 日正式开始实施。

制性的社会保险制度，荷兰的 AWBZ 法采取全民强制纳保的方式确定其参保对象，所有荷兰公民以及在荷兰具有合法居留身份的外国人都必须强制参加，同时必须依法承担保费缴纳义务。参保对象范围界定的法源主要规定在 AWBZ 法第五条，具体来说包括如下四点：[①] 第一，依照 AWBZ 法第五条及第五条第 1 项 a 规定，不管是否具备荷兰公民身份，凡是在荷兰居住者（ingezetenen），以及在荷兰合法工作的外国人，只要享有使用 AWBZ 的保险保障，皆为 AWBZ 的被保险人，可依法使用长期照顾服务。第二，依照 AWBZ 法第五条及第五条第 4 项规定，在荷兰具有合法工作资格的外国人，亦可以申请成为 AWBZ 的被保险人。第三，依照 AWBZ 法第五条及第五条第 3 项规定，荷兰政府得以一般行政措施命令，扩大或限制第一项所规定的被保险人的范围。第四，依据 Artikel5b 条 a 项的规定，凡根据条约或国际公约之规定，具有 AWBZ 被保险人资格者，亦为 AWBZ 的当然被保险人。

（二）社会保险制度下荷兰长期照顾服务体系的现状：分配内容的维度

在开办之初，AWBZ 共提供七项服务，包括“家事服务、个人照护、护理、支持性陪同指导、积极主动性陪同指导、治疗及入住机构”等。[②] 为应对巨额支出，自 2009 年起，荷兰将 AWBZ 的给付项目缩减为五项，原有的家事服务服务移至荷兰《社会支持法》相关项目下提供，仅保留“个人照护、护理、陪同协助、治疗、入住机构”等服务。当前 AWBZ 体系下的五类服务项目及其服务内涵为：（1）个人照护：提供日常养护照顾的支持，包括淋浴、梳理、穿衣、吃饭、饮水、如厕及协助穿戴“义肢”[③] 等协助；（2）护理：指提供生病者或是有健康问题者，每日治疗及养护照护，如给药及给予打针、伤口照护等任务；（3）陪同协助：指由照护机构提供活动服务，给予有限制者及残障者，使其可以独立生活并维持功能，

---

① 此四点规定引用自林美色《长期照护保险：德国荷兰模式析论》，新北巨流图书股份有限公司，2011。

② 柯木兴、林建成：《从荷兰的经验看台湾未来长期照顾保险的推动》，http：//www.npf.org.tw/post/2/6117，2009-07-10。

③ 指假肢。

陪同协助可以个人或团体的方式进行，但只有中度及重度的功能限制者，才可以使用“照护”服务；（4）治疗：指通过[①]照护机构所提供的治疗服务，主要在于治疗或抵抗疾病、避免功能的恶化；（5）入住机构：提供患有疾病、功能限制或残障者，无法居家接受照护的机构安置服务，短期入住机构以复原为目的，长期入住机构则以监督和保障高品质的生活为目的。[②]

为提升服务效能，荷兰自 2008 年开始推出了照顾包（care level packages，简称为 ZZP's[③]）制度。所谓照顾包，是以包裹（package）的概念，“针对不同保险人、不同需求或身心障碍等失能程度归类，包括被保险人的类型、被保险人每周需要被照护的总时数、服务的输送方式等，经由照护评估中心（Centrum indicatiestelling zorg，CIZ）决定照护需求指标后，提供量身订制的服务包，类似 DRSs（Dignosis Related Groups 诊断关联群）制度，每个‘服务包’都有一定的价格，有最高额度的限制，也可换算成现金给付”[④]，就其服务内容而言所谓照顾包实质上属于某种照顾密集度服务组合。截至 2010 年，荷兰 AWBZ 保险架构下共有 52 个照护组合（ZZP's），分别属于三大照护类别，亦即“护理及照顾照护类照护组合”“精神障碍者照护类的照护组合”“残障者照护类的照护组合。”[⑤] 在此分类下，各类照护包的“采购使用”对象不尽相同，可细分为有官能障碍者、身体疾病或障碍者、生理障碍者、精神障碍的老人、心理障碍者、有严重社会心理问题的人、精神障碍者等。实践中，荷兰的长期照顾制度鼓励家人开展家庭照顾，但政府亦积极为被照顾对象提供喘息服务及给付，以减轻家庭照顾者的身体与心理压力。为此，荷兰在居家服务的范畴中导入了有酬家庭照顾的概念，通过不同的照顾包给予不同标准的给付，而且具体给付标准不设上限。正因为如此，“荷兰请领现金给付的比例最高，

---

① 同“通过”一词。

② 此五类服务项目及其服务内涵引用自林美色《长期照护保险：德国荷兰模式析论》，新北巨流图书股份有限公司，2011。

③ 之所以简称为 ZZP's 而非 CLP 是因为其荷兰语名称为 zorgzwaartepakketten。

④ 刘慧敏：《荷兰长期照护保险制度的启示》，《全民健康保险双月刊》2014 年第 9 期，第 36 页。

⑤ 林美色：《长期照护保险：德国荷兰模式析论》，新北巨流图书股份有限公司，2011，第 17 页。

民众可分别向不同服务提供者购买服务，可见荷兰不仅承袭社会统合主义，采社会互助精神的社会保险制度筹措财源，并提供自由选择的空间。”①

（三）社会保险制度下荷兰长期照顾服务体系的现状：服务输送的维度

如图 6-5 所示，荷兰 AWBZ 的组织体制由中央管理中心（CAK）、健康保险局（CVZ）、各地市政府、健康照护机构（NZa）、保险公司、照护评估中心（CIZ）、区域照管中心等多个部门与机构组成。

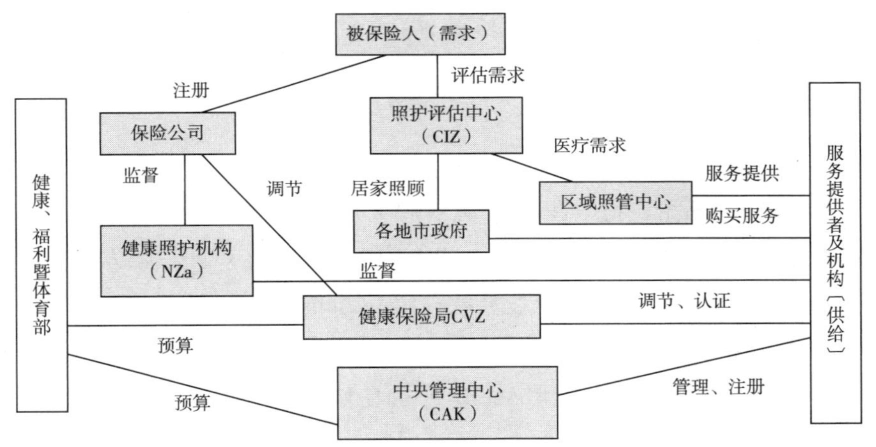

图 6-5　AWBZ 的组织体制及运作模式

资料来源：江清馦、柯木兴、林谷燕：《德国、荷兰长期照护保险内容与相关法令之研究》，www. ndc. gov. tw/dn. aspx? uid=7069，2009-05-15。

在 AWBZ 体系下荷兰中央与地方在长期照顾服务运营中形成了合理的分工：② 中央层面上，健康福利体育部（MinVWS）作为主管、制定政策与立法的直接主管部门；健康保险局是介于被保险人、保险人、服务提供者

① 刘慧敏：《荷兰长期照护保险制度的启示》，《全民健康保险双月刊》2014 年第 9 期，第 36 页。

② 就 AWBZ 体系下荷兰中央与地方在长期照顾服务运营模式中的分工情况转引自江清馦、柯木兴、林谷燕《德国、荷兰长期照护保险内容与相关法令之研究》，www. ndc. gov. tw/dn. aspx? uid=7069，2009-05-15。

之间的独立中间人，该局通过风险调节、照顾特定族群、管理照顾包等三项主要任务的实施来确保所有荷兰公民都能得到适切的照顾；健康照护机构（NZa）依据荷兰《医疗保健市场秩序法》成立，其主要负责监督及控制荷兰的医疗照护市场；而中央管理中心（CAK）负责通过政府的预算对长期照顾服务提供者进行管理、资料记录并支付相关费用。地方层面上，由区域照管中心执行地区照护服务同时与机构及服务提供者签约等；照护评估中心（CIZ）则负责评估民众需求、提供服务指标等。AWBZ 的组织体制及运作模式可参见图 6-5，由该图可知荷兰的长期照顾保险制度在服务输送的维度上具有两方面的鲜明特点：一方面，其充分糅合了社会保险与商业保险的特性[①]；另一方面，政府的强势主导与运作确保了全体参保对象均能获得高品质的长期照顾给付。[②]

（四）社会保险制度下荷兰长期照顾服务体系的现状：资金筹付的维度

从 2003 年开始，荷兰积极推动 AWBZ 的现代化改革，但其资金来源方式并没有改变。如表 6-2 所示，AWBZ 的财源主要来自三个方面，亦即 AWBZ 保险费、征税减少政府拨补款（State Subsidy）以及使用者的部分负担部分。除如上主要财源之外，AWBZ 财源还包括政府拨补、国际协定以及其他项目，但后两项在荷兰 AWBZ 中的比例相对较低。

表 6-2 AWBZ 的财源筹措结构

经费来源	收费及拨补方式	备注
1. 保险费		
（1）有一定雇主者缴交的保险费	雇主由薪资中随所得税预扣，再缴给税务局。唯使用某些服务需额外付费，付护理之家，费用依所得而定	由中央税务局（Inland Revenue Service）征收，再汇给 CVZ（健康保险局）底下的 AFBZ（一般特殊疾病成本基金）

① 李孟芬、石泱、曾蔷儿等：《长期照顾概论——社会政策与福利服务取向》，台北洪叶文化事业有限公司，2013。

② 李孟芬、石泱、曾蔷儿等：《长期照顾概论——社会政策与福利服务取向》，台北洪叶文化事业有限公司，2013。

续表

经费来源	收费及拨补方式	备注
（2）无一定雇主，但有缴税及缴交保费义务者	依课税标准自行缴给地方稽征单位	15 岁以下或 15 以上无课税义务者不需缴保费
2. 部分负担 已申请使用 AWBZ 保险给付者所应缴交的部分负担	18 岁以上需缴交部分负担，部分负担额度依所得、在家或在机构、年龄、是否单身等收取	由保险公司收取，再缴给 AFBZ，但有申请现金给付（PGB）者，需先扣除部分负担的额度
3. 政府透过税收补贴	每年随保费收支情况拨补	直接拨到 AFBZ

资料来源：林美色：《长期照护保险：德国荷兰模式析论》，新北巨流图书股份有限公司，2011。

第四节　混合折中的韩国模式

一　韩国以社会保险制度推进长期照顾服务体系转型发展的历程

韩国长期照顾制度与服务体系转型发展的经验之所以值得我国台湾地区借鉴，其原因在于人口高龄化均呈显著“后发先至”之势的韩国与我国台湾地区皆为“亚洲四小龙”之一，20 世纪 60 年代开始皆经由劳动密集型加工产业的发展，在短时间内实现了经济的腾飞。除了经济发展历程类似外，在人口形势与社会环境方面台湾地区与韩国的发展亦有许多共同之处，特别是在少子（女）化的背景下皆面临着人口快速高龄化的问题。其中，韩国的总和生育率从 1997 年的 1.54 人下降至 2006 年的 1.13 人，同期台湾地区的总和生育率则从 1.61 人下降至 1.12 人；基于国际卫生组织（WTO）的定义，就人口老龄化的速度而言，韩国 65 岁以上老年人口占总人口的比率从突破 7%进入高龄化社会（Ageing Society）升至 14%进入高龄社会（Aged Society），并进一步提升到 20%迈入超高龄社会（Super Aged Society），预计仅分别历时 18 年（2018 年）与 8 年（2026）①；而依

① 本组数据转引自谢佳宜《韩国推动长期照顾保险》，www.ndc.gov.tw/dn.aspx? uid = 5961，2008-10-15。

据台湾地区相关主管部门2014年8月发布的《台湾地区人口推计（2014年—2061年）》数据显示，台湾地区从高龄化社会渐次迈入高龄社会与超高龄社会则预计分别历时24年（2017年）与9年（2025年），亦极为类似。由于推动、建构时间相对较晚，韩国老人长期照顾保险制度（下文中有时简称为韩国长期照顾保险制度）的推进具有独特的“后发优势”，对制度与服务体系正面临着从“长期照顾十年”向“长期照顾保险”发展转型的台湾地区而言，如何借鉴韩国经验同样发挥出制度与服务体系转型发展的“后发优势”值得深入思考。回溯其建制历史，可以发现韩国的老人长期照顾保险制度充分参考、借鉴了日本介护保险制度与德国长期照护保险制度之长。具体表现为，其主要架构充分借鉴了日本介护保险制度，但嵌入韩国国情并基于该国社会福利政策的客观运营环境考量，给付内容与运作方式的维度在很大程度上效仿了德国的运作模式。为此，有些学者将之称为“日德混合制”或“日德折衷版”①。

系统回溯韩国长期照顾制度与服务体系的发展历程可以发现，20世纪50年代，该国主要以公共救助的方式为贫穷老人提供制度式的照顾服务。直到1961年12月该国才制定出《生计保护法》（Livelihood Protection Law），以立法的形式确定由老人之家而非护理之家为具有功能依赖问题的老年人提供机构式照顾。20世纪80年代之后，为因应人口快速老化可能对社会运转带来的诸多挑战，韩国政府积极修改社会政策推动相关改革进程。1981年7月韩国通过《老人福祉法》，为失能、贫穷老人提供免费护理之家服务。1989年韩国《老人福祉法》第一次修法，加入部分收费性质的护理之家以保护中低收入之老人，成为提供机构式长期照顾服务的类型之一，同时家庭协助服务正式成为家庭照顾服务类型之一。1991年，韩国《老人福祉法》再一次修法，将成人日间照顾和短期照顾服务（short stay service）纳入长期照顾范围。1994年，该国开始在几个医院实施社区访视护理服务试点。1997年韩国《老人福祉法》再度修法，护理之家依据家庭所得和慢性疾病的严重性分成5种类型，“长期照护医院”也加入成为提供机构式长期照护服务的类型之一。2001年韩国开始提供社区访视护理服

① 吕慧芬、赵美敬：《韩国启动长期照顾保险机制：老人长期疗养保险》，《台湾社会福利学刊》2009年第2期，第146页。

务，使得失能老人可以依托该服务实现社区养老。随着人口老化，长期照顾需求必然大增，为减轻健康保险的负担，韩国政府意识到必须及早建立长期照顾保险制度以为因应之策，2001 年韩国前总统金大中建议开办长期照顾保险制度，2003 年卢武炫前总统宣布将于 2007 年开办长期照顾保险制度。为夯实组织基础，韩国政府 2000 年依托该国健康福利部成立老人长期照顾计划委员会（Planning Committee for Elderly LT Care），2003 年 3 月韩国公共长期照护安全系统计划委员会正式成立，2004 年 3 月韩国成立执行、计划及实践团队委员会，这三个委员会的成立为韩国长期照顾制度与服务体系的转型发展奠定了组织基础。然而，“截至 2005 年，韩国的长期照顾支出仅占 GDP 的 0.3%，韩国政府只提供低收入者居家式与机构式照顾，接受正式照顾服务者仅占全部 65 岁以上老年人口的 1.1%，绝大多数的失能者是由家庭担负照顾责任。也由于缺乏长期照顾服务，以致许多有长期照顾需求者占用急性医疗资源，增加韩国健康保险的负担，估计在住院案例中属于长期照顾范围的社会型住院即占了 15%”。[①] 为此，韩国加快了《老年长期照顾安全法》的立法进程，2005 年 10 月韩国预先公布《老年长期照顾安全法》，2006 年 2 月韩国内阁通过《老年长期照顾安全法》并提交议会，2006 年 9 月议会审议《老年长期照顾安全法》，2007 年 4 月立法完成《老年长期照顾安全法》，并于 2008 年 7 月正式实施社会保险形式的长期照顾保险计划。

二　社会保险制度下韩国长期照顾服务体系的现状分析

（一）社会保险制度下韩国长期照顾服务体系的现状：分配基础的维度

从其定义我们即可得知，韩国老人长期照顾保险“针对因高龄或老年性疾病等原因无法独自执行日常生活的老人所提供的身体活动或家务活动支持等，规定长期疗养给付相关事项，以谋求老年人的健康增进、生活稳

---

① 谢佳宜：《韩国推动长期照顾保险》，www.ndc.gov.tw/dn.aspx? uid=5961，2008-10-15。

定、减轻家人的负担，借以提高国民的生活质量为目的”。[①] 那么以韩国老人长期照顾保险为核心的韩国长期照顾服务体系的使用者范围如何确定呢？就此，韩国《老人长期照顾保险法》规定韩国老人长期照顾保险采取全民纳保、缴费的方式，在被保险人发生与年龄相关的健康问题而产生长期照顾需求时即可给予给付。实践中，韩国老人长期照顾保险被保险人及其依赖者和医疗救助法（Medical Aid Act）的受益者，65 岁以上的老人以及少部分 65 岁以下具有与老化相关的疾病（geriatric diseases）患者可申请长期照顾保险提供的相关服务。

（二）社会保险制度下韩国长期照顾服务体系的现状：分配内容的维度

韩国长期照顾服务体系的给付以实物给付为主，以现金给付为辅。依照韩国《老人长期照顾保险法》第 23 条规定，长期照顾保险的给付种类分为居家照顾服务、机构照顾服务与特别现金给付三类。居家照顾服务的具体服务项目有访视照顾、访视沐浴、访视护理、日（夜）间照顾、短期照顾、其他居家照顾服务等。其中，访视照顾是指长期照顾人员访视照顾对象的家庭，支持其身体活动及家事活动等方面的长期照顾给付；访视沐浴则是指长期照顾人员使用沐浴设备访视照顾对象的家庭提供沐浴服务之长期照顾给付。访视护理则由护士等长期照顾人员依照医师、中医师以及牙科医师的指示书访视照顾对象，提供有关照顾的咨询、口腔卫生等长期照顾给付。为了满足被照顾者 24 小时的照顾需要，韩国还提供日（夜）间照顾这一服务项目，由长期照顾机构在一天中选定某段时间来照顾照顾对象，为维持、提升其身体活动暨身心功能而提供教育、训练等的长期照顾给付支持。韩国短期照顾的独特之处在于，由该国保健福祉部在界定范围内、在一定期间为长期照顾机构内的照顾对象维持、提升其身体活动暨身心功能而提供教育、训练等长期照顾给付支持。此外，韩国特色的居家照顾服务项目还包括一些其他类型的居家照顾服务，主要是提供被照顾者日常生活、身体活动所需的辅助用具，或前往其住处访视提供复健服务

---

① 台湾地区“内政部社会司”：《2010 年度韩国长期照顾保险制度考察计划参访报告书》，http：//report. nat. gov. tw/ReportFront/report_detail. jspx？sysId＝C10000084，2010-11-26。

等。机构照顾服务包括长期照顾机构与团体家屋等，其政策重点在于依法律规定，通过长期照顾机构的营运，使老人到医疗福利机构（老人专门医院除外）住院后，为维持提升其身体活动暨身心功能而提供教育、训练等长期照顾给付支持。长期照顾保险的特别现金给付[①]包括三方面的费用支出：一是家属照顾费，即家属长期照顾给付；二是特定照顾费，即特定长期照顾给付；三是照顾医院护理费，即照顾医院的长期照顾给付。特别现金给付的给付对象，一般而言是离岛或偏远地区的照顾对象，由于无法提供居家照顾服务或机构照顾服务，只能退而求其次以现金给付的方式取代照顾服务给付。可见，从分配内容的维度看，韩国长期照顾保险的给付种类具有一定的灵活性与弹性。对台湾地区而言，台湾少数民族居住区及山地离岛等偏远且长期照顾资源不足地区（含山地离岛），一方面固然要通过设置在地且社区化的长期照顾服务据点，培训在地长期照顾专业人力资源，从而推动该类地区在地化长期照顾服务体系发展；但另一方面，韩国长期照顾保险中以照顾服务为主、以现金给付为辅的分配内容维度的弹性与灵活性，对于正在制订中的台湾地区"长期照顾保险法"与"长期照顾服务法"而言，无疑也具有一定的启示意义与参考价值。

（三）社会保险制度下韩国长期照顾服务体系的现状：服务输送的维度

韩国国家健康保险局（National Health Insurance Corporation，简称NHIC）为韩国长期照顾保险制度的保险人。如表 6-3 所示，当被保险人有长期照顾需求时，向国家健康保险局提出申请，并接受其需求评估。评估单位包括由韩国国家健康保险局指派的访视团队与被保险人所在地区办公室的评估委员会，其评估工具以 ADL 量表与医生出具的报告为主，根据评估结果拟订具体的长期照顾计划，然后即可开始提供照顾服务或提供现金给付。其具体申请流程可参见表 6-3。就韩国民众一度担心的有（长期照顾）保险无服务的问题，实践运行中"韩国开办保险后带动服务快速发展，开办不到两

① 在韩语中被称为"家庭疗养费"。

年，资源成长为2.18倍，目前部分资源已过剩”。[①] 基于2008年6月[②]与2010年4月韩国老人长期照顾保险制度实施前后的两个时间点数据为例，在韩国老人长期照顾保险制度实施不到两年的时间里，该国服务资源（机构）从4645家增加到14771家，合计增长218%。其中养护机构数量从1244家增加到3312家，增长了166%；非住宿型服务资源由3401家增加为11459家，增长了237%，其中居家服务从1869家增加到9016家，访视沐浴从1154家增加到6947家，居家护理机构从548家增长到800家，日/夜间照护机构从290家增加到1230家，而短期照护机构也从293家增加到了463家。[③] 可见，长期照顾保险制度的启动对于长期照顾服务资源的增加具有明显的带动作用。笔者在台期间举行的密集访谈中，不少学者与普通民众对于该地区开办长期照顾保险之后是否会陷入“有保险无服务”的陷阱之中或多或少抱有疑虑，而韩国长期照顾保险对于该国长期照顾服务资源增长的带动效应，无疑对于台湾地区有比较明显的启示意义。

表6-3　韩国老人长期照顾保险服务的申请流程

老人长期照顾保险服务的申请阶段	具体操作步骤
阶段1：长期照顾的申请	填写申请格式并送至国民健康保险公团的长期照顾保险支持中心
阶段2：家庭访视评估	来自NHIC健康照顾专家对于生理与特殊需求的访视与评估
阶段3：照顾类别的决定	长期照顾需求的认定委员会，建基在初步调查和内科医师的意见，对于超过6个月无法独立正常生活的老人，其所需要的服务做最后的决定
阶段4：邮寄长期照顾必要性的认可	国民健康保险公团邮寄委员会所决定的“长期照顾认证”和“标准化的长期照顾使用计划”给申请者

① 李玉春、林丽婵、吴肖琪等：《台湾长期照护保险之规划与展望》，《社区发展季刊》2013年总第141期，第42页。

② 即韩国老人长期照顾保险制度正式启动前1个月。

③ 改组数据来源于李玉春《台湾地区长期照顾保险之规划与展望》，台北台湾地区银领协会，2014年7月17日。

续表

老人长期照顾保险服务的申请阶段	具体操作步骤
阶段 5：长期照顾给付的使用	视长期照顾必要性的认可，老年人可以选择待在长期照顾机构或在家里接受长期照顾服务，也就是在受照顾者的个人选择与委员会之决定间取得一致

资料来源：王明圣：《“亚洲与欧洲主要国家社会生活质量国际研讨会议”暨韩国长期照护及促进就业政策资料之搜集》，http：//report. nat. gov. tw/ReportFront/report _ detail. jspx？ sysId = C09800643，2009-05-15。根据该报告第 15 页中的相关内容整理而成。

（四）社会保险制度下韩国长期照顾服务体系的现状：资金筹付的维度

韩国老人长期照顾保险资金的来源为长期照顾保险对象的保险费、政府预算负担与使用者部分负担三部分共同组成。其中保险费占 52%、税占 37%、使用者部分负担占 11%。具体而言，关于使用者部分负担的规定，为居家照顾费用的 15%、机构照顾费用的 20%、低所得者可减免 50%，符合社会救助条件要求的最低生活保障者可全额减免。① 保险缴纳金额的比率由韩国卫生保健福祉部门所成立的长期照顾审议委员会负责研究确定，保险费率依据《老人长期照顾保险法》第九条规定的长期照顾保险费管理办法进行计算。实践中，韩国老人长期照顾保险费率应通过韩国长期照顾委员会审议，并经韩国总统令颁行。2008 年，韩国老人长期照顾保险费率定为健康保险费的 4. 05%，大约为韩国 GDP 的 0. 2%，并根据健康保险参保对象个人缴纳健康保险费金额的 4. 05%作为附加来征收老人长期照顾保险费。② 该国老人长期照顾保险金额的计算公式为：老人长期照顾保险金额 = 国民健康保险金额×长期照顾保险费率。

---

① 台湾地区“内政部社会司”：《2010 年度韩国长期照顾保险制度考察计划参访报告书》，http：//report. nat. gov. tw/ReportFront/report_detail. jspx？ sysId = C10000084，2010-11-26。

② 台湾地区“内政部社会司”：《2010 年度韩国长期照顾保险制度考察计划参访报告书》，http：//report. nat. gov. tw/ReportFront/report_detail. jspx？ sysId = C10000084，2010-11-26。

第五节　个性与共性的双重启示

一　OECD 四国长期照顾保险制度的个性特征及其启示

除了科学严谨、弹性多元、适切强制、混合折中等典型特征的区别之外，如表 6-4 所示，通过分析、比较德国、日本、荷兰、韩国等 OECD 四国长期照顾保险制度的内涵，笔者发现在分配基础、分配内容、服务输送以及资金筹付等四个维度，具体体现在实施日期、法源依据、保险人、财务来源、部分负担水平设置、给付对象确定、给付方式设置、给付趋势、给付种类、认定单位、评估工具、照顾程度分级等项目上，韩国的长期照顾保险内涵均各有差异。基于分配基础的维度，保障对象的选择，日本介护保险的第 1 号被保险人与第 2 号被保险人均要求在 40 岁以上，而其给付对象则以 65 岁以上的老年人口为主。与日本类似的是韩国老人长期照顾保险的受益者为 65 岁以上的老年人口以及少部分 65 岁以下具有与老化相关的疾病患者。反之，德国与荷兰两国对于给付对象的确定则没有硬性的年龄上的限制，而更多地以申请者的身心障碍情况以及实际长期照顾需求为准。就台湾地区而言，该地区当前仍在实施中的长期照顾十年计划其服务对象界定为如下群体：（一）65 岁以上老人；（二）55～64 岁的山地台湾少数民族；（三）50～64 岁的身心障碍者；（四）仅 IADLs 失能且独居之老人。那么，以“长期照顾保险法”的“立法”为核心工作的台湾地区长期照顾保险制度应如何规划参保对象范围及其给付资格呢？换言之，台湾地区“卫生福利部”及其下属的长期照护保险筹备小组在规划“长期照顾保险法”时应以哪些群体为目标人群？目标群体的确定需要覆盖多大范围的需求人口？在台湾地区一些身心障碍团体抱怨、指责台湾地区长期照顾十年计划以年龄来界定身心障碍者是否具备资格，从而导致低龄身心障碍者的需求未得到充分满足的做法既不合情理又不够专业的背景下，究竟应该如何界定长期照顾保险被保险人的年龄门槛？以上问题无疑需要在“长期照顾保险法”的规划中得到明确解答。

表 6-4　德国、日本、荷兰和韩国长期照顾保险内涵比较

项目	德国	日本	荷兰	韩国
实施日期	1995. 1. 1	2000. 4. 1	2006. 1. 1 （AWBZ 新制）	2008. 7. 1
法源依据	长期照顾保险法 联邦照顾保险法	介护保险法	特别医疗费用支出法 社会支持法	老人长期照顾保险法
保险人	长期照顾基金会	市、町、村及特别区	私人保险公司	国家健康保险局（NHIC）
被保险人	全体国民	第 1 号被保险人：65 岁以上 第 2 号被保险人：40~64 岁中高龄者	全体国民	全体国民
财务来源	保险费收取 劳资双方各负担一半保险费，但无子女者需再负担 0. 25%的保险费率	多方来源 介护服务费： 中央政府 25% 都道府县 12. 5% 市、町、村 12. 5% 第 1 号被保险人 18% 第 2 号被保险人 32%	保险费及国家补助	保费 税金补助 自付额
部分负担	无，但住在机构需自付伙食和住宿费用	10%	无	被保险人自负额为机构服务 20%、居家服务 15%，低收入者免自负额
给付对象	老人、失能者、精神疾病者	65 岁以上人口为主，40~64 岁限特定疾病而需照顾者	老人、失能者、精神疾病者	以老人为主，少部分 65 岁以下长期照顾需求者
给付方式	实物给付、现金给付、混合给付	现金给付	实物给付、现金给付、混合给付	以实物给付为主，以现金给付为辅
给付趋势	给付件数及金额快速增加	引进外劳及增加自付金额	为控制给付件数及金额剧增，紧缩补助条件	给付件数及金额快速增加
给付种类	居家照顾服务 机构式照顾服务 度假代理照顾给付 临托照顾 住宅设施改善 照顾仪器/技术协助	居家照顾服务 机构照顾服务 额外服务 住宅设施改善	个人照顾 护理 陪同协助 治疗 入住机构	居家照顾 机构照顾 特别现金给付

续表

项目	德国	日本	荷兰	韩国
认定单位	委托健康保险医事鉴定服务处（MDK）进行	市、町、村的“照顾认定审查会”进行	中央需求评估机构（CIZ）	NHIC 的访视团队及地区办公室的评估委员会
评估工具	日常生活功能（ADLs）工具性日常生活功能（IADLs）	介护需求评估量表 直接生活协助 问题生活协助 问题行为处理 功能训练 医疗相关行为	功能、失能与健康国际分类标准（ICF）	以 ADL 量表 与医生报告为主
照顾程度分级	需照顾 1~3 级 失智症等	需支援 1~2 需照顾 1~5	依相对应的照顾包得到所需服务	依据评估结果 1~3 级拟定照顾计划

资料来源：韩国的相关资料整理自①王明圣《“亚洲与欧洲主要国家社会生活质量国际研讨会议”暨韩国长期照护及促进就业政策资料之搜集》，http：//report. nat. gov. tw/ReportFront/report_detail. jspx？sysId=C09800643，2009-05-15。②台湾地区“内政部社会司”《2010 年度韩国长期照顾保险制度考察计划参访报告书》，http：//report. nat. gov. tw/ReportFront/report_detail. jspx？sysId=C10000084，2010-11-26。德国、日本、荷兰的相关资料转引自李孟芬、石泱、曾蔷儿等《长期照顾概论——社会政策与福利服务取向》，台北洪叶文化事业有限公司，2013。本表在制定时有所调整。此外，此四国“给付趋势”一栏整理自叶至诚《老人长期照顾政策》，台北扬智文化事业有限公司，2012。

基于分配内容的维度，日本与韩国倾向于提供现金给付，而德国和荷兰的长期照顾保险在制度设计上则采取了现金给付、实物给付并行性的混合给付制。从台湾地区“长期照顾保险法”的“立法”进程中社会各界的反应来看，不同给付方式均会在社会各界引起不同的意见、影响甚至是抗争，有如，如果采取现金给付的方式，那么对于家庭照顾者是否提供照顾者津贴，补助水平如何确定？对于使用“外劳”的家庭是否提供现金给付？又有如，如果采取实物给付制，那么应如何确保长期照顾服务的品质？如何提升辅具服务的可及性①？再如，如果采取混合给付制，那么在家属无法提供适当的长期照顾服务的情况下，应该如何做好现金给付与实物给付的无隙衔接？

在服务输送的维度，日本和德国的长期照顾保险设计均采取公办公营

① 台湾学者称之为“可近性”，意同可及性。

的模式，而荷兰的 AWBZ 实践中虽然由政府规划，但其具体服务的提供则通过委托民间保险公司外包办理。那么，回到台湾地区长期照顾保险制度的设计上，在台湾地区原“卫生署”与“内政部”有关下属机构合并成立“卫生福利部”的背景下，该地区长期照顾保险由“卫生福利部”负责规划、运营已成定局，其争议之处在于这一全新险种的具体运营由“卫生福利部”下属的哪一个“司、署”负责呢？是由负责台湾地区全民健康保险制度的运营且积累了相当多相关实务经验的“健康保险署”进行“掌理”，抑或新设立一个单位作为规划中的长期照顾保险的保险人？在服务提供的角色分工上，“是否仍以‘政府’为主要服务提供者的角色？还是要委由民间单位在共同合作，协助服务的输送工作？而若由民间来提供服务，如何确保服务的品质？”[①] 等衍生问题都需要仍在审核、规划中的台湾地区“长期照顾保险法”与“长期照顾服务法”给予明确的回应。

就资金筹付的维度而言，德国、日本、荷兰与韩国均采取社会保险制来推动各自长期照顾服务体系的转型发展，中国台湾地区虽然社会保险制已获得多数民众的认可，但基于“蓝绿变幻”[②] 的视角，在 2014 年台湾地区“九合一”选举国民党惨败的背景下，已送台湾行政主管部门“审阅”的“长期照顾保险法”（草案）究竟能否在马英九担任台湾地区领导人期间获得通过尚存一定变数。如果该“法”（草案）不能如期通过而国民党又不能赢得 2016 年台湾地区领导人选举，基于民进党社会福利政策实际规划者、台湾大学社会工作学系林万亿对于规划中的“长期照顾保险法”与“长期照顾服务法”一贯的批判性态度，及其对于以税收制继续推进台湾地区长期照顾服务发展的观点[③]，以社会保险制推动台湾地区制度与服务体系的转型估计会存在一些不确定的因素。此外，德国、日本、荷兰与韩国四国的经验亦表明，在规划各自长期照顾保险制度之初均有宏大的理想与愿景，但在人口老龄化不断加剧、长期照顾服务需求不断增长的背景下，随着制度的深入实施，沉重的财务负担使这些国家纷纷“以削减给付项目、提高申请门槛、加强个人或家庭的照护责任等方式，来减轻长期照

① 李孟芬、石泱、曾蔷儿等：《长期照顾概论——社会政策与福利服务取向》，台北洪叶文化事业有限公司，2013。

② 可参见本书第六章的相关论述。

③ 作为资深民进党人，林万亿同时也是台湾地区长期照顾十年计划规划工作的实际领衔者。

顾保险在财务上的压力”。[①] 如果规划不当或者长期照顾需求、费用、供给数量的精算失准，则台湾地区长期照顾保险制度实施之后同样面临人口快速高龄化的沉重的财务压力。因此，在借鉴四国经验、教训的基础上如何在资金筹付的维度上做到可持续发展，是规划中的台湾地区长期照顾保险制度“可长可久”与否的最重要条件。

二 OECD 四国长期照顾保险制度的共性特征及其启示

唯有不断变化，方能成就永恒。分析、比较德国、日本、荷兰、韩国等 OECD 四国以社会保险制度推进本国长期照顾服务体系转型发展的实践历程及其效果，我们发现，即使是同一个国家或地区，其长期照顾服务理念与政策也会顺应时代的变化、人口的结构以及社会的要求而产生变化。可见，台湾地区长期照顾服务体系的转型发展已经不是变与不变的问题了，而是如何变，向什么方向变，以多大力度变的问题。那么，通过分析、比较德国、荷兰、日本、韩国等国的先行经验，总结出其社会保险制度共性特征抑或其发展趋势，对于我国台湾地区进一步推动长期照顾服务体系的转型发展可谓至关重要。就其共性发展趋势，台湾学者叶至诚认为长期照顾服务体系发展转型的国际经验可归纳为如下几点：[②] 其一，提供“消费者为导向”的居家照顾；其二，提倡居家及社区服务取代机构服务；其三，鼓励及维系失能者之家庭支持系统；其四，提供给付范围完整的长期照顾服务；其五，确保公私财物的整合对抗长期照顾成本；其六，促进医疗照顾与长期照顾间的协调。

通过分析、比较 OECD 四国长期照顾服务体系转型发展的实践我们发现，在地老化（aging in place）已经成为此四国长期照顾服务体系转型发展的核心指导理念。同时，“社区化”与“在地老化”亦已为 OECD 四国在服务输送维度中的共同之处。理念上，在地老化以减少机构使用、增进民众留住在自己熟悉的社区与家庭中为重点，它通过推行财务制度改革与服务体系发展等策略，达到既定目标。在地老化的概念最早源自 20 世纪

---

① 李孟芬、石泱、曾蔷儿等：《长期照顾概论——社会政策与福利服务取向》，台北洪叶文化事业有限公司，2013。

② 叶至诚：《老人长期照顾政策》，台北扬智文化事业有限公司，2012。

60 年代的北欧。当时入住长期照顾机构的被照顾者们对于机构式照顾管理所形成的各种束缚、缺乏尊严与独立自主及个人隐私的生活方式产生强烈不满，从而产生回归家庭、回归社区的思潮。这一思潮在 20 世纪七八十年代达到了最高峰，也一举扭转了欧洲国家决策者们过于注重发展机构式照顾的思维，转而加大对于居家式照顾与社区式照顾的支持力度，积极致力于将照顾资源与服务输送到社区与老人家中，让更多的老人在人生的剩余时光中能尽量长的留在自己的家中养老。总而言之，在地老化强调老化是人生常态，是人生成长过程中的一个阶段，既然是人生的过程，就应让老化在原来的生长环境中进展，不应因身体老化就非离开其熟悉的生活环境不可。① 在实践中亦是如此，以德国为例，其《长期照顾保险法》规划的基本原则可以归结为如下四点：②（一）独立自决原则，使其尽可能有符合人性尊严之生活，恢复或获得身、心、灵平衡之功能；（二）居家照护优先原则，使被照顾者能在熟悉的环境、熟悉的照顾者底下接受照顾，达“在地老化”之目的；（三）预防与医学复健优先原则③，致力于提供适当之预防、医疗复健措施，以避免严重之照护需求出现，使潜在照护需求者之状况不会再恶化；（四）照护共同责任原则，除个人负接受照护需求及长期照护保险人负给付提供责任之外，个人所在之地区、乡镇、长期照护机构等，有义务合作提供就地可及、因地制宜之照护服务。另，各种专业或志愿人力的投入，以及眷属、邻舍和自助团体的支持，也可使照护的提供更为全面，形成社会整体的责任。

基于分配内容的视角，规划中的台湾地区“长期照顾保险法（草案）”是否考虑给予现金给付是社会各界讨论的焦点议题之一。为避免女性沦为廉价的家庭劳动力，台湾地区妇女与社会福利团体普遍表示反对。然而，“从荷兰、德国发展经验来看，照顾服务不全然由家中女性负责，然而基于家事劳动有酬的概念，提供照顾者现金给付，满足被保险人选择的自由，也同时有利发展多元性、符合各样需求的服务、长期照顾产业，

---

① 卢美秀、陈静敏、张淑卿等：《长期照护：护理综论》，台北华杏出版股份有限公司，2013。

② 此四点基本原则引用自林谷燕《台湾长期照护保险制度之“立法建议”：以德国长期照护保险法为借镜》，2010。

③ 这一原则符合前馈控制的理念。

良性循环下让被保险人充分可选择自己所需的服务。相对的多元性还包括提供服务的机构、利益团体”。[①] 对于台湾地区而言，必须正视的是“一地一群体”的存在，所谓“一地”是指台湾少数民族居住区及山地离岛等偏远且长期照顾服务资源与人力不足地区（含山地离岛），所谓“一群体”是指“熟练掌握长期照顾服务技能且自愿提供长期照顾服务的家庭照顾者，无论其是男是女，也不论其年龄高低”。因此，为了增加长期照顾服务输送系统的弹性，规划中的台湾地区“长期照顾保险法”可以考虑将现金给付作为分配内容的补充形式，采取“混合给付”的支付方式。

就服务输送的维度，OECD 四国长期照顾制度与服务体系转型发展的经验的共同之处在于：首先，在开办长期照顾保险制度之前必须构建好长期照顾服务网。为避免陷入有保险无服务的窘境，此四国均高度重视长期照顾服务网的构建。特别是回溯同处于东亚地区的日本与韩国开办长期照顾保险的准备历程，可以直观获取的启示之一是：一个国家或者地区在颁行长期照顾保险制度之前，必须充分了解本国或本地区内部服务资源及服务人力的分布情况。所谓未雨绸缪，方能处乱不惊，对于长期照顾服务资源及人力资源配置不足的区域，应该采取一整套配套措施，促进这些区域长期照顾资源的成长开发，以确保在长期照顾保险开办时，能做到各方面资源供给充足，否则容易陷入资源供给不足的困境。

其次，必须重视并大力支持非正式照顾系统的作用。在人口老龄化的背景下，随着妇女就业率的不断攀升，西方发达国家的家庭结构亦发生变化，相应地由于家庭照顾人力的日趋短缺，长期照顾需求已经演化成为社会风险。正基于此，对于家庭照顾者的社会支持政策自 20 世纪 80 年代起日渐受到重视。同样的，在“在地老化”理念的指引下，以社会保险制度推进长期照顾制度与服务体系转型的德国、日本、荷兰与韩国四国均积极推行支持家庭照顾等非正式照顾系统的策略，以减轻国家财政的负担。实践中，四国均高度重视对家庭给予大力支持，以维系家庭持续提供居家照顾服务的功能。以德国为例，德国现行的长期照顾保险政策以提供居家服务为主，只有当被保险人的失能状况异常严重，确实无法再留在家中接受

---

① 刘慧敏：《荷兰长期照护保险制度的启示》，《全民健康保险双月刊》2014 年第 9 期，第 37 页。

长期照顾时，入驻机构式照的请求才有可能获批。在制度设计上，为了能使德国民众能优先选择居家服务，为被保险人的家属与亲友提供了现金给付以作为家属与亲友在家中开展长期照顾服务的报酬。为了使家庭照顾者这一既没有正式工作又因专注于日常照护而身心疲惫的弱势群体在未来退休时获得申领年金的资格，德国长期照顾保险制度规定，为每周超过 14 小时从事居家长期照顾服务的家属与亲友提供支付年金保险的保险费。

再次，各国长期照顾服务体系正由偏重医疗型模式到更加重视社会型模式转变。所谓医疗型模式是指“长期照顾服务若提供对象只要是给失能程度较严重、需要技术性护理，服务中含有医疗护理服务，目标为改善健康与痊愈，并通常由卫生主管机关管辖者，为医疗型模式”。[①] 而所谓社会型模式是指“失能程度较轻或生活大多可自理，目标通常为提升生活品质、减缓失能速度与程度，通常由社政单位为主管机关者，为社会型模式”。[②] 作为全世界第一个通过社会保险方式筹集长期照顾资金的国家，荷兰长期照顾制度与服务体系的转型发展具有风险标的意义。近年来，为了减轻财务负担，荷兰长期照顾服务体系开展了一系列“现代化”改革措施，特别是随着荷兰《社会支持法》的颁行，该国正谋求通过加大提供非社会保险式的自愿性服务，在助力于提升长期照顾服务质与量的同时进一步降低财务压力。正是在此意义上，台湾地区著名社会福利学者詹火生教授指出，借鉴荷兰长期照顾制度现代化改革的经验，恰好印证了台湾地区“卫政体系”与“社政体系”进行整合的必要性与迫切性。其原因在于，提供非医疗性的长期照顾服务与自愿性服务，正好是台湾地区“社政体系”一直以来所擅长的场域。也正因为如此，台湾地区目前“卫政”与“社政”的业务整合，将有利于未来长期照顾制度与产业的发展。[③]

---

① 徐慧娟、叶玲玲、朱侨丽等：《长期照护政策与管理》，台北洪叶文化事业有限公司，2013。

② 徐慧娟、叶玲玲、朱侨丽等：《长期照护政策与管理》，台北洪叶文化事业有限公司，2013。

③ 詹火生：《对成立“卫生福利部”的政策期待》，http：//www.npf.org.tw/post/1/12577，2013-08-12。

第七章

台湾地区长期照顾服务体系进一步转型发展的制度选择

德国、日本、荷兰与韩国等以社会保险制度推进本国长期照顾服务体系进一步转型发展的经验表明，长期照顾制度完善与长期照顾服务提供密不可分。换言之，长期照顾制度的制定及其完善如果能积极因应一个国家或地区经济与社会发展变迁的内在要求，则可以有力促进该国或地区长期照顾服务体系的转型发展。基于这一经验，妥善解决我国台湾地区长期照顾服务体系转型发展所面临的各类焦点问题，其关键之处在于整合、制定长期照顾服务相关的“法律法规”，并调整、完善基本制度设计。依据彼得·霍尔（Peter Hall）的政策范式转移理论，我们知道，在一个运行正常的社会中，社会福利政策应该是动态变迁的。具体而言，一个国家或者地区的社会福利政策会因人口结构、经济发展、社会进步、政治变迁等因素的变迁，而发生第一序列变化、第二序列变化乃至第三序列变化。在“‘政府税收’不足，缺乏稳定财源带动长期照顾服务发展，家庭负担沉重”[①] 以及长期照顾服务人力不足等多重压力的驱使下，台湾地区正通过加快推进“长期照顾保险法”与“长期照顾服务法”的“立法”进程，在制度选择层面积极规划从“长期照顾十年”向“长期照顾保险”的进一步转变。此一系列具有长期照顾政策工具性目标（第二序列变化）意蕴的

① 李玉春、林丽婵、吴肖琪等：《台湾长期照护保险之规划与展望》，《社区发展季刊》2013年第1期，第33页。

改革举措与提升照顾服务费（包含居家服务、日间照顾、家庭托顾）的给付标准等工具设置性目标（第一序列变化）意蕴的改革举措频频出台，表明台湾地区长期照顾服务相关政策即将发生从“整合式在地型发展期”到“普惠式法制化发展期”的第三序列变化。

第一节　台湾地区推进长期照顾制度重构的多元背景

在第五章中，本书分析探讨了台湾地区长期照顾服务体系转型发展所面临的焦点议题。那么，除却支持“供需断裂”基本判断的如上焦点议题之外，还有什么社会层面的因素在推动台湾地区的长期照顾制度与服务体系从“长期照顾十年计划”向“长期照顾保险制度”方向转型、重构呢？这一问题正确解答的前提在于澄清“长期照顾十年计划”与“长期照顾保险制度”在各维度上的区别。

如表 7-1 所示，就分配基础的维度，“长期照顾保险制度”采取普惠式而“长期照顾十年计划”则是采取残补式；在给付内容的维度上，“长期照顾保险制度”的给付依据长期照顾案例分类分级，其中重度失能者可给付全日制住宿型服务；而“长期照顾十年计划”中居家照顾服务与社区照顾服务补助额度分为轻度、中度及重度三级，全日住宿型服务仅提供低收入户及中低收入户且重度失能者，非低收入户及中低收入户者均需全额自付；就预算规模而言，“长期照顾保险制度”的低推估为 604 亿元新台币，每年每人平均给付 7.8 万元新台币，而“长期照顾十年计划”预计年度投入为 68 亿元新台币，每年每人平均补助 3.4 万元新台币；就费用负担的维度而言，“长期照顾保险制度”由政府、保险对象及雇主三方负担保险费，而“长期照顾十年计划”全由“政府”预算支付；就“政府”负担而言，在长期照护保险筹备小组的规划中，“长期照顾保险制度”低推估为 217.44 亿元新台币，占总投入的 36%，而“长期照顾十年计划”为年均 68 亿元新台币，2011 年“政府”其他长期照护相关预算为 53 亿元新台币；就不同制度设计中长期照顾个案的部分负担比例，“长期照顾保险制度”部分负担为 15%，有上限经济弱势及资源不足区得减免部分负担，“长期照顾十年计划”一般户自付30%；中低收入自付10%，低收入户免费。

表7-1 台湾地区“长期照顾保险”与“长期照顾十年计划”的比较

单位：新台币

	长期照顾保险	长期照顾十年计划
分配基础	普惠式	残补式
给付内容	■给付依据长期照顾案例分类分级 ■重度失能者可给付全日制住宿型服务	■居家/社区之照顾服务补助额度分为轻度、中度及重度三级 ■全日住宿型服务仅提供低收入户及中低收入户且重度失能者，非低收入户及中低收入户者均需全额自付
预算规模	低推估为604亿元 （每年每人平均给付7.8万元）	68亿元 （每年每人平均补助3.4万元）
费用负担	由政府、保险对象及雇主三方负担保险费	全由“政府”预算支付
“政府”负担	低推估为217.44亿元（36%）	长期照顾十年计划68亿元，“政府”其他长期照护相关预算2011年为53亿元
部分负担	部分负担为15%，有上限 经济弱势及资源不足区得减免部分负担	一般户自付30%；中低收入自付10%，低收入户免

资料来源：李玉春：《台湾地区长期照顾保险之规划与展望》，台北台湾地区银领协会，2014年7月17日。

在明晰了“长期照顾十年”与“长期照顾保险”差别的基础上，另一个衍生性追问是台湾地区长期照顾制度从“长期照顾十年计划”向“长期照顾保险制度”方向转型发展的原因何在呢？2009年7月，在台湾地区长期照护保险筹备小组正式揭牌成立之际，台湾地区原“卫生署”就该筹备小组成立的宏观背景进行了说明，对此衍生性追问做了最好的诠释。该“署”认为，台湾地区正处人口快速老化阶段，未来医疗与照护的成本，将会大幅增加，而当前社会也正面临少子化之挑战，传统家庭照护功能不断降低，现有“长期照护”服务已不足以因应民众这方面的需求，所以必须“即早准备”①，

① 原文如此表述，而非及早准备。

透过[①]“政府”以公权力介入，推动“长期照护”保险，结合民间力量，搭配逐步强化中之长期照顾服务体系，不仅可让失能而需被照护者获得完善照护，同时也可减轻个别家庭负担，附带地对发展照护产业、增加就业机会皆有相当帮助。[②]

一 人口结构快速高龄化

20 世纪六七十年代，台湾地区成功地将一度偏高的总和生育率[③]持续降低并稳定保持在一个较低的水准之下，加之由于社会进步与医疗条件的改善，当地的疾病与疫情得到了良好控制。正是基于如上发展背景，台湾地区人口的健康状态不断改善，人均寿命不断增长。然而事物皆有两面性，在台湾地区总体社会质量与个体生活质量提升的同时，也造成了台湾地区老年人口比例不断攀升的客观现实。就人口老龄化的速度而言，台湾地区 65 岁以上老年人口占总人口的比率从突破 7%（1993 年）进入高龄化社会升至 14%进入高龄社会并进一步提升到 20%，迈入超高龄社会预计仅分别历时 24 年（2017 年）与 9 年（2025 年）。细察之，如果以 65 岁为迈入老年人群体的门槛，那么作为一个关键的时间节点，自 2015 年起随着 20 世纪 50 年代战后婴儿潮人口逐渐成为老年人口，该地区预计每年将有 30 万以上的人口迈入老年人口行列，十年之后的 2025 年台湾地区将不可阻止地成为超高龄社会。依据“台湾地区发展委员会”《台湾地区人口推计（2014 年—2061 年）》的数据（中推计），如表 7-2 所示，台湾地区老年人口中，65～74 岁年轻老人所占比率，将由 2014 年的 55.7%降至 2061 年的 38.3%；而 85 岁以上的超高龄老人所占比率，则由 2014 年的 11.5%，上升为 2061 年的 25.6%，亦即约每 4 名台湾老年人中，就有 1 名为 85 岁以上的超高龄老人。此外，65～79 岁老年占总人口比率 2014 年为

① 透过的词义等同于“通过”，后文不再赘述。

② 台湾地区“卫生福利部”：《“卫生署”成立长期照护保险筹备小组》，http://www.mohw.gov.tw/CHT/Ministry/DM2_P.aspx?f_list_no=7&fod_list_no=4484&doc_no=38899，2009-07-23。

③ 依据 2013 年发布的台湾地区“人口政策白皮书：少子女化、高龄化及移民”，1951 年，台湾地区的总和生育率高达 7.04，1956 年为 6.505，1961 年为 5.585，1966 年为 4.815，1971 年台湾地区的总和生育率已经下降为 3.705，至 1976 年更降低到了 3.085。

9%，2031 年为 19.1%，2061 年将攀升至 23.3%；而 80 岁以上老年占总人口比率 2014 年为 3%，2031 年为 5.7%，2061 年将攀升至 17.7%。

表 7-2　台湾地区老年人口年龄结构—中推计

年份	年底老年人口数（千人）					
	合计	65~74 岁 年轻老人	75~84 岁 高龄老人	85 岁以上 超高龄老人	65~79 岁	80 岁以上
2014	2812	1565	923	324	2106	706
2021	3992	2518	1040	434	3096	895
2031	5772	3221	1964	587	4440	1333
2041	6876	3169	2540	1168	4591	2286
2051	7513	3292	2539	1682	4679	2834
2061	7356	2819	2657	1880	4180	3175
年份	年龄分配百分比（%）				占总人口比率（%）	
2014	100.0	55.7	32.8	11.5	9.0	3.0
2021	100.0	63.1	26.0	10.9	13.1	3.8
2031	100.0	55.8	34.0	10.2	19.1	5.7
2041	100.0	46.1	36.9	17.0	20.8	10.3
2051	100.0	43.8	33.8	22.4	23.2	14.0
2061	100.0	38.3	36.1	25.6	23.3	17.7

资料来源：2014 年 8 月，“台湾地区发展委员会”《台湾地区人口推计（2014 年—2061 年）》。

此外，如表 7-3 所示，依照中推计，台湾地区 15~64 岁抚养比[①]将由 2014 年的 35.0 升至 2031 年的 56.0，2061 年将继续升至 98.6。其中，同一年龄段的抚幼比数值在 2014 年达到顶峰后，2021 年、2031 年、2041 年、2051 年、2061 年的数值皆在 17.0 左右波动。而 15~64 岁抚老比自 2014 年之后将不断攀升，其中 2014 年为 16.2，2021 年为 23.9，2031 年攀升为 38.7，2041 年继续升高至 52.7，2051 年则预计将达到 68.8，而 2061 年该指标高达 81.4。而更为直观反映人口老龄化压力的生产者与高龄人口之比则不断降低，2014 年 15~64 岁劳动人口与 65 岁以上高龄人口的比例为 6.2∶1，而 2031 年该比值降低到 2.6∶1，至 2061 年这一比值进一步降

① 包括抚老与抚幼。

到 1.2：1，该系列数值可谓异常惊人。

表 7-3　台湾地区抚养比—中推计

年别	15~64 岁抚养比			20~64 岁抚养比			20~69 岁抚养比		
	合计	抚幼比	扶老比	合计	抚幼比	扶老比	合计	抚幼比	扶老比
2014	35.0	18.8	16.2	47.9	30.2	17.8	40.3	28.6	11.7
2021	41.2	17.3	23.9	51.2	25.6	25.6	38.1	23.4	14.7
2031	56.0	17.3	38.7	67.4	25.8	41.5	49.1	23.0	26.1
2041	69.3	16.7	52.7	81.4	25.0	56.4	60.0	22.1	37.9
2051	85.1	16.3	68.8	98.4	24.6	73.8	71.5	21.3	50.2
2061	98.6	17.2	81.4	112.5	25.4	87.1	81.3	21.7	59.6

年别	生产者与高龄人口之比		
	15~64 岁：65 岁以上	20~64 岁：65 岁以上	20~69 岁：70 岁以上
2014	6.2：1	5.6：1	8.6：1
2021	4.2：1	3.9：1	6.8：1
2031	2.6：1	2.4：1	3.8：1
2041	1.9：1	1.8：1	2.6：1
2051	1.5：1	1.4：1	2.0：1
2061	1.2：1	1.1：1	1.7：1

说明：一般常用抚养比定义为“15~64 岁抚养比”。

注：①15 岁-64 岁抚养比=抚幼比+扶老比=〔（0-14 岁人口÷15-64 岁人口）+（65 岁以上人口÷15-64 岁人口）〕×100。

②20 岁-64 岁抚养比=抚幼比+扶老比=〔（0-19 岁人口÷20-64 岁人口）+（65 岁以上人口÷20-64 岁人口）〕×100。

③20 岁-69 岁抚养比=抚幼比+扶老比=〔（0-19 岁人口÷20-69 岁人口）+（70 岁以上人口÷20-69 岁人口）〕×100。

资料来源：2014 年 8 月，“台湾地区发展委员会”《台湾地区人口推计（2014 年—2061 年）》。

伴随着人口结构快速高龄化的是台湾地区长期照顾服务需求的不断增长。为此，台湾地区“人口政策白皮书：少子女化、高龄化及移民”指出，“人口老化加剧，凸显老人健康与社会照顾，支持家庭照顾机制、老人经济安全、友善高龄者居住与交通运输及人口老化终身学习等问题外，并将加重扶养负担，对整体社会生产力产生冲击。”为此，该“皮书”将“建构多元连续性之长期照顾制度，充实照顾资源，缩减城乡差距，强化服务输送体系，以保障身心功能障碍者能获得适切的服务，提升生活质量，维持尊严与自主”列为台湾地区人口政策的重要政策目标。

二　少子（女）化趋势明显

随着台湾地区社会的变迁与台湾地区民众婚育观念的改变，该地区不婚、晚婚、晚育甚至不育的现象越来越普遍。受此影响，如图 7-1 所示，自 1983 年起，台湾地区总和生育率降至低于 2.1 人的人口替代水平之下，其中 1986 年为 1.680，1991 年为 1.720，1996 年为 1.760。2003 年，台湾地区总和生育率已经跌至 1.23 人，正式跨入超低生育率地区之列，到 2010 年总合生育率更是进一步跌至 0.895 的历史新低。

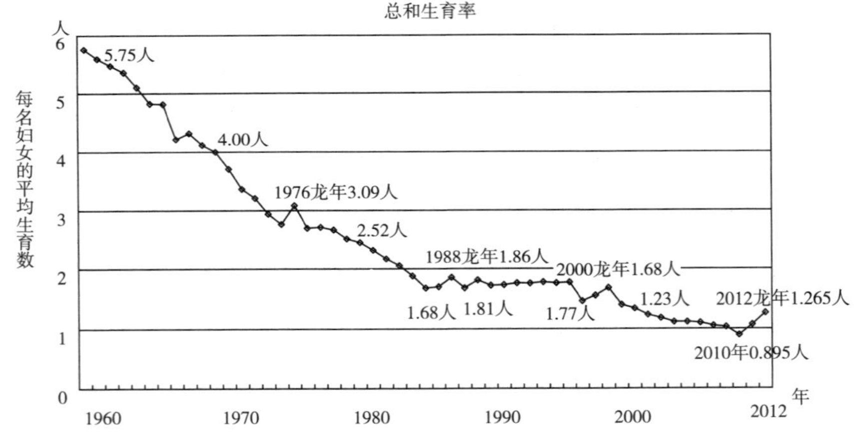

图 7-1　台湾地区妇女总和生育率下降趋势

资料来源：台湾地区“人口政策白皮书：少子女化、高龄化及移民”（2013 年）。

虽然台湾地区“政府”采取家庭友好型社会政策[①]鼓励台湾居民积极

---

① 该类社会政策包括提升台湾地区民众进入婚姻的机会并重建家庭价值，为民众建构廉洁、优质、多元而且便捷的幼儿教保体系，为台湾地区普通民众育儿提供经济支持，积极营造“工作—家庭友好型”社会环境以及积极健全台湾地区生育保健体系等。就此，笔者认为，就广义的范畴而言，这些社会政策皆符合发展型社会政策的意蕴，提升台湾地区妇女的总和生育率，这对于促进台湾地区人力资本与社会资本的生产，重塑家庭价值，促进社会团结，具有正向的积极作用。

生育，2011 年回升至 1.065，而 2012 年则进一步回调至 1.265 人[①]，但台湾地区总和生育率偏低，少子（女）化的趋势已十分明显。一个社会长期持续少子（女）化，必然对现行教育体制造成巨大的冲击[②]，同时台湾地区日趋倒金字塔型的人口结构亦将导致该地区劳动力萎缩、家庭照顾人手减少以及家庭养老功能的极大弱化。

三　家庭照顾功能日趋弱化

随着台湾地区社会与经济的不断发展，在人口结构快速高龄化与总和生育率持续低迷少子（女）化现象日渐普遍的同时，该地区的居住形态与家庭结构亦发生了明显变化。参见表 7-4，依据台湾行政主管部门“主计总处”发布的“2010 年人口及住宅普查统计”结果显示，自 2000 年至 2010 年的近十年间，台湾地区家户结构呈现单人及双人户量快速增加，但家户组成之规模由 3.3 人减少为 2.9 人，显示家庭规模持续缩小。同样由台湾行政主管部门“主计总处”发布的台湾地区 2013 年度社会指标统计年报则显示，从 1997 年至 2012 年，台湾地区平均每户人数不断下降，从 1997 年的平均每户 3.5 人下降为 2012 年的平均每户 2.8 人；而同期，台湾地区粗离婚率则由 1997 年的 1.8 对/千人上升为 2012 年的 2.4 对/千人，其中 2003 年甚至高达 2.9 对/千人；此外，台湾地区产妇初次生育的年龄中位数呈不断上升之势，1997 年仅为 26.4 岁，之后逐渐攀升，至 2012 年已高达 30.3 岁。家庭结构的改变，势将影响家庭成员间相互支持照顾的功能，以及老年人口从家庭中获得妥适照顾的可能性。[③] 加之台湾地区妇女劳动参与率的提升，家庭照顾者数量减少，在如上综合背景下，台湾地区家庭照顾功能弱化的趋势已不可逆转。

---

① 2012 年为龙年，所以这一年份具有一定特殊性。每逢龙年，如 1976 年、1988 年、2000 年、2012 年，台湾地区的总和生育率均显著高于临近年份。大陆亦有“龙年婴儿潮”现象，这也是海峡两岸文化同根同缘的一个有趣例证。

② 在台湾大学访学期间，据台大社工系古允文教授介绍，作为台北市民印象中最为优质的幼教资源，由于校内教职工适龄幼儿较少，台湾大学附属幼儿园开放招收周边居民的适龄幼儿，这在以往是不可想象的。这也从一个侧面印证了台湾地区少子（女）化对于现行教育体制的冲击。

③ 转引自台湾地区 2013 年 7 月 12 日发布的“人口政策白皮书：少子女化、高龄化及移民”。

表 7-4　台湾地区家庭概况统计

年别	平均每户人数	粗离婚率（对/千人）	产妇初次生育的年龄中位数	年别	平均每户人数	粗离婚率（对/千人）	产妇初次生育的年龄中位数
1997 年	3.5	1.8	26.4	2005 年	3.1	2.8	27.7
1998 年	3.4	2.0	26.5	2006 年	3.1	2.8	28.1
1999 年	3.4	2.2	26.8	2007 年	3.1	2.6	28.6
2000 年	3.3	2.4	26.7	2008 年	3.0	2.4	28.9
2001 年	3.3	2.5	26.6	2009 年	3.0	2.5	29.4
2002 年	3.3	2.7	26.8	2010 年	2.9	2.5	29.8
2003 年	3.2	2.9	27.1	2011 年	2.9	2.5	30.1
2004 年	3.2	2.8	27.4	2012 年	2.8	2.4	30.3

资料来源：台湾行政主管部门“主计总处”：《社会指标统计年报》，2013。

四　失能率与长期照顾服务需求呈同步增长之势

随着人口老龄化趋势的加剧，越来越多的老年人口将导致台湾地区罹患慢性疾病与功能性障碍病患的数量不断增多，而疾病形态的这一重大转变无疑将为台湾社会带来沉重的长期照顾服务需求压力。在台湾地区《2013 年度老人状况调查报告》中，针对罹患慢性疾病的调查显示，55～64 岁及 65 岁以上的台湾地区调查对象分别有 60.9%及 81.1%自诉患有慢性病。其中，55～64 岁的调查对象中有 60.9%自诉患有慢性病，主要为高血压、血液脂肪过高、骨质疏松、糖尿病，每百人中分别有 44 人、25 人、22 人及 21 人；而 65 岁以上老人自诉患有慢性病者占 81.1%，所患慢性病主要为高血压、骨质疏松、糖尿病及心脏疾病，每百人中分别有 54 人、33 人、25 人及 21 人。[①] 此外，依照台湾地区 2010 年居民“长期照护”需要调查的结果显示：[②] 在各年龄层的失能率方面，75～84 岁老年人的失能率接近 65～74 岁老年人失能率的 3 倍，其中 75 岁以上老年人的失能率快速增长，而 85 岁以上的老年人约有 50%失能可能。《台湾地区长期照顾十年计划——大温暖社会福利套案之旗舰计划》（核定本）则推估出了台湾地区 2014 年至 2020 年 65 岁以上有长期照顾需求的人口数变化情况。如表 7-5 所示，无论是“仅 IADL 失能且独居”

① 台湾地区“卫生福利部”：《2013 年度老人状况调查报告》，2014。

② 该组数据引用自《长期照护服务网计划（第一期）——2013 年至 2016 年》（核定本）。

表 7－5　台湾地区未来 65 岁以上长期照顾需求人口数推估

年份		仅 IADL 失能且独居				ADLs 失能													长期照顾需求人口数总计(a+e)
						1～2 项 ADLs				3～4 项 ADLs				5～6 项 ADLs				总计(e=b+c+d)	
		65－74 岁	74－85 岁	85 岁以上	合计(a)	65～74 岁	74～85 岁	85 岁以上	合计(b)	65～74 岁	74～85 岁	85 岁以上	合计(c)	65～74 岁	74～85 岁	85 岁以上	合计(d)		
2014	计	1708	3820	2230	7758	20057	28364	21956	70377	12668	18517	13702	44887	44172	67783	62304	174259	289524	297282
	男	654	854	712	2221	9780	10097	8920	28797	5697	6828	5167	17692	20973	23099	20765	64837	111326	113547
	女	1054	2965	1517	5537	10277	18267	13036	41580	6971	11689	8535	27196	23199	44684	41539	109422	178198	183735
2015	计	1801	3944	2348	8093	21147	29166	23019	73332	13356	19034	14388	46778	46573	69734	65573	181880	301990	310083
	男	690	861	723	2274	10319	10175	9057	29551	6011	6881	5246	18138	22128	23277	21084	66490	114179	116453
	女	1111	3083	1625	5819	10829	18992	13961	43782	7345	12153	9141	28640	24444	46457	44488	115390	187811	193630
2016	计	1945	4053	2471	8469	22834	29886	24202	76922	14422	19498	15131	49051	50287	71478	68989	190754	316727	325195
	男	745	870	756	2371	11140	10278	9469	30888	6490	6951	5485	18926	23891	23514	22043	69447	119260	121631
	女	1200	3183	1715	6098	11693	19608	14733	46034	7931	12547	9646	30125	26396	47964	46946	121307	197467	203564
2017	计	2081	4162	2593	8837	24443	30647	25273	80364	15437	19992	15828	51257	53831	73311	72344	199486	331106	339943
	男	798	885	762	2445	11935	10459	9538	31932	6953	7073	5525	19551	25595	23928	22202	71726	123209	125654
	女	1283	3277	1832	6392	12508	20188	15736	48431	8484	12919	10303	31706	28235	49383	50141	127760	207897	214289

续表

年份		仅 IADL 失能且独居				ADLs 失能													长期照顾需求人口数
						1~2 项 ADLs				3~4 项 ADLs				5~6 项 ADLs				总计(e=b+c+d)	总计(a+e)
		65~74 岁	74~85 岁	85 岁以上	合计(a)	65~74 岁	74~85 岁	85 岁以上	合计(b)	65~74 岁	74~85 岁	85 岁以上	合计(c)	65~74 岁	74~85 岁	85 岁以上	合计(d)		
2018	计	2221	4268	2669	9157	26078	31398	25899	83374	16470	20480	16242	53192	57431	75115	74396	206942	343508	352666
	男	851	903	756	2510	12730	10666	9469	32866	7416	7213	5485	20114	27299	24402	22043	73745	126724	129234
	女	1370	3365	1912	6647	13348	20731	16430	50509	9054	13266	10758	33078	30131	50713	52354	133197	216784	223431
2019	计	2371	4346	2785	9502	27842	31952	26902	86696	17584	20840	16899	55323	61316	76446	77592	215354	357372	366875
	男	909	916	756	2581	13592	10822	9469	33883	7918	7318	5485	20721	29148	24758	22043	75949	130553	133134
	女	1462	3430	2029	6921	14250	21130	17433	52813	9666	13522	11414	34601	32168	51688	55549	139405	226819	233741
2020	计	2562	4339	2897	9798	30087	31874	27836	89796	19002	20787	17516	57305	66259	76268	80627	223154	370256	380054
	男	982	909	751	2642	14683	10744	9400	34828	8554	7266	5445	21265	31488	24580	21883	77951	134044	136686
	女	1580	3430	2146	7156	15403	21130	18435	54969	10448	13522	12071	36040	34771	51688	58744	145203	236212	243368

资料来源:《台湾地区长期照顾十年计划——大温暖社会福利套案之旗舰计划》(核定本)。

抑或是“1～2项ADLs”“3～4项ADLs”“5～6项ADLs”的ADLs失能人数，又或者是“长期照顾需求人口数总计”均呈稳步增长之势。据相关统计台湾地区65岁以上老年人中有16.5%需要长期照顾服务，该地区身心障碍者中则有33.4%需要长期照顾服务。由此几组数据可以预见的是，人口老龄化背景下的疾病慢性化在将使台湾地区居民失能率上升的同时，其长期照顾服务需求量亦将大增。

第二节　台湾地区长期照顾保险制度的规划与展望

一　税收制与社会保险制的抉择

台湾地区“长期照顾保险法”① 与“长期照顾服务法”② 的“立法”进程虽然仍悬而未决，但台湾地区“卫生福利部”及其下属的长期照护保险筹备小组认为该地区长期照顾服务体系进一步转型发展采取社会保险制已几无悬念。究其根本，除台湾地区行政主管部门的立场非常坚定地选择社会保险制③之外，李玉春领衔的台湾地区长期照护保险筹备小组认为，私人保险制与税收制皆有其不足之处而不得不采取社会保险制以推进台湾地区长期照顾服务体系的进一步转型升级。私人保险制的不足之处在于：“目前长期照顾总体失能率低（2.98%）但发生风险后个人支出庞大，若采私人保险，未必每个人皆负担得起，不足保障全民之需要，只能当补充保险。社会保险借由社会互助与风险分担的精神，不论长期照顾风险高

① “该法”针对保险人、保险对象、保险财务、保险给付及支付、保险服务机构、总则等基本事项进行界定与规范。

② “该法”针对长期照顾服务及体系、机构与人员管理、接受服务者之权益保障、总则等基本事项进行界定与规范。

③ 在采取社会保险制、税收制抑或私人保险制的选择上，台湾地区行政主管部门的立场非常坚定，在改革谋划之初就决定采社会保险制。其原因主要基于两个方面：其一，以社会保险制推动台湾地区长期照顾服务体系的发展是马英九2008年以中国国民党籍候选人身份参选台湾地区领导人时提出的“政见”之一；其二，“路径依赖”是主因之一，具体表现在台湾地区当前正在运行的多数社会保障项目，都是以社会保险的方式来办理，而不是以税收的方式，因此台湾地区长期照护保险筹备小组认为，“‘国人’不喜欢缴税，但习惯缴保费”并非无稽之谈。

低，强制纳保，分担风险能力较强，每个人平均保费负担较低，较负担得起，不易有逆选择或不公平的现象，政策路径相依，较符合台湾地区其他社会保险精神，可行性较高。”① 台湾地区长期照顾服务体系的转型发展继续采用税收制的可行性也比较低，“一方面‘政府’需独力筹措所有财源，较社会保险负担要高出1.8倍，在低税赋的台湾，可行性较低②；另外税收制容易受政事排挤与经济景气波动影响，财源较不稳定，且有近三成家户不需缴税，相对较不公平。因此在体制面的设计，仍采强制性社会保险规划。”③ 但是台湾地区长期照护保险筹备小组的上述观点遭到了民进党人、台湾地区长期照顾十年计划制订团队领衔者林万亿的辩驳，他认为“这些都不是理由，这是先射箭再画靶，因为‘马政府’认为长期照护保险是既定的，也是唯一的选项，才来找理由。”④

各执一词，孰是孰非？作为在长期照顾保险此类社会政策研究中处于超脱地位的大陆学者，无疑可以进行比较中立、客观的判断。对此，笔者认为，嵌入台湾地区长期照顾制度与服务体系转型发展的实际，基于三圈理论，我们可以分别尝试从价值圈、能力圈与支持圈的角度给予辨析、判断。

基于价值圈分析，笔者以为，差异化的价值观决定了选择的异质性。一个国家或者地区公共政策的决策者们对于长期照顾服务政策的本质认

---

① 李玉春、林丽婵、吴肖琪等：《台湾长期照护保险之规划与展望》，《社区发展季刊》2013年第1期，第33页。

② 就台湾地区长期照顾服务体系转型进程中税收制与社会保险制的抉择，台湾地区亚洲大学讲座教授、台湾地区“卫生署”前署长杨志良曾经指出，“台湾地区‘政府’又小又穷，依赖一般税收办理长期照护，无异缘木求鱼，唯一方法是仿照全民健保，大家交保费，全民互相帮助。但此法难度甚大，一是年轻人就业困难收入偏低，照顾自己及子女都有困难，且多数自己在短期内使用不到，对再交一项保费多有排斥心理。另一是雇主对员工健康负有责任，虽愿负担健保费，但对老人长期照护保险的负担则多排斥，特别是当前景气不佳。”为此，杨志良呼吁，“然而你我多数将成为老人，也多将失能（男平均7年，女平均9年），建立长期照顾制度刻不容缓。社会各界，特别是卫生福利主管机关，应多多倡导台湾社会的危机，自助互助，激发‘国人’深具的爱心，使相关‘法规’早日通过，实施全民长期照护”。杨志良的如上观点可参见于杨志良《长期照顾制度未建立　台湾将成老人炼狱》，http://www.36ttt.cn/life/view-462-1.html，2014-02-09.

③ 李玉春、林丽婵、吴肖琪等：《台湾长期照护保险之规划与展望》，《社区发展季刊》2013年第1期，第33页。

④ 林万亿：《台湾的社会福利：历史与制度的分析》，台北五南图书出版股份有限公司，2012。

识上如果存在差异，则这种价值概念上的差异会体现在长期照顾财源的筹措渠道与方式上。社会保险有别于一般性的商业保险，其特点主要体现在，首先社会保险不仅权衡被保险人的个体利益，同时也考量社会成员的整体利益；其次，社会保险具有强制性的特点，可列入法定保障的范畴；再次，社会保障不单纯以利益为导向，而注重于如何降低成本。因此，参见表 7-6，从学理依据的角度看，如果认为长期照顾服务应该被视为是对于普遍性社会风险的一种社会政策因应，那么在财源措施上就应该采取社会保险的方式，以有效降低社会风险。如果认为长期照顾仅仅是一种社会需要，基于“公民地位”，“政府”应提供全体民众最基本的保障，则在资金筹集上以采取一般税收的方式为宜。此外，基于对公民权的忽视或者囿于自身经济发展水平，还有一些国家或地区采取资产调查作为长期照顾服务提供的依据，意即中低收入者外其他民众都必须私人自费购买长期照顾服务。老年人的长期照顾问题被定义为一种新的社会风险（new social risk）已经日渐成为国际社会的共识，而台湾地区社会各界对此认识亦比较接近，因此台湾地区长期照顾制度的转型发展采取社会保险制既有其学理依据，也符合台湾社会主流价值取向。此外，如表 7-6 所示，以社会保险制推动台湾地区长期照顾制度与服务体系转型的优点之一在于“如其他社会保障制度同样采社会保险制，则较易于衔接”。而台湾地区当前正在运行的“国民”年金保险、全民健康保险等社会保障项目都不是以税收制而是以社会保险的方式来办理。综上所述，从价值圈分析，以社会保险制推动台湾地区长期照顾服务体系转型发展具有其可取之处。

表 7-6　三种财务体制下台湾地区长期照顾制度设计特点的比较

项目	财务体制		
	社会保险制	税收制	扩大健保给付
学理依据	将长期照顾风险性视为社会风险（normal life risk），且其性质异于医疗风险。强调自助、互助、他助的精神	基于“公民地位”，“政府”应提供全体民众最基本的保障，故采取普及式的全民保障	

续表

项目	财务体制		
	社会保险制	税收制	扩大健保给付
社会、政治面考量	1. 财务费用由社会成员共同分担，但民众必须愿意缴交保险费 2. 民众因其尽缴费义务而取得法定权益（entitlement），制度财源独立，权益保障较为明确，且民众对服务内容较有自主选择性 3. 如其他社会保障制度同样采社会保险制，则较易于衔接	1. 民众易于接受“政府”免费式服务，无征收保险费的困扰 2. 符合全民性保障，但如民众抗拒加税，则易受“政府”税收限制，影响其保障权益 3. 预算编列必须与其他政事竞用资源，且需考虑与其他社会保障制度的连接	
核心价值与愿景	1. 不必资产调查 2. 事先缴交保费以取得给付资格 3. 利用者本位，更多选择权	1. 区分为中低与一般户，对一般户不必进行资产调查 2. 开放提供者竞争，让民众有更多选择权	与社会保险同
保障对象	全部人口，但可分阶段实施	与社会保险同	与社会保险同
给付资格	被保险人通过加保而取得给付资格，故考虑失能类别或程度，但不考虑经济能力与家庭照顾能力	区分为中低与一般户，一般户不考虑经济能力与家庭照顾能力	与社会保险同
给付方式	兼采实物给付与现金给付，惟现金给付以居家服务为限	除提供专业照顾服务外，审慎评估家属照顾津贴的成效与必要性	与社会保险同
给付水准	1. 给付水平可采德国模式，不必仿日本订得过高 2. 居家/社区与机构的给付标准相同	与社会保险同	与社会保险同
合理成本结构	除医疗费用、膳宿费用外，宜包含提供照顾服务所需的完整直接与间接成本项目	与社会保险同	与社会保险同
支付标准的制定	检视市场合理价格订定各项服务的标准报酬点数，但点值因地制宜	与社会保险同	与社会保险同
支付标准的调整	保险人与供给者基于平等协商，而由“政府”规范与监督	“政府”与供给者协商	与社会保险同

续表

项目	财务体制		
	社会保险制	税收制	扩大健保给付
部分负担	部分负担 10%，依经济能力订定负担上限	与社会保险同	与社会保险同
财务处理方式	3~6 个月给付的安全准备；精算以 25 年为周期，每两年精算一次，费率调整以 10 年精算收支平衡费率为考虑	每年编列预算	与社会保险同
财务来源与结构	采多元筹措方式：部分负担 10%、“政府”补助 36%、民众负担保险费 36%、雇主分担保险费 18%	除部分负担外，提高营业税税率融通，以指定用途方式确保财源	配合二代健保，提高费率
费基与税基	1. 以家户所得为费基 2. 配合健保收费，以节省“行政”费用	以营业加值为税基	配合二代健保的保费计算与收费方式

资料来源：郑文辉：《台湾地区长期照顾财务规划研究初步成果报告》，2005。

基于能力圈分析，一方面，台湾地区有着成功开办全民健康保险的经验。台湾地区的许多学者的既有研究（吴肖琪等，2002；吴淑琼，2005；郑文辉等，2005；蔡誾誾等，2008）皆认为，结合全民健康保险经验，若能有效整合相关行政体系资源、健全相关管理机制，同时配合各类长期照顾服务人才的培育，以及结合政府和被保险人的力量，台湾地区可望能顺利地实施长期照顾保险。另一方面，长期照顾服务网络的构建与完善是台湾地区长期照顾保险制度顺利开办的基础，而台湾地区长期照顾十年计划的最大目的正在于建构出台湾地区的长期照顾服务系统，历经七年多的运行，该计划虽然存在许多不尽如人意之处，但不容否认的是，在有效运用并整合长期照顾资源与服务网络方面开展了大量工作，有如“发展多元长期照顾服务模式、建立阶梯式补助及部分负担机制、提供便民单一服务窗口、引进民间参与长期照顾服务、建置照顾服务管理信息平台”① 等多个维度上均取得了一定的突破，尤其是其“协助建立地方照顾管理制度，辅

① 简慧娟、庄金珠、杨雅岚：《台湾地区长期照顾十年计划现况与检讨》，《社区发展季刊》2013 年第 1 期，第 7~8 页。

导22县市设置长期照顾管理中心，作为整合社、卫政长期照护服务资源并受理及连结、输送长期照顾服务之单一窗口”[①]。此外，在需求面、供给面、法制面等三个面向上长期照顾制度与服务体系的综合推动，对于台湾地区“长期照护服务网络”的完善以及财务面上台湾地区长期照顾保险制度的启动具有巨大的促进作用。具体而言，在需求面上，《台湾地区长期照顾十年计划~2012至2015年中程计划》可以扩大长期照顾服务对象；在供给面上，《台湾地区“长期照护”服务网计划（2013—2016年）》则可以积极推动该地区长期照顾服务普及化进程，直接促进“长期照护服务网”的构建完善；在法制面上，规划中的台湾地区“长期照顾服务法”通过将长期照顾服务纳入法制化轨道，对于确保台湾地区长期照顾服务品质，保障该地区失能者的人格尊严与照顾权益亦将起到积极的推动作用。九层之台，起于累土。这些定位于夯实长期照顾服务系统的工作，对于台湾地区长期照顾保险制度的顺利启动无疑奠定了比较扎实的能力基础。

此外，基于支持圈分析，在台湾地区原“卫生署”《长期照护需要第二阶段调查报告》[②]中，就“长期照护保险”开通后台湾地区失能者对于长期照顾服务的使用意愿调查的统计结果显示，所有各项服务的使用意愿都超过了50%。其中任一“长期照护”服务的使用意愿高达74.52%，交通接送的使用意愿排名第二，为73.53%。其他调查指标的结果依次为：辅具购买租借的使用意愿为69.64%，居家护理的使用意愿为66.24%，居家无障碍环境改善的使用意愿为65.20%，居家复健的使用意愿为64.90%，喘息服务的使用意愿为62.91%，居家服务的使用意愿为61.91%。此外，日间照护中心的使用意愿为59.11%，而全日住宿型服务机构的使用意愿最低，仅为52.83%，这也表明了“在地老化”的观念已经深入台湾地区民心，民众仍偏好在家接受长期照顾服务。由此可见，台湾地区民众对于长期照顾保险开通后长期照顾服务的使用意愿是比较高的。其难点在于基于“道德风险”与“逆向选择”假设，台湾年轻人由于

① 《长期照护服务网计划（第一期）——102年至105年》（核定本）。

② 台湾地区之所以开展此项调查的目的与用途在于：其一，深度调查评估失能者的长期照护需求；其二，依不同失能者属性进行访视调查，以了解各项失能者的生活状况；其三，深度了解家庭照顾者所需资源及目前面临的问题；其四，作为推估未来长期照护需求、发展长期照护体系、推估长期照顾保险规模与费率精算的参考。

失能的风险相对较低，预设中可能对于全民纳保缴费的支持力度不足。然而，依据台湾地区原“卫生署”在2010年至2012年间做的跟踪民意调查显示，台湾地区年轻人对开办“长期照护保险”的支持率在70%左右。[①]依据台湾地区长期照护保险筹备小组前后共11次在台湾民众中开展的电话民意调查显示，在“需缴纳保费与部分负担”的前提下，台湾地区民众赞成（包含非常赞成）开办“长期照护保险”的比率保持在72.7%~81.1%，而不赞成的比率（含非常不赞成）则仅为3.6%~7.4%；就台湾地区开办“长期照护保险”最合适的时间点，台湾地区民众选择“愈快开办愈好”的比率最高，占38.3%~51.1%，赞成在四年内（含前两者）开办者的比率为61.2%~81.2%，仅7.4%~13.6%的民众表示要在四年以后再开办“长期照护保险”，而“不赞成开办”“长期照护保险”的民众则少于5%。[②] 可见，作为台湾地区社会安全体系（网）的最后一块拼图，从使用意愿与民众支持率的角度看，开办长期照顾保险的民众支持度是比较高的。

二 “长期照顾保险法（草案）”的“立法”进程与基本架构

（一）台湾地区“长期照顾保险法（草案）”的“立法”进程

“长期照顾十年计划”的历史使命即于2016年结束，为建立“稳健且可长可久之‘长期照护’制度”，马英九早在2008年以中国国民党籍候选人身份参选台湾地区领导人时就承诺，要在“四年内开办‘长期照护保险’”；2008年5月30日台湾地区行政主管部门负责人刘兆玄在其“施政方针报告”中亦明确指出：（一）落实“长期照护”制度，开办照顾者津贴；培训居家服务员，实施证照制度；结合社区长期照护服务与医疗服务资源，提供有需要之老人及其家庭整合性与持续性之照顾服务。（二）配

---

① 其背后的原因可能在于，长期照顾保险的受益者不仅仅是失能者本身，台湾地区年轻人自身亦是潜在的失能者，但更可能是潜在的长期照顾人力。近年来，因为沉重的长期照顾压力而频发的悲剧性社会事件对于包括台湾地区年轻人在内的各年龄层民众的心理冲击是巨大的，因此长期照顾风险是一种新型的社会风险的观点已经比较普遍的成为台湾地区民众的共识。

② 此组数据来源于李玉春、林丽婵、吴肖琪等《台湾长期照护保险之规划与展望》，《社区发展季刊》2013年第1期，第40页。

合未来快速成长的“长期照护”需求，推动“长期照护保险”及其“立法”，减少民众负担，让高龄长者能享有健康与快乐之环境。2008 年 11 月 25 日刘兆玄在巡视原“卫生署”时指出“‘长期照护’是‘政府’重要政策，请‘经建会’尽速提出‘长期照护保险’先期规划构想或草案”。为此，台湾地区原“经建会”[①] 于 2008 年 12 月依据台湾地区行政主管部门的指示，会同台湾地区原“卫生署”及“内政部”开始进行“长期照护保险”制度的规划设计。2009 年 7 月 23 日，台湾地区原“卫生署”成立“长期照护保险筹备小组”进行长期照顾保险“法规”、体制、财务、给付、支付、服务输送、服务质量等层面的规划工作。2009 年 12 月台湾地区“经济建设委员会”“卫生署”“劳工委员会”“台湾少数民族族委员会”“退除役官兵辅导委员会”等“部会”联名共同完成了“长期照护保险规划报告”并报送台湾地区行政主管部门，该规划报告的内容总共包括四篇，第一篇为台湾地区“长期照护保险”规划的背景分析与主要国家制度发展经验；第二篇为台湾地区“长期照护保险”的制度设计与实施构想；第三篇为台湾地区长期照顾十年计划的调整与资源的发展情况以及台湾地区“长期照护保险”的配合规划；第四篇作为附录部分则纳入了台湾地区“长期照护”服务的需求推估及“长期照护”服务的供给现况、台湾地区“长期照护保险”制度规划的沟通计划办理成果细项分析报告。由于台湾地区社会各界对于长期照顾保险制度与服务体系的转型方向仍远未形成共识[②]，因此这一“规划报告”搁置至今一直处于“持续进行相关的细

① 台湾地区原“卫生署”于 2013 年 7 月 23 日改制为“卫生福利部”，台湾地区原“经建会”于 2014 年 1 月 22 日改制为“台湾地区发展委员会”。

② 以“长期照顾服务法（草案）”的“立法”进程为例，在台湾地区行政主管部门版本的“长期照护服务法（草案）”提交台湾地区“立法”主管部门进行初审的时候，同期提交的还有另外 15 个版本的“长期照护服务法（草案）”，分别由台湾地区政界的 15 位知名人士提交，总共提交审议的“长期照护服务法（草案）”版本达 16 个之多。这一方面显示台湾地区社会各界对于这一“法案”的深度关切，另一方面也意味着由于社会各界尚未就“立法”方向达成共识，“长期照护服务法（草案）”及积极规划中的“长期照护保险法”的“立法”绝非易事。也正因为如此，一方面，台湾地区长期照护保险筹备小组提交台湾地区行政部门与台湾地区“立法”主管部门审议的版本与民间期待落差过大，“长期照顾双法”（系“长期照顾服务法”与“长期照顾保险法”的合称）的“立法”进程停滞不前。而另一方面，台湾地区民众对于长期照顾服务的需求又十分迫切。在进退维艰的双重夹击之下，台湾地区社会形成了对于开放外籍照护工缓解长期照顾人力不足困境的政策压力，该地区长期照顾“立法”进程一度陷入僵局。

部规划”[①] 的阶段。

2013 年 7 月 23 日台湾地区原“卫生署”与其他单位合并、改制为“卫生福利部”，同期“卫生福利部”下属的“社会保险司”接续规划台湾地区长期照顾保险制度工作。为避免因“长期照顾双法”不能“及时上路”而导致老年人与身心残障人士的长期照顾需求面临“空窗期”的风险，“卫生福利部”成立以后，“建立长期照顾服务体系，推动长期照顾保险制度”被列入台湾地区“黄金十年”计划各“部会”优先具体政策之中。在台湾地区“黄金计划”愿景二“公义社会”中，“建立长期照顾服务体系，推动长期照顾保险制度”细项中有关“推动长期照顾保险制度”的具体内容为：“其一，规划‘长期照护保险’制度。具体内容包括，一是研拟‘长期照护保险法’；二是发展‘长期照护’需要多元评估量表，作为保险人判定个案所需的‘长期照护’给付水平之评估工具；三是开发‘长期照护保险’财务推估模型，作为推估保险财务规模之参考；四是进行‘长期照护’资源使用群组调查、服务项目成本分析，以研订‘长期照护’保险给付与支付标准；五是规划‘长期照护保险’服务输送流程与照顾管理机制，以有效的配置与提供‘长期照护保险’服务资源；六是进行‘长期照护保险’相关沟通倡导工作，广泛搜集各界意见，加强社会大众对于‘长期照护保险’的认识。其二，开办‘长期照护保险’。”[②]

2013 年至 2014 年台湾地区“黄金十年”各部会优先具体政策执行情形汇整表显示，其进展主要体现在如下六个方面：[③] 一是发展“长期照护”需要多元评估量表。为发展适用于台湾地区长期照顾保险的需要评估工具，以反映长期照顾需要，“卫生福利部”已研拟出长期照顾保险多元评估量表草案。该“部”于 2012 年至 2013 年针对精神障碍者、失智症者及智能障碍者、有物理治疗及职能治疗需要者进行了量表的测

---

① 李玉春、林丽婵、吴肖琪等：《台湾长期照护保险之规划与展望》，《社区发展季刊》2013 年第 1 期，第 33 页。

② 台湾地区“发展委员会”：《“黄金十年”各“部会”优先具体政策执行情形汇整表》，www.ndc.gov.tw/dn.aspx? uid=37883，2014-05-13。

③ 此推动长期照顾保险制度的六方面进展可参见台湾地区“发展委员会”《“黄金十年”各“部会”优先具体政策执行情形汇整表》，www.ndc.gov.tw/dn.aspx? uid=37883，2014-05-13。

试及修正。2014 年该“部”亦针对台湾地区儿童进行了多元评估量表的修订，借此能贴近台湾民众需求，使服务资源能妥适利用。二是开发出“长期照护保险”财务推估模型。台湾地区“卫生福利部”已依据台湾地区民众的“长期照护”需要调查结果所统计出的失能人数，以及不同假设条件组合（如使用率、给付对象及给付时数等），开发出“长期照护保险财务推估模型”，进行“长期照护保险”财务模拟与评估。三是依照台湾地区长期照顾个案失能状况及长期照顾资源使用情形的实证数据，进行统计分析及群组模拟，目前已完成初版的“长期照护案例分类系统”。此外，自 2012 年起陆续收集居家照顾、居家护理、社区照护及全日住宿型机构等服务的成本数据，已于 2013 年底完成数据收集，2014 年则密集进行后续成本分摊，以利于计算各类型服务成本，作为研订“长期照护保险”给付与支付标准的参考依据。四是已研出“长期照顾保险法（草案）”，并于 2014 年 5~6 月依台湾地区北部、中部、南部、东部的区域划分在各地分别召开了 5 场沟通座谈会及 2 场专家咨询会议，后续将持续与专家学者、相关团体及“政府机关”进行沟通讨论，以收集各界意见。五是已针对长期照顾保险服务输送流程进行细部规划，后续将适时配合长期照顾保险规划进度进行动态修正。六是自 2009 年 7 月迄 2014 年 5 月底的近 5 年间，共召开 170 场咨询会议，讨论长期照顾保险制度相关议题；同时利用 349 场座谈会、专题演讲、展览活动、研讨会，以及电话民意调查进行沟通倡导，搜集各界意见，并寻求社会共识。在推进如上工作的基础上，台湾地区“卫生福利部”制定了台湾地区“长期照护保险法（草案）”并于 2014 年 9 月将该草案送台湾地区行政主管部门审议，截至 2015 年 2 月仍在评估之中。

（二）台湾地区“长期照顾保险法（草案）”的基本架构

1. 台湾地区“长期照顾保险法（草案）”的基本理念与规划目标

如图 7-2 所示，2012 年 7 月，在开展题为《长期照顾政策与“法制”的规划》的讲座时，时任台湾地区原“卫生署”照护处代理副处长的蔡闾闾认为，规划中的长期照顾保险制度的基本理念可以分为三个层次。首先，就保障层次而言，规划中的台湾地区长期照顾保险制度属于基本保障，其目的在于满足台湾地区民众基本长期照顾的需要。① 其次，就体制选择而言，规划中的台湾地区长期照顾保险制度选择的是社会保险制，兼具社会保险与税收制的双重优点②。最后，从便于制度衔接的层面而言，规划中的台湾地区长期照顾保险制度与预防保健、医疗健保、社会福利可以实现无缝接轨。

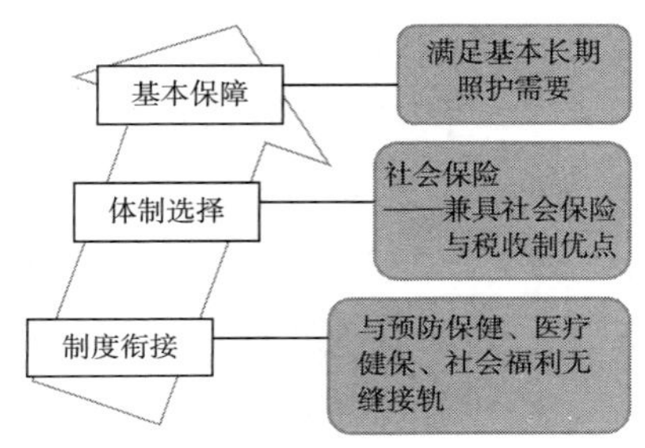

图 7-2　台湾地区长期照顾保险基本理念

资料来源：蔡闻阊：《长期照顾政策与"法制"的规划》，http://blog.tcchm.org.tw/wp-content/uploads/2012/07/03_%E8%87%BA%E7%81%A3%E9%95%B7%E6%9C%9F%E7%85%A7%E8%AD%B7%E9%AB%94%E7%B3%BB%E6%94%BF%E7%AD%96%E8%B5%B0%E5%90%91-%E8%94%A1%E8%AA%BE%E8%AA%BE%E4%BB%A3%E7%90%86%E5%89%AF%E8%99%95%E9%95%B71.pdf，2012-07-01。

台湾地区"人口政策白皮书：少子女化、高龄化及移民"指出，"失能者的照顾工作主要为密集式之日常生活照顾服务，为因应失能人口的增加、照顾内容日常复杂化，并保障受照顾者之尊严与权益，推动长期照顾服务法制化确有其必要性"。那么，推动台湾地区"长期照顾保险法"的"立法"进程的具体目标何在呢？对此，在台湾地区"卫生福利部"于2015年1月28日召开的"研商长期照顾保险财务规划会议"上，该"部"

① 就此，2014年7月17日，台湾地区长期照护保险规划总顾问李玉春教授在台湾地区银龄协会举办的《台湾地区"长期照顾保险之规划与展望"》的主题讲座中曾做如下形象比喻，"长期照顾保险制度如同一碗清汤面，只满足基本长期照顾需要，如果你想加个卤蛋（超出给付范围的长期照顾服务需求），需要自己另外购买商业性看护保险，或者自己付费解决"。

② 之所以具有社会保险与税收制的双重优点，是因为台湾地区长期照顾保险制度开办以后，除了被保险人负担的保费与雇主承担的部分之外，台湾行政主管部门还将通过税收给予相当数量的保费与行政事务费补助，类似于日本的介护保险制度。所以就此意义而言，规划中的台湾地区长期照顾保险制度与该地区其他已开办的社会保险制度一样，属于兼具社会保险与税收制双重优点的混合制模式。

认为其规划目标主要体现在如下四个维度：（1）建构高龄化社会完善之长期照顾制度；（2）借社会自助互助，分担长期照顾财务风险；（3）带动长期照顾服务资源发展，提高可近性；（5）维护与促进失能者独立自主生活。①

2. 台湾地区“长期照顾保险法”（草案）的基本架构

在台湾地区“卫生福利部”于2015年1月28日召开的“研商长期照顾保险财务规划会议”上，该“部”以《长期照顾保险财务规划内容及各界关切议题》为题，揭示了“长期照顾保险法”（草案）的基本架构。如图7-3所示，纵览该草案可以发现，其2014年7月所规划的版本②共计有9章81条，而2014年9月正式报送台湾行政主管部门审议时，已增列为10章82条，其中第5条、第6条、第30条、第47条、第51条、第53条、第54条、第56条、第59条、第60条、第64条、第79条等共计12条授权另定办法。第一章为“总则”，包含第1条至第6条共计6条条款。该章主要说明了“‘立法’目的、名词定义、‘政府’负担保费比率下限、‘主管机关’、长保会职责、争议审议会职责”等内容。第二章为“保险人、保险对象及投保单位”，包含第7条至第15条共计9条条款。该章主要规范了“保险人、保险对象、被保险人类别、保险效力及起始终止日、投保单位”等内容。第三章为“保险财务”，包含第16条至第33条共计18条条款。该章主要包括“保费计算、保费分担、费率及其上限、费率精算及调整、投保金额分级表及平均保费、补充保费、保费征收方式、滞纳金等”等内容。第四章为“保险给付及支付”，包含第34条至第48条共计15条条款。该章主要规范了“给付内容、保险给付分阶段实施、组合给付、不给付范围、照顾者津贴、辅具、拟定给付及支付标准、多元方式支付费用、自付差额、部分负担上限、自垫费用等”等内容。第五章为“保险给付之申请及核定”，包含第49条至第53条共计5条条款。该章主要包括“保险给付申请、长期照顾需要评估、复评作业、照顾计划订定、服务资源连结及对核定的照顾计划有异议时之相关规定”等内容。第六章

① 台湾地区“卫生福利部”：《长期照顾保险财务规划内容及各界关切议题》，台北台湾地区“卫生福利部”，2015年1月28日。

② 参见李玉春《台湾地区长期照顾保险之规划与展望》，台北台湾地区银龄协会，2014年7月17日。

为“保险服务机构”，包含第54条至第60条共计7条条款。该章主要规范了“保险服务机构申请特约与管理、服务费用申报、收取自费项目报备及公开、自立名目收费之禁止、年度财报、服务品质资讯公开之相关规定”等内容。第七章为“安全准备及基金运用”，包含第61条至第62条共计2条条款。该章主要包括了“安全准备来源、保险基金的运用方式”等内容。第八章为“相关资料及文件搜集、查阅”，包含第63条至第64条共计2条条款。该章主要规范了“保险人办理本保险业务所需之必要资料，相关机关、保险对象、投保单位、扣费义务人及服务机构等有提供之义务及相关规定”等内容。第九章为“罚则”，包含第65条至第74条共计10条条款。该章主要包括“保险服务机构、保险对象、投保单位及扣费义务人等，违反相关义务之处罚规定”等内容。第十章为“附则”，包含第75条至第81条共计7条条款。该章主要规范了“保险人开办费与周转金、弱势民众保费负担、经济困难资格认定标准、施行日期等规定”等内容。

三　长期照顾保险的规划：分配基础的维度

在保险体制的选择上，规划中的台湾地区长期照顾保险制度倾向于采取“强制性社会保险，全民纳保”的模式。在借鉴日本经验与教训的基础上[①]，在台湾地区“卫生福利部”制定的《长期照顾保险制度规划问答集》中，就台湾地区长期照顾保险制度为什么采取全民参保的方式，具体

① 由于历史原因，日本社会治理创新的相关经验对于台湾地区的影响非常深远，通过台湾地区专家学者、政界人士以及普通民众对某项具体社会政策“日本经验”的社会学习与借鉴，可以让台湾地区的社会治理创新少走许多弯路。台湾地区规划中的“长期照顾双法”即是一例。在台湾地区“长期照顾双法”规划的早期，包括台湾地区长期照护保险总顾问李玉春教授在内的许多台湾专家学者纷纷奔赴日本、德国等长期照顾保险制度与服务体系发展比较成熟的国家进行系统考察学习。在考察中，台湾地区学者明显注意到了日本介护保险制度在制度设计与运作过程中，由于过于关注供给的不足而在某种程度上低估了介护保险开办之后的需求及其所带来的财务压力。其负面效应集中体现在，由于日本介护保险制度的第一类与第二类被保险人均要求在40岁以上，而随着日本人口的急剧老化，介护保险的费用支出快速增加，因此，日本正考虑将保险对象的年龄门槛下调为“20岁以上”。正是看到了日本介护保险制度设计与运行中的这一不足之处，台湾地区“长期照顾保险法”规划团队在保险对象的界定上，积极倾向于实行全民纳保，以求避免日本因将介护保险对象限于40岁以上者所导致的财务困境。

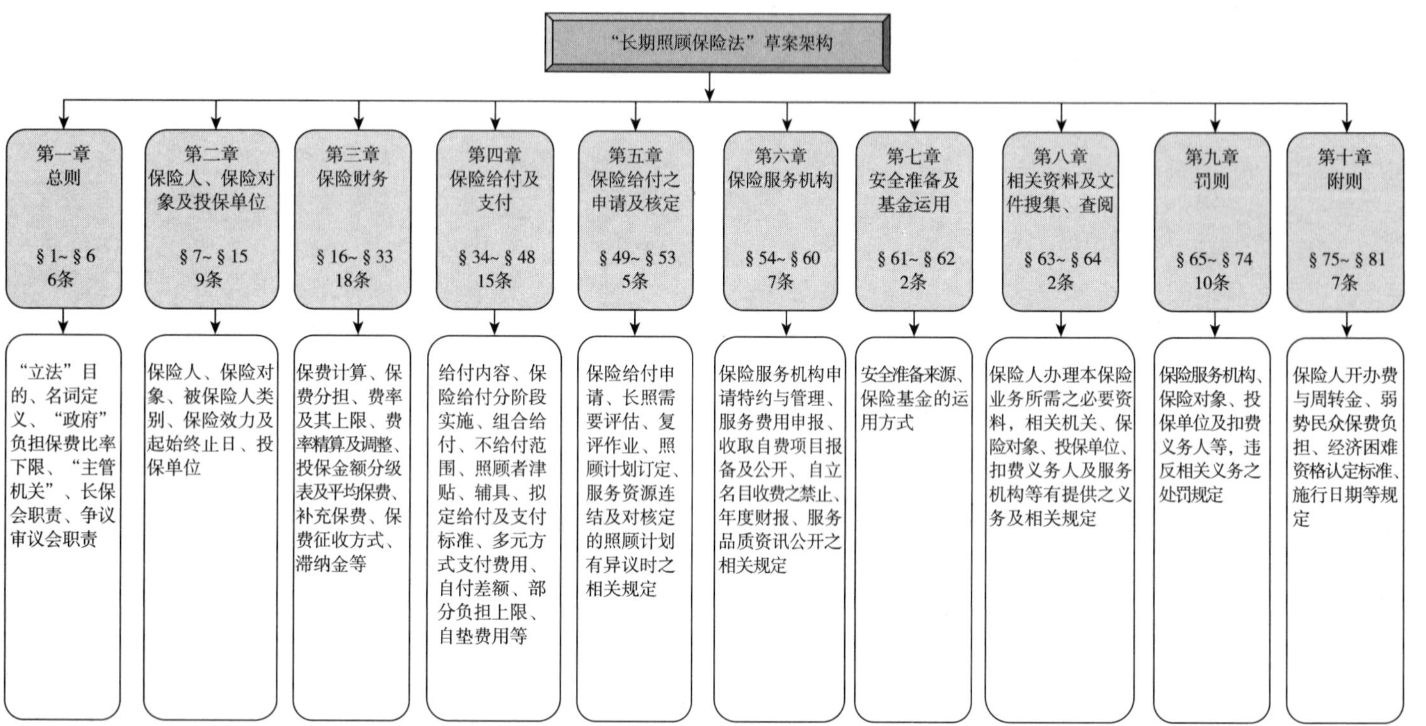

图7-3 台湾地区"长期照顾保险法"草案架构①

资料来源：台湾地区"卫生福利部"：《长期照顾保险财务规划内容及各界关切议题》，台北台湾地区"卫生福利部"，2015年1月28日。

① 该草案架构共计10章，82条。12条授权另定办法（§5、§6、§30、§47、§51、§53、§54、§56、§59、§60、§64、§79）。

阐释如下："其一，一个家庭里若有人失能（智）需要照顾，只以个别家庭的力量常常难以因应，甚至成为社会问题，因此，必须结合整体社会的力量，以社会保险方式，全民发挥自助及互助的精神，共同来分担风险，以获得长期照顾的保障。其二，采全民纳保，以大数法则分担风险，缴纳保险费的人越多，保险费负担越低，亦较符合社会公平正义以及世代互助精神，并可降低家庭整体照顾负担及财务压力。其三，长期照顾保险服务之对象，是以其失能程度及长期照顾需要为提供服务之依据，任何年龄都可能因失能而需使用长期照顾服务，并非年长者所特定需要。故现行之长期照顾保险法草案，系规划全民纳保。"① 而台湾地区"长期照护服务法（草案）"第三条第一款将"长期照护"的概念界定为：指对身心失能持续已达或预期达六个月以上，且状况稳定者，依其需要所提供之生活照顾、医事照护。回溯台湾地区"长期照护服务法（草案）"的"立法"进程，可以发现该概念的界定参考了德国、日本等国家在分配基础维度的先行经验，因此在其第一款界定"长期照护"的服务对象为身心失能持续已达或预期达六个月以上，且状况稳定者，不分年龄、族群及身心障碍者群体均属照护对象。采取全民纳保而不是将参保对象界定在40岁之上的原因在于：首先，如表7-7所示，无论男女，台湾地区民众年龄越高则失能的可能性越大，但低龄失能者亦是客观存在的，不容忽视；其次，全民纳保可以促进就业公平，因为在社会保险制之下，将参保对象界定在40岁之上会诱发企业为规避保费而不愿雇佣中高龄人士的道德风险；再次，就总体而言，40岁以上人士失能风险相对较高，风险分担能力相对较弱；最后，台湾地区全民健保制度亦是采取全民纳保的方式，而长期照顾保险开通后同样将由台湾地区"卫生福利部"下属的"健康保险局"担负长期照顾保险的保险人，有利于借鉴健保运营的经验开办好长期照顾保险。总而言之，台湾地区长期照顾保险采取全民纳保而非选择性参保的优点在于相对较公平、整体风险分担能力高，亦符合保险大数法则，同时可以规避"年龄歧视"与"搭便车"② 的道德风险。此外，台湾地区规划中的长期照顾保险

---

① 台湾地区"卫生福利部社会保险司"：《长期照顾保险制度规划问答集》，台湾地区"卫生福利部"网站，http://www.mohw.gov.tw/cht/Ministry/DM1_P.aspx? f_list_no=99&fod_list_no=839&doc_no=47482，2014-11-07。

② 指失能之后再申请参加长期照顾保险。

制度还特别设置了“等待期”，这一规定针对曾经参保但因各种原因离开台湾地区并放弃台湾地区户籍者而设，如果此类曾参保对象返回台湾地区并恢复台湾地区户籍之后，必须要经过三年的等待期，才能重新获得保险给付的资格。

表 7-7　台湾地区 2010 年性别与年龄别失能率

年龄 性别	合计	5~14 岁	15~29 岁	30~49 岁	50~64 岁	65~74 岁	75~84 岁	85 岁以上
合计	2.98%	0.59%	0.97%	1.26%	2.22%	7.29%	20.44%	48.59%
男性	2.78%	0.65%	1.03%	1.38%	2.62%	6.90%	17.55%	39.12%
女性	3.17%	0.54%	0.92%	1.15%	1.83%	7.63%	23.19%	56.23%

注：具备下述任一状况者视为失能：（1）仅 IADLs 障碍为 ADLs 分数>70 分，且 8 项 IADLs 中 5 项以上无能力执行；（2）仅认知功能障碍为 ADLs 分数>70 分，且 SPMSQ 答错 6 题以上；（3）IADLs 及认知功能均障碍为 ADLs 分数>70 分，且 8 项 IADLs 中 5 项以上无能力执行，且 SPMSQ 答错 6 题以上；（4）ADLs 分数 51~70 分；（5）ADLs 分数 31~50 分；（6）ADLs 分数 0~30 分。此外，5~14 岁儿童因年纪太小，IADLs 及认知功能不列入障碍。

资料来源：2010 年台湾地区“卫生福利部”长期照护需要调查第一阶段。

四　长期照顾保险的规划：分配内容的维度

在现代社会中，由于照顾个案及其家庭的异质性强，长期照顾需求的差异性很大。换言之，由于长期照顾个案的身心健康情况不一，其家庭的照顾人力、家人健康状况、家庭经济支持、家庭环境支持与照顾知识能力的质量与数量不同，其所需要的长期照顾服务内容与服务项目都各不相同。那么，台湾地区规划总的长期照顾保险给付是否能满足照顾对象及家庭照顾者本身的需求呢？分析台湾地区“卫生福利部社会保险司”于 2014 年 10 月发布的“长期照护保险系列简报”之《长期照顾保险制度规划》，可以发现，该保险以实物给付为主，照顾者津贴为辅①，保险给付项目共计 13+1 类，其中 13 类给付项目明细可参见表 7-8，“+1”类给付项目则

① 规划中的台湾地区长期照顾保险制度中之所以设置照顾者津贴是因为：首先是尊重被照顾者的自主选择权，让失能者有自主选择长期照顾服务模式的机会；其次是承认与补偿家庭照顾者的作用与价值；再次是对长期照顾团体期待的积极回应。

特指“其他经主管机关公告之项目”[①]。具体而言，规划中的台湾地区长期照顾保险依照失能者的长期照顾需要等级及长期照顾计划提供给付，以居家式、社区式、机构收住式等方式提供服务。在保险人核定的给付额度内，对于身体照顾服务、家庭服务、安全看视服务及照顾者津贴，台湾地区长期照顾保险的保险对象可以组合的方式申请保险给付（组合请领）。

在台湾地区长期照顾保险规划中，其对于照顾者支持服务的给付内容设计，可分为喘息服务、照顾训练服务、照顾咨询服务、关怀访视服务四个方面。其中，喘息服务的服务对象为除了机构收住式个案之外，所有领取照顾者津贴或实物给付者均可申请，保险对象的失能程度越严重则所能获得的给付水平越高。照顾训练服务分为“一般必要课程”与“特殊可选课程”，基于照顾对象与家庭照顾者的实际需要出发，着重实务练习。照顾咨询服务包含“电话咨询”与“现场咨询”两个层面的服务内容，该服务项目侧重于为家庭照顾者提供有关照顾技巧、情绪支持及服务资源等方面的咨询服务。关怀访视服务的内涵为，通过定期到案主家访视，进行照顾指导及质量访查，如果遇到照顾虐待或投诉等突发状况时，则随即安排进行访视了解。

表 7-8　台湾地区长期照顾保险给付方式

给付方式	实物给付/现金给付/混合给付	实物给付
给付内容	○身体照顾服务 ○家务服务 ○安全看视服务 ↕ 组合请领 ○照顾者津贴	○护理服务 ○生活自立或复健训练服务 ○辅具服务 ○居家无障碍空间规划或修缮服务 ○交通接送服务 ○喘息服务 ○照顾训练服务 ○照顾咨询服务 ○关怀访视服务

资料来源：台湾地区“卫生福利部社会保险司”：《长期照护保险简报之长期照顾保险制度规划》，http：//www. mohw. gov. tw/CHT/DOSI/DM1_P. aspx？ f_list_no = 213&fod_list_no = 873&doc_no = 44943，2014-10-14。

---

① 就此，台湾地区长期照护保险规划总顾问李玉春教授在 2014 年 7 月 17 日在台湾地区银龄协会举办的《台湾地区“长期照顾保险之规划与展望”》的主题讲座中指出，设置其他经主管机关公告之项目的目的在于增强“长期照顾保险法”的弹性，未来如果有发展成熟的新型服务项目，或者出现了良好的“长期照护”模式，可以直接通过发布公告的形式将其纳入社会保险给付，而不用再重新开启烦琐的“立法”程序。

五 长期照顾保险的规划：服务输送的维度

（一）主管机关与输送流程

2009年，台湾地区推动长期照顾保险制度时其主管机关为原“卫生署”，2013年7月台湾地区“卫生福利部”挂牌成立以后，该“部”成为长期照顾保险的主管机关。长期照顾保险作为台湾地区社会保障体系中全新的保障项目，其设计规划阶段期内由原“卫生署”临时成立的台湾地区长期照护保险筹备小组具体主管，在长期照顾保险正式启动之后“卫生福利部”辖下是否考虑新设立长期照顾保险局以作为这一项目的具体“掌理”机关呢？就此，李玉春等学者指出，“考虑长期照顾保险在承保、财务、信息、特约管理等制度与现行健保制度颇多重迭，因此‘政府’决定不另设‘长期照护保险局’，而将扩充‘健保局’之组织与编制，由其负责办理长期照顾保险，除可资源共享、借重健保经验、节省行政经费外，因双保一致，民众只需面对单一窗口，可收简政便民之效”。[①] 这一安排的合理之处在于，该局已有实施台湾地区全民健康保险的前期管理经验，而且台湾地区长期照顾保险与全民健康保险的主管机关同为“卫生福利部”，内部协调与整合比较易于操作，两险合一规制的行政、人事成本也会比较低。

依据2013年6月19日通过的台湾地区“健康保险署组织法”，台湾地区“健康保险局”将升格为“健康保险署”。该“署”作为台湾地区长期照顾保险制度的保险人，将负责全台长期照顾保险对象长期照顾的需求评估、判定给付等级、核定照顾计划等所有照顾管理工作，并负责特约长期照顾机构的管理与支付费用，而不再沿袭长期照顾十年计划时期由“地方政府”负责拟定长期照顾计划的既定管理模式。换言之，长期照顾保险制度正式启动之后，台湾地区“健康保险署”及其下设的长期照顾保险会[②]

---

① 李玉春、林丽婵、吴肖琪等：《台湾长期照护保险之规划与展望》，《社区发展季刊》2013年第1期，第34页。

② 该会由台湾地区付费者代表、“政府”代表及各领域专家学者组成，由上述成员组成的长期照顾保险会共同决定长期照顾保险的给付内容，并根据保险的给付内容与提供者代表谈判决定长期照顾保险的支付标准、评估需求数量及费用支出，此外该会的职责还包括以精算确定保险费率以促成该项保险制度的收支平衡。

与长期照顾保险争议审议会[①]将“以一条鞭方式统一负责‘全台’全部照顾管理机制，可借单一管道标准化的训练与管理，提升评估与核定给付与照顾计划一致性、公平性、合理性，减少地方之人情关说，避免县市各自为政、造成‘地方’请客保险人买单，权责不相符之现象，亦不需‘迭床架屋’出动两位访视评估员或照管专员。”[②]

如图 7-4 所示，台湾地区规划中的长期照顾保险制度的服务输送流程可分为如下几个环节：保险对象提出申请→受理→资格审查→访视评估→访视评估→电脑初步判定长期照顾需要等级、拟订照顾计划→核定照顾计划→连接服务→复评（追踪）。无论保险对象资格审查是否通过，所有流程均确保在 30 个工作日内完成。

照顾者津贴的核定与给付无疑是规划中的长期照顾保险制度的热点与难点。就其给付对象，规划中的“长期照顾保险法”（草案）规定，“（1）保险对象经核定由家属于家宅提供身体照顾、家务服务及安全看视者，并符合下列条件才得申领照顾者津贴：首先要自家属中择定一人为主要照顾者，并须签署照顾同意书；其次，主要照顾者须具有基本照顾能力，并接受保险人指定之教育训练及服务质量督导；（2）当家属无法提供适当照顾时，保险人得停止本项给付，改为实物给付；（3）保险对象受领之照顾者津贴得让与主要照顾者”。[③] 由此可见，规划中照顾者津贴的核定与给付充分考量了家庭照顾者自身的意愿、照顾品质、家庭（照顾者）照顾能力的动态变化以及主要家庭照者的切身利益，具有其可取之处。对于台湾少数民族聚集地等原乡地区且长期照顾服务资源缺乏地区，台湾行政主管部门的因应之策主要体现在两个方面：一方面，通过“长期照顾保险法”的规划、实施，对于长期照顾服务资源比较缺乏的地区，对于其保险服务机构，将赋予一定的特约条件及优惠支付方式，以鼓励、诱导长期照顾服务机构进入这些服务资源缺乏地区提供相关服务；另一方面通过“长期照顾

---

① 该会由台湾地区长期照顾研究领域专家、法律专业学者及社会公认的公正人士组成，由该会负责审议实践中产生的长期照顾争议相关事项。

② 李玉春、林丽婵、吴肖琪等：《台湾长期照护保险之规划与展望》，《社区发展季刊》2013 年第 1 期，第 34 页。

③ 台湾地区“卫生福利部社会保险司”：《长期照顾保险制度规划》，http://www.mohw.gov.tw/CHT/DOSI/DM1_P.aspx?f_list_no=213&fod_list_no=873&doc_no=44943，2014-10-14。

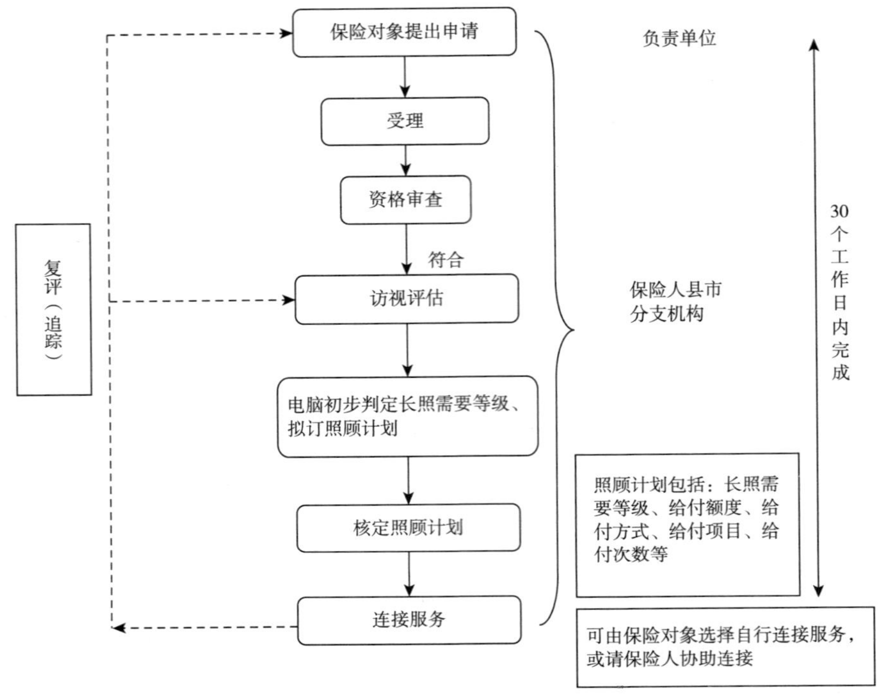

图 7-4 台湾地区长期照顾保险服务输送流程规划

资料来源：李玉春：《台湾地区长期照顾保险之规划与展望》，台北台湾地区银领协会，2014 年 7 月 17 日。

服务法”的拟订，采取补助及奖励的方式，引导长期照顾产业的发展，诱导相关产业到资源比较缺乏的地区提供长期照顾服务。

（二）需求评估

在“长期照顾十年计划”时期，台湾地区长期照顾的需求评估主要依靠 ADLs 核定给付①，在实践运行中，这一评估体系的不足之处在于以身体功能障碍情况的评估为主，相对而言，其未能全面反映出心智功能障碍者的需求。为此，台湾地区长期照护保险筹备小组通过“文献探讨、焦点团体、专家会议与顾问会议讨论结果”② 自行发展出了评估长期照顾保险需

① 此外，对于台湾地区独居老人可用 IADLs，失智者可依 CDR（失智症评估量表）进行评估。

② 李玉春、林丽婵、吴肖琪等：《台湾长期照护保险之规划与展望》，《社区发展季刊》2013 年第 1 期，第 36 页。

要的多元评估量表（Multi-dimensional Assessment Instrument，简称 MDAI）。在台湾地区“卫生福利部”制订的《长期照顾保险制度规划问答集》中，就 MDAI 是否考虑精神及心智上障碍的评估的疑问回应如下，“多元评估量表除生理方面的障碍，也将心智功能障碍的评估纳入，包含针对行为问题及情绪的评估；为满足不同族群之需要，针对精神障碍者、失智症者及智能障碍者亦进行评估量表适用性研究及修订。因此，目前规划之长期照顾保险多元评估量表有将心智功能障碍的评估纳入，只要评估结果达失能程度，就会成为长期照顾保险的给付对象，获得保险给付。”①

如表 7-9 所示，该量表共包括如下六大面向：（1）ADLs 及 IADLs；（2）沟通能力；（4）特殊及复杂照护需要；（4）认知功能、情绪及行为形态；（5）居家环境、家庭支持及社会支持；（6）主要照顾者负荷。其中，“面向（4）”认知功能、情绪及行为形态包括认知功能与情绪及行为形态两部分，认知功能由认知功能简易筛选表（SPMSQ）进行测量；而情绪及行为型态的评估细分指标包括“游走、日夜颠倒/作息困扰、语言攻击行为、肢体攻击行为、干扰行为、抗拒照护、妄想、幻觉、恐惧或焦虑、忧郁及负性症状、自杀或自伤、重复行为、对物品攻击行为、其他不适当及不洁行为”等项。由“面向（4）”与其他面向相配合可以比较全面测量、反映出心智功能障碍者对于长期照顾服务需要的异质性。从长期照顾保险分配基础的维度进一步辨析台湾地区长期照顾保险多元评估量表，可以发现其设计具有三方面特点：首先，MDAI 量表充分考虑了生理障碍者的需求。其次，MDAI 量表也将心智功能障碍者的需求纳入评估，包含针对行为问题及情绪的评估。为满足异质性族群的差异化需求，台湾地区还将以长期照顾保险多元评估量表的适用性为切入点针对精神障碍者、失智症者及智能障碍者的实际需要进行后续修订。最后，在主要照顾者负荷方面，MDAI 采用了照顾者压力指标（caregiver strain index，CSI），该指标测试细分项目包含“睡眠、生活、体力、社交活动、家庭调适、个人计划、时间分配、情绪调适、个案行为困扰、烦恼个案的改变、工作调整、经济负荷、压力承受”，可以比较科学、全面地评估家庭照顾者的压

① 台湾地区“卫生福利部社会及家庭署”：《长期照顾保险制度规划问答集》，台湾地区“卫生福利部社会及家庭署”网站，http：//www. sfaa. gov. tw/SFAA/Pages/List. aspx?nodeid=93。

力，从而优化对家庭照顾者的援助的依据，有助于为这一弱势群体提供针对性强的长期照顾服务支持。可见，就台湾地区长期照顾保险制度的构建原则而言，在分配基础维度，无论是生理障碍，抑或是心智功能障碍，只要评估结果达到失能程度，就会成为长期照顾保险制度的给付对象，从而获得长期照顾保险给付。

表 7-9　台湾地区长期照顾保险多元评估量表（MDAI）

ADLs 及 IADLs	• 日常生活功能量表（ADLs）：移位、走路、吃饭、上厕所、上下楼梯、穿脱衣物、大便控制、小便控制、个人修饰、洗澡 • 工具性日常活动功能量表（IADLs）：上街购物、外出活动、备餐、家务处理、洗衣服、使用电话能力、服用药物、处理财务 • 视力、听力、意识状态、表达能力、理解能力
沟通能力	• 日常生活功能量表（ADLs）：移位、走路、吃饭、上厕所、上下楼梯、穿脱衣物、大便控制、小便控制、个人修饰、洗澡
特殊及复杂照护需要	• 皮肤状况、关节活动度、疾病史、特殊照护（点滴注射、中心静脉营养、更换鼻胃管、气切护理、呼吸器、抽痰、氧气治疗、血氧浓度测量、留置导尿管护理、膀胱灌洗、造口护理、压疮处理、疼痛处理、伤口护理、一般护理）、跌倒及平衡、辅具、用药
认知功能、情绪及行为形态	• 认知功能：认知功能简易筛选表（SPMSQ） • 情绪及行为型态：游走、日夜颠倒/作息困扰、语言攻击行为、肢体攻击行为、干扰行为、抗拒照护、妄想、幻觉、恐惧或焦虑、忧郁及负性症状、自杀或自伤、重复行为、对物品攻击行为、其他不适当及不洁行为
居家环境、家庭支持及社会支持	• 居家环境：居住状况、居家环境 • 家庭支持状况：主要照顾者评估、主要照顾者工作与支持 • 社会支持：社会参与
主要照顾者负荷	• 照顾者压力指标（caregiver strain index，CSI）：睡眠、生活、体力、社交活动、家庭调适、个人计划、时间分配、情绪调适、个案行为困扰、烦恼个案的改变、工作调整、经济负荷、压力承受

资料来源：李玉春：《台湾地区长期照顾保险之规划与展望》，台北台湾地区银领协会，2014年7月17日。

（三）长期照顾案例分类系统（LTC-CMS）的发展

就台湾地区长期照顾服务的分级标准，现仍在运行的“长期照顾十年计划”主要依靠 ADLs、IADLs 与 CDR 等三类评估量表进行失能项目程度的测评。这种分级测评模式的不足之处在于具有一定的“人工操作”的空间，难以避免人情因素造成的困扰。因此，通过构建信息化给付核定系统提升其客观性与精确性，就成为台湾地区长期照顾保险制度在服务输送流程中进行创新的可能一环。正是基于如上因素考量，台湾地区长期照护保险筹备小组研发出了“长期照顾案例分类系统”（Long-term Care-Mix System，简称 LTC-CMS）。

参见图 7-5，所示，LTC-CMS 系统“依失能情形与所需长期照顾服务种类与数量的相似，将个案分类（级），作为核定‘长期照护’给付（等级与标准）或支付费用之标准，或监控比较不同单位服务质量，作为择优特约或论质支付之工具”。[①] LTC-CMS 系统的便捷之处在于，未来长期照顾保险制度正式启用以后，保险给付标准的核定变得非常迅速客观。“健康保险署”的访视评估员入户评估时候，只要将申请个案长期照顾保险需要的多元评估量表数据输入电脑中，LTC-CMS 系统就可以马上给出核定给付的等级和对应的给付金额。除了极个别特殊个案需要送到“给付核定审查

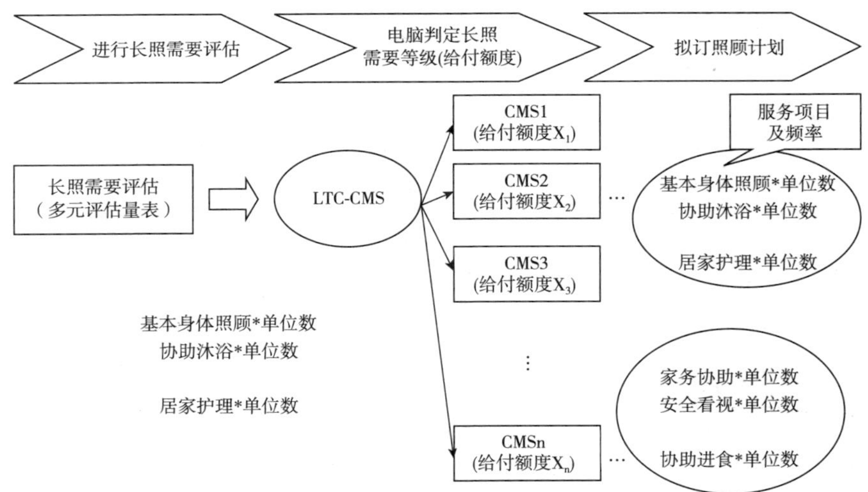

图 7-5　台湾地区发展长期照顾案例分类系统（LTC-CMS）

资料来源：台湾地区“卫生福利部社会保险司”：《长期照护保险简报之长期照顾保险制度规划》，http：//www. mohw. gov. tw/CHT/DOSI/DM1_P. aspx？f_list_no = 213&fod_list_no = 873&doc_no = 44943，2014-10-14。

① 李玉春、林丽婵、吴肖琪等：《台湾长期照护保险之规划与展望》，《社区发展季刊》2013 年第 1 期，第 37 页。

小组”进行人工审查外，访视评估员马上就可以根据 LTC-CMS 系统提供的评估结果和失能者及其家属探讨、拟订契合照护个案需求的长期照顾服务计划。2014 年 7 月 17 日，台湾地区银协会在台北市敦化南路举行了主题为台湾地区“长期照顾保险之规划与展望”的主题报告，在报告中台湾地区长期照护保险总顾问李玉春教授介绍，截至 2014 年 7 月 LTC-CMS 系统已初步发展出了 6 类群组。

六　长期照顾保险的规划：资金筹付的维度

在第六章中，通过分析 OECD 四国的具体实践历程与制度运营现状可知，在人口老龄化的背景下，长期照顾服务需求的压力会不断释放且呈加剧之势。以“适切强制”的荷兰为例，对于长期照顾保险制度荷兰政府一方面进行强势主导与运作；但另一方面，荷兰政府又积极将长期照顾服务的提供通过委托外包给民间保险公司办理，这一安排确保了该国长期照顾保险的全体参保对象都能获得高品质的长期照顾服务给付。此外，在服务输送与资金筹集的维度上，OECD 四国政府与企业、民间组织形成“公私伙伴关系”，往“混合福利经济”方向上发展的趋势已越来越明显。换言之，照顾服务产业化的趋势已不可避免。[①]“政府”应聚焦于台湾民众基本生活、健康、尊严的保障，而民间能够提供的服务，“政府”应发扬公私伙伴关系，鼓励民间协力合作，并致力于创造非营利组织与社会企业发展的环境，以提供台湾民众完善的服务。[②]“政府”通过“鼓励开放民间营利与非营利组织投入服务资源的开发，增加服务供给的多元性与民众使用的选择性，提升长期照顾服务之普及性与可近性”。这一多元合作关系的构建也应该适用于长期照顾保险财源的筹集。

为便于征收，台湾地区长期照顾保险的主要财源（费基）的设计与台

---

① 黄惠玑、杜敏世、陈丽华等：《长期照顾》，台北（县）新文京开发出版股份有限公司，2012。

② 台湾行政主管部门：《台湾地区社会福利政策纲领——迈向公平、包容与正义的新社会》，http：//www.ey.gov.tw/Upload/RelFile/26/86027/%E4%B8%AD%E8%8F%AF%E6%B0%91%E5%9C%8B%E5%BB%BA%E5%9C%8B%E4%B8%80%E7%99%BE%EF%A6%8E%E7%A4%BE%E6%9C%83%EF%A8%9B%EF%A7%9D%E6%94%BF%E7%AD%96%E7%B6%B1%EF%A6%B4.pdf，2012-02-07。

湾地区全民健康保险是一致的，虽规划中两者将统一由台湾地区健康保险署“掌理”，但财务上长期照顾保险基金与全民健康保险基金将采取彼此封闭、独立运作的方式。如图 7-6 所示，台湾地区长期照顾保险收入的 90%来自保险费，由被保险人、雇主、“政府”以与全民健康保险保费缴纳相同的分摊比例分担保费，另 10%则来自被保险人的部分负担（使用者付费）。在实际运行中，“受雇保险对象每出 1 元保费可获得 3.3 元的给付，非受雇或务工作者亦可获‘政府’补助保费，比自费享受更多服务”。[①] 保费推估是长期照顾保险制度设计的重中之重。为此，台湾地区长期照护筹备小组根据保险对象使用率、不同给付方式、给付水准、支付标准等假设进行经费退估[②]，并得出了 2016 年、2021 年与 2031 年“长期照护保险”保费的低、中、高推估数据：[③] 其中，2016 年低、中、高推估数据分别为：低推估的保险费用为 522 亿元新台币，“政府”负担 188 亿元，保费占 GDP 比例为 0.41%；中推估的保险费用为 728 亿元新台币，“政府”负担 262 亿元，保费占 GDP 比例为 0.57%；高推估的保险费用为 1089 亿元新台币，“政府”负担 392 亿元，保费占 GDP 比例为 0.84%。2021 年低、中、高推估数据分别为：低推估的保险费用为 706 亿元新台币，“政府”负担 254 亿元，保费占 GDP 比例为 0.44%；中推估的保险费用为 993 亿元新台币，“政府”负担 357 亿元，保费占 GDP 比例为 0.63%；高推估的保险费用为 1515 亿元新台币，“政府”负担 545 亿元，保费占 GDP 比例为 0.96%。2031 年低、中、高推估数据分别为：低推估的保险费用为 1072 亿元新台币，“政府”负担 386 亿元，保费占 GDP 比例为 0.56%；中推估的保险费用为 1510 亿元新台币，“政府”负担 544 亿元，保费占 GDP 比例为 0.79%；高推估的保险费用为 2300 亿元新台币，“政府”负担 828 亿元，保费占 GDP 比例为 1.20%。

为保持收支平衡，在汲取日本介护保险费率调整的经验与教训的基础上，台湾地区长期照护保险筹备小组规划在长期照顾保险正式启动之后采

---

① 李玉春：《台湾地区长期照顾保险之规划与展望》，台北台湾地区银领协会，2014 年 7 月 17 日。

② 其中“政府”负担比例设置为 36%。

③ 本组数据来自李玉春、林丽婵、吴肖琪等《台湾长期照护保险之规划与展望》，《社区发展季刊》2013 年第 1 期，第 38 页。

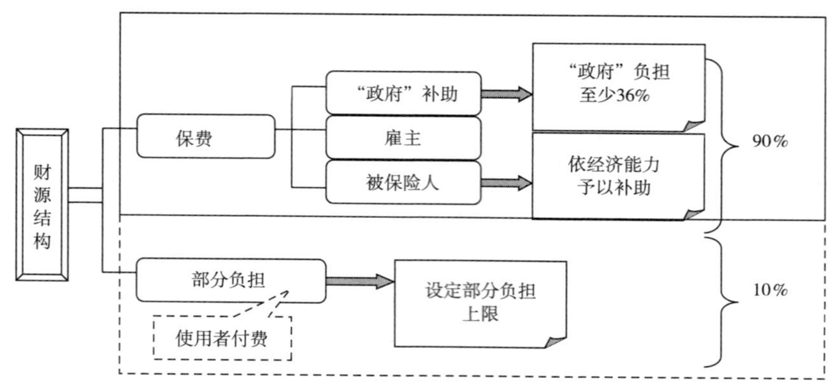

图 7-6 台湾地区长期照顾保险的资金筹集

资料来源：李玉春：《台湾地区长期照顾保险之规划与展望》，台北台湾地区银领协会，2014 年 7 月 17 日。有所调整。

取收支联动的方式，以三年为一个周期进行费率的检讨与调整。调整分为定期调整与不定期调整相结合的方式。其中定期调整的操作流程为"每三年依费率调整公式计算一般保险费及补充保险费费率，并将计算结果报主管机关公告之"①。为落实收支连动，当长期照顾保险制度在下列三种情况中只要出现一种，台湾地区"健康保险署"作为保险人就应当提出财务平衡方案，经台湾地区长期照顾保险会审议后，报"主管机关"核定公告调整费率或给付，不能于期限内完成审议时，则由主管机关直接发布核定公告。此三种情况分别是：（1）精算之平衡费率，与现行保险费率相差幅度逾 10%；（2）安全准备降至最低限额（8 个月）以下；（3）因调整给付，致预期之给付费用总额，较最近一年给付费用总额增减逾 10%。②

---

① 参见台湾地区"卫生福利部社会保险司"《长期照护保险简报之长期照顾保险制度规划》，http://www.mohw.gov.tw/CHT/DOSI/DM1_P.aspx? f_list_no = 213&fod_list_no = 873&doc_no=44943，2014-10-14。

② 参见台湾地区"卫生福利部社会保险司"《长期照护保险简报之长期照顾保险制度规划》，http://www.mohw.gov.tw/CHT/DOSI/DM1_P.aspx? f_list_no = 213&fod_list_no = 873&doc_no=44943，2014-10-14。

七　长期照顾保险制度规划的主要突破点

2014 年 9 月台湾地区“长期照顾保险法（草案）”送交行政主管部门审核，其后续“立法”的主要突破点也是重点难点在于三个方面：首先是台湾地区雇主是否愿意负担，以及在必须承担的情况下其具体的三方负担比率与长保总费用的负担比率如何合理确定的问题；其次是台湾地区基础性长期照顾服务网络的构建与完善状况；最后是台湾地区“政府部门”的支持力度。就台湾地区基础性长期照顾服务网络的构建与完善状况以及台湾地区“政府部门”的支持力度，第八章“服务升级”部分将展开讨论，本部分只关注台湾地区雇主是否愿意负担，以及具体的三方负担比率与长保总费用的负担比率应如何合理确定的问题。长期照顾保险制度启动之后，其保险费的征缴无疑会增加雇主的负担。就此，在台湾地区“长期照顾保险法”（草案）沟通座谈会（北区第一场）座谈时，台湾地区智障者家长总会负责人雷游秀华指出，“社会一直说薪资没有增加，但其实健保费（包含补充保险费）每年都在增加，雇主负担每年都在增加，此项得利者为劳工，也就是增加他们的薪资。现在‘长期照顾保险法’又要增加雇主负担，请‘政府’也要告诉社会大众雇主的负担。依现有的制度，雇主每月劳健保（含补充保险费）之负担已相当高，约员工薪资 18%，再加上长期照顾保险保费可能要超过 20%”。[①] 在“长期照顾保险法（草案）”征求意见的过程中，台湾地区有些雇主认为长期照顾保险属于老年人自身的需要，而非雇主责任，所以并不愿意负担员工长期照顾保险的保费。就此，李玉春教授领衔的台湾地区长期照护保险筹备小组指出，“雇主对员工社会保险保费之补助如老年给付之保费，本属员工福利之一部分，理应予以补助。更何况工作人口也有失能风险，雇主也很容易借薪资结构的调整吸收保费的增加。再则长保保费远较健保低，更容易吸收；但因现行所有社会保险总保费负担越来越重，‘政府’仍应改革相关社会保险财务制

① 台湾地区“卫生福利部健康保险署”：《“长期照顾保险法”（草案）沟通座谈会会议纪要（北区第一场）》，2014。

度，并加强与雇主之沟通，寻求解决方案。”①②

即便同意部分负担员工长期照顾保险的保费，但就受雇者三方负担比率与长保总费用的负担比率，在沟通过程中，雇主团体认为，“雇主相关团体支持长期照顾保险政策，但雇主已负担了劳工的健保、劳保、劳退及职灾保险等保险费，对于劳工的老年或因职灾失能后的生活，已提供相当的保障。若雇主须负担长期照顾保险保险费，‘政府’应考虑雇主之负担能力、营运成本及产业发展。雇主负担受雇者保险费之比率应由60%降为30%，保险对象比率不变，调降的比率由‘政府’负担。为使保险对象珍惜使用长期照顾保险给付，建议部分负担应提高至15%～20%。”③ 具体而言，如表7-10所示，雇主团体要求将受雇者三方负担比率由“卫生福利部”比照健保而规划的“政府”（10%）、雇主（60%）、保险对象（30%）调整为“政府”（40%）、雇主（30%）、保险对象（30%）；而长保总费用的负担比率则由“卫生福利部”比照健保而规划的“政府”（36%）、雇主（28%）、保险对象（36%）调整为“政府”（44%）、雇主（17%）、保险对象（39%）。可见，雇主的负担比率如果降低，则“政府”出资额与保险对象的负担比例势必要调高。

表7-10 “卫生福利部”规划方案与雇主建议方案中各方负担比率的比较与差异

	受雇者三方负担比率	长保总费用的负担比率			
“卫生福利部”规划方案（比照健保）	“政府”（10%）：雇主（60%）：保险对象（30%）	36%	28%	36%	100%
雇主建议方案	“政府”（40%）：雇主（30%）：保险对象（30%）	44%	17%	39%	100%
台湾地区“卫生福利部”规划方案与雇主建议方案的差异		+8%	-11%	+3%	

资料来源：台湾地区“卫生福利部”：《长期照顾保险财务规划内容及各界关切议题》，台北台湾地区“卫生福利部”，2015年1月28日。

---

① 有如德国在规划长期照顾保险制度过程中，为争取雇主的支持，以减少全国受雇者一天假期的方式来降低企业人事成本。

② 李玉春、林丽婵、吴肖琪等：《台湾长期照护保险之规划与展望》，《社区发展季刊》2013年第1期，第43页。

③ 台湾地区“卫生福利部”：《长期照顾保险财务规划内容及各界关切议题》，台北台湾地区“卫生福利部”，2015年1月28日。

就雇主负担问题，“长期照顾保险法（草案）”沟通座谈会会议（北区第一场）中，台湾地区“卫生福利部”的综合回应是，“长期照顾保险规划保险费由保险人、雇主及政府三方共同负担，负担比率及保险费收缴方式参照‘健保法’规范。而在雇主负担保险费之设计上，乃考量雇主对于员工具有伤病、残废、及老年之照顾义务，故在保险费负担规划上，还是希望雇主能分担员工长期照顾保险保险费之责任。”① 由此可见，台湾地区长期照顾保险（保险费的）雇主负担问题仍有待沟通解决。能否妥善解决台湾地区“卫生福利部”规划方案与雇主建议方案中关于“受雇者三方负担比率”与“长保总费用的负担比率”的差异问题，将在很大程度上左右台湾地区“长期照顾保险法”的“立法”前景。

① 台湾地区“卫生福利部健康保险署”：《“长期照顾保险法”（草案）沟通座谈会会议纪要（北区第一场）》，2014。

第八章
台湾地区长期照顾服务体系转型升级的重点任务

基于“全人照顾”的照顾原则，如图 8-1 所示，台湾地区整体照顾服务体系涵盖的服务对象与需求包括健康者、亚健康者、急性病患、出院需照顾病人、慢性病患与长期失能者等；在生活照顾服务体系、医疗服务体系、长期照顾服务体系等三大照顾服务体系下，各自下辖的服务内容、服务目标以及对应方案可谓包罗万象。

台湾地区长期照顾服务体系的服务内容主要包括居家照顾服务、社区照顾服务、机构照顾服务三大照顾服务模式；服务目标设定上，一方面是为失能者提供长期照顾服务；另一方面，是为失能者家庭提供照顾服务支持，特别是减轻主要家庭照顾者的身心压力；而在规划中的台湾地区长期照顾保险这一制度设计、制订层面的方案外，对应方案包括长期照顾服务网的构建、“长期照顾服务法”的“立法”，以及台湾地区长期照顾十年计划的持续推行三个方面。

对应此三大方案，笔者认为，作为台湾地区长期照顾服务体系进一步转型发展的当务之急，重点任务体现在如下四个方面：首先是通过实施“长期照顾十年计划~2012 至 2015 年中程计划”扩大台湾地区长期照顾服务对象；其次是通过推行“长期照顾服务网计划”完善台湾地区“长期照护服务网络”；再次是通过“长期照顾服务法”的“立法”、实施将长期照顾服务纳入“法制化”轨道；最后是基于多元整合理顺长期照顾服务体

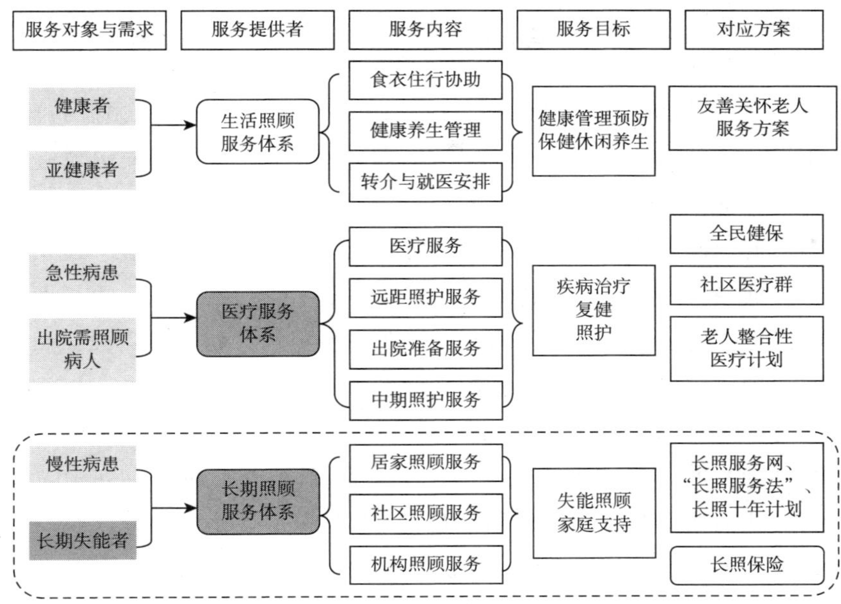

图 8-1　台湾地区长期照顾与整体照顾体系

资料来源：台湾地区“卫生福利部社会保险司”：《长期照护保险简报之长期照顾保险制度规划》，http://www.mohw.gov.tw/CHT/DOSI/DM1_P.aspx? f_list_no = 213&fod_list_no = 873&doc_no = 44943，2014-10-14。

系相关法规、机构、业务与资源。这四大任务彼此关联，缺一不可，唯有四者均顺利推进完成，方能协力推动该地区长期照顾服务体系的顺利转型发展。

第一节　稳步快走扩大服务对象

实施七年多来，就实施绩效而言，台湾地区长期照顾十年计划可谓“悲欣交集”①。在“发展多元长期照顾服务模式、建立阶梯式补助及部分负担机制、提供便民单一服务窗口、引进民间参与长期照顾服务、建置照

① 此四字为弘一大师（李叔同）临终绝笔，见刻于泉州市清源山弘一大师舍利塔边。此处引用其浅层表意释为“喜忧参半”。

顾服务管理信息平台”[①] 等方面固然取得了一定进展，但其在“（1）符合现行长期照顾计划服务对象失能人数成长快速；（2）长期照顾应服务对象未全面含括于长期照顾计划；（3）长期照顾服务输送体系仍待加强；（4）长期照顾机构之质量仍待整合提升；（5）长期照护信息系统待整合；（6）长期照顾人力资源亟待培训及发展；（7）长期照顾相关法规有待建立；（8）外籍看护工申审制度待检讨”等八个面向上[②]均面临着巨大的挑战。源于此，以该计划为核心推进计划的台湾地区长期照顾服务体系在一定程度上面临着供需失衡的窘境，如表 8-1 所示，台湾地区主要长期照顾服务模式各年度服务使用人数偏少，长期照顾十年计划下各项长期照顾服务覆盖范围（使用人数）亟待扩展的问题十分突出。2012 年 10 月 23 日通过台湾行政主管部门核定的《台湾地区长期照顾十年计划～2012 至 2015 年中程计划》将“扩大服务对象并健全长期服务资源网络”列为总体目标，力求达到如下四个层面的明细目标：[③] 首先是强化台湾地区长期照顾服务的输送效率、效能及质量；其次是强化各类长期照顾人才资源的培育工作，力求提升长期照顾整体服务能量与质量；再次是加速长期照顾服务资源的整备，以求不断提升台湾地区失能民众的长期照顾服务使用率；最后是推动身心障碍鉴定新制度的构建。

表 8-1　台湾地区主要长期照顾服务模式各年度服务使用人数（纸本数据）

单位：人

服务内容		合计	2008 年	2009 年	2010 年
合计		207791	45547	69703	92541
社政服务	居家服务	72122	22305	22017	27800
	日间照顾服务（含失智症日间照顾）	1742	339	618	785
	家庭托顾	47	1	11	35
	辅具购买租借及居家无障碍环境改善	13030	2734	4184	6112

① 简慧娟、庄金珠、杨雅岚：《台湾地区长期照顾十年计划现况与检讨》，《社区发展季刊》2013 年第 1 期，第 7～8 页。

② 此八个面向参见《台湾地区长期照顾十年计划～2012 至 2015 年中程计划》（台湾行政主管部门 2012 年 10 月 23 日“院台内字”第 1010061581 号函原则同意）。

③ 参见《台湾地区长期照顾十年计划～2012 至 2015 年中程计划》（台湾行政主管部门 2012 年 10 月 23 日“院台内字”第 1010061581 号函原则同意）。

续表

服务内容		合计	2008 年	2009 年	2010 年
社政服务	老人营养餐饮	15318	5356	4695	5267
	交通接送	47833	7232	18685	21916
	长期照顾机构	6650	1875	2370	2405
卫政服务	居家护理	16382	1690	5249	9443
	居家（社区）复健服务	16799	1765	5523	9511
	喘息服务	17868	2250	6351	9267

资料来源：台湾地区“内政部”、原“卫生署”纸本数据。转引自《台湾地区长期照顾十年计划~2012 至 2015 年中程计划》（台湾行政主管部门 2012 年 10 月 23 日“院台内字”第 1010061581 号函原则同意）。

就其中最为核心的目标“扩大服务对象”的具体举措而言，采取了稳步快走的策略。对于在现行长期照顾十年计划的服务范围内，但囿于资金、地域、长期照顾服务资源、输送渠道等因素导致的实际未被覆盖群体，以及其他实际需要或者具有潜在需求的群体，台湾地区“长期照顾十年计划~2012 至 2015 年中程计划”扩大服务对象的策略采取弱者优先的原则，其先后顺序为：首先，满足在当前长期照顾十年计划之中的照顾服务对象的刚性长期照顾需求①，通过长期照顾十年计划的及时修订，完善其补助条件及补助标准，持续发展长期照顾服务的输送及管理体系，为台湾地区长期照顾保险制度的启动以及可持续发展做好需求个案的开源工作。其次，持续发展长期照顾服务资源不足地区特别是山地离岛偏远地区的社区化照顾服务资源。在实现如上目标的前提下，再逐步放开符合失能定义及失能程度评估的弱势群体作为长期照顾服务的对象。而上述三类群体的长期照顾服务需求都满足之后，再进一步考虑更高服务频率及内容服务的提供问题。对于不在现行长期照顾十年计划服务范围内的群体，“长期照顾十年计划~2012 至 2015 年中程计划”扩大服务对象的策略是首先将 49 岁以下身心障碍且失能者纳为长期照顾十年计划的服务对象，配合资源整备及年度预算成长，根据失能程度与实际长期照顾需求为身心障碍者提供符合其实际需要的居家式照顾、社区式照顾以及机构式照顾服务组

① 2010 年台湾地区长期照顾服务的使用率仅为 16.3%，这无疑表明有许多符合条件的失能个案由于各种原因未能享受到长期照顾服务。

合，之后再将扩面对象逐步扩大至全体失能人口。亦基于弱者优先的原则，其扩面顺序依次为：64 岁以下的低收入失能者、64 岁以下的中低收入之失能者、64 岁以下的一般失能者。

第二节　完善长期照顾服务网络

2007 年之后台湾地区的长期照顾服务体系规划采取三阶段逐步施行的推进策略。其中，2007 年至 2016 年为第一阶段，该阶段为长期照顾十年计划推进时期。2013 年至 2016 年为第二阶段，亦为长期照顾服务网计划时期，其目的在于“为建立台湾地区长期照顾服务体系，充足该地区长期照顾服务量能，使服务普及化，作为长期照顾保险实施的基础，长期照顾服务网均需加速推动。并扩大及加强各类照护人力的培训，以强化长期照顾专业人员照护量能”。[①] 2016 年之后，台湾地区长期照顾服务体系规划的推进将正式进入第三阶段，该阶段的主要任务为推进长期照顾保险制度。可见，长期照顾服务网的构建与完善是台湾地区长期照顾保险制度的基础，通过推动长期照顾服务网计划可以“健全长期照护服务体系发展，确保服务质量，为衔接长期照护保险开办之基石。就如同医疗法与全民健康保险法一样[②]，在开办全民健康保险法之前，透过医疗法将医疗服务体系建置完全，以确保民众可以获得有质量、普及式的医疗服务”。[③] 按照既定规划，台湾地区长期照顾服务网计划推行期间为 2013 年至 2016 年仅四年，2016 年将正式推进台湾地区长期照顾保险制度，时间可谓紧迫。因

---

① 《长期照护服务网计划（第一期）——2013 年至 2016 年》（摘要本）。

② 就此，台湾地区原“卫生署”原“署长”杨志良曾指出，在普及长期照顾服务前，首要工作为建立长期照护体系，要有足够的设施、机构，要制定各种考核、发证、设置标准及评鉴办法等，并鼓励民间参与，普及长期照顾服务的人才与设施。全民健保实施尚称顺利的原因，是先建置了医疗网，在实施两期共 10 年的医疗网计划后才实施全民健保，避免了有保险无医疗的情况。故目前在“立法院”的“长期照顾服务法”通过后，至少需要 3~5 年的时间发展与整合照顾体系，方得实施长期照顾保险。杨志良的这一观点可参见杨志良《长期照顾制度未建立　台湾将成老人炼狱》，http://www.npf.org.tw/post/1/13034/1，2013-12-18。

③ 台湾地区原“卫生署”护理及健康照护处：《“长期照顾服务法”为长期照顾服务及长期照顾保险奠基，并为未来长期照顾质量把关（新闻稿）》，http://www.mohw.gov.tw/cht/donahc/DM1_P.aspx?f_list_no=582&fod_list_no=0&doc_no=3426，2011-01-28。

此，为了避免陷入有保险无服务的窘境，必须在澄清、解决当前长期照顾服务网构建与完善进程中存在的主要问题的基础上抓紧"长期照顾服务网计划"实施的进度，这也是台湾地区长期照顾服务体系转型发展的当务之急。

台湾地区《"长期照护服务网计划"（第一期）——2013 年至 2016 年》指出，当前台湾地区"长期照护服务网"构建与完善面临的主要问题为："'长期照护'资源分布不均，'长期照护'服务又为人力劳动密集单位，其中以照顾服务员为主要人力，现因薪资水平及专业角色尚待建立，及民众偏好成本较低之外籍看护工等因素，致使人力需求培训缺口最大。"[①] 依据台湾地区"内政部"与原"卫生署"于 2010 年底[②]对于全台长期照顾服务资源及人力资源[③]的盘点结果表明，就总体而言，当前台湾地区机构式照顾的开业机构数、床位数均呈现出供过于求的现象，而台湾地区失能人口更加急需的"居家式、社区式照顾服务方案仍不够普及"。[④] 具体来说，台湾地区长期照顾人力的分布更集中于机构式照顾，约为居家式照顾分布人力的 2 倍，其人力配置更达社区式照顾的 15 倍之多。而长期照顾型服务资源的配置亦以机构照顾为最多，2010 年底服务人数为居家式的 1.5~2 倍，约为社区式的 10 倍，而身障型资源总量服务人数则是机构式照顾与居家式照顾相当，各为 11000 人左右，均约为社区式的 3 倍。该盘点中，台湾地区居民入住机构式、社区式与居家式长期照顾服务的比例为6∶3∶1，可见此三类照顾服务中社区式长期照顾服务最需发展。此外，机构式照顾资源中，长期照顾服务占床率均超过 80%，排除归属于荣民之家建置外，失智入住机构式专区（或专责）每万名失能人口拥有床位数仅为 15.56 张，亟待发展配置。[⑤] 针对资源与人力分配不均方面所面临的如上问题，推行"长期照护服务网计划"的主要目的在于通过对资源不足区采取差异化的奖励设置，促进长期照顾机构及

① 《"长期照护服务网计划"（第一期）——2013 年至 2016 年》（核定本）。

② 在本次盘点的时间基准方面，"实际服务量"以 2010 年 12 月 1 日至 12 月 31 日为基准月进行数据收集。而包含服务单位、机构家数、可进住人数、实际进住人数以及各式人力的统计则均以 2010 年 12 月 31 日作为盘点基准日。

③ 其中人力资源部分包括医事人力、社工人力、照顾服务人力等。

④ 林万亿：《台湾的社会福利：历史与制度的分析》，台北五南图书出版股份有限公司，2012。

⑤ 该比例引用自《长期照护服务网计划（第一期）——2013 年至 2016 年》（核定本）。可参见本书第四章。

人员合理分布，使台湾地区城乡间、区域间长期照顾资源的发展愈加均衡，基于“在地老化”的目标提升长期照顾服务资源的可及性。也正因为如此，台湾地区行政主管部门“2015 年度‘施政’方针”亦提出，要建置“长期照护服务网”，强化资源整合及服务输送机制，发展普及且均衡之在地化服务，规划推动“长期照护保险”制度。①

针对如上问题，台湾地区《长期照护服务网计划草案（2013 年至 2016 年）》指出，台湾地区“长期照护服务网”的建立，以“在地化为首要考虑，以区域为单位，规划各区域所需的长期照顾服务设施与人力，以达成各区域长期照护资源均衡发展之目标”。

就具体的区域规划而言，如表 8-2 所示，该计划统筹考虑到台湾地区各县市人口、面积、交通、距离及生活圈，将全台划分为大区、次区及社区三个层级。具体层级设置中，系以“县市”为单位，划分为“22 大区”，每一县辖组合数个生活区域相近乡镇成为一个次区，划分为“63 次区”，另以“乡镇”为单位，共计“368 小区”。究其明细，长期照顾服务资源的发展策略共包括如下九个面向：②（一）优先发展及奖助社区式及居家式长期照顾服务，提升占长期照顾服务总量之五成以上；（二）逐步增加长期照顾服务对象及内容，弱势人口及地区优先；（三）加速发展失智症多元长期照护体系及照护措施；（四）奖助长期照顾资源不足地区发展长期照顾资源，以普及长期照顾服务体系③；（五）建立家庭照顾者支持服务网络④；（六）长期照顾人力培训与留任⑤；（七）荣民医院公务预算病床转型护理之家；（八）奖励发展整合式或创新长期照顾服务模式；

---

① 《台湾地区行政主管部门 2015 年度“施政”方针》。

② 此九个面向参见《长期照护服务网计划（第一期）——2013 年至 2016 年》（摘要本）。

③ 其中，在大区共计设置“家庭照顾者支持服务中心”22 处、社区式辅具服务中心 1 处、入住机构式长期照顾床位达每万失能人口 700 床计 3 处、失智入住机构式专区或专责服务单位 9 处；在次区共计设置照管中心或分站 17 处、社区式日间中心 24 处、邻近次区社区式失智日间照顾服务单位 38 处、社区式辅具服务据点或巡回辅具服务 1 处、入住机构式长期照顾床位达每万失能人口 700 床合计 13 处、邻近次区身障型全日入住机构 5 处；在小区设置居家长期照顾型至少一个照顾服务类或医事服务类服务据点，共计 92 处，设置居家身障型至少一个照顾服务类或医事服务类服务据点，共计 91 处。

④ 包括建置全台家庭照顾者咨询服务专线，建置全台照顾者友善交互式平台网站，协助成立家庭照顾者支持团体，联结长期照顾志工与家庭照顾者网络等。

⑤ 主要包括增进照顾服务员劳动条件，提升留任意愿。同时制度化医事专业人力及社会工作人员从事长期照顾的教育培训计划等。

（九）规划设置长期照顾基金，使长期照顾服务永续发展。

表 8-2　台湾地区“长期照护服务网”服务资源规划

<table>
<tr><th></th><th>社区式照顾</th><th>居家式
照顾</th><th>机构式照顾</th></tr>
<tr><td>大区
（22）</td><td>1. 设置长期照顾管理中心
2. 至少一个辅具服务中心</td><td></td><td>1. 长期照顾床位达每万失能人口700床以上
2. 至少一个长期照顾入住式机构
3. 至少一个身障入住式机构
4. 至少一个失智专区或专责机构</td></tr>
<tr><td>考量因素</td><td colspan="3">由于台湾地区长期照顾资源发展社区化与在地化的特性，并由现行长期照顾管理中心专责长期照顾资源的整合与管理，因此以县、市政府行政区域划分大区</td></tr>
<tr><td>次区
（63）</td><td>1. 设置“长期照顾管理中心分站”
2. 至少一个日照中心长期照顾服务
3. 每两个邻近次区至少一个可提供失智日间照顾服务单位
4. 至少一处辅具服务据点或巡回服务</td><td></td><td>1. 入住机构式长期照顾床位达每万失能人口700床以上（低于全国平均2/5为资源不足区）
2. 每两个邻近次区应至少建置一个身障型全日入住机构</td></tr>
<tr><td>考量因素</td><td colspan="3">为提升长期照顾网络资源距离的可及性，根据台湾地区民众就医习惯、交通时间、生活圈、人口数等因素设置</td></tr>
<tr><td rowspan="2">小区
（368）</td><td></td><td>至少一个
服务据点</td><td></td></tr>
<tr><td colspan="3">山地离岛、偏远地区设置综合式服务</td></tr>
<tr><td>考量因素</td><td colspan="3">考虑民众对社区式及居家式长期照顾服务在地化的需求进行设置</td></tr>
</table>

资料来源：《长期照护服务网计划（第一期）——2013年至2016年》（摘要本）。“考量因素”各栏由笔者根据该计划整理相关内容添加而成。

第三节　将长期照顾服务纳入“法制化”轨道

台湾行政主管部门编列的“台湾地区社会福利政策纲领——迈向公平、包容与正义的新社会”指出，“政府”应健全“长期照护”体制，充实长期照顾服务人力与资源，强化服务输送体系，增进服务质量，缩小城乡差距，并积极推动相关立法工作。[①] 在此背景下，“长期照顾服务法”与“长期照顾保险法”的“立法”工作被列入“立法”议程。就“长期照顾服务法”的“立法”原因，台湾行政主管部门起草的“长期照护服务法”（草案）总说明指出，“目前有关长期照顾机构及人员之管理较为多元，且规范不一，为有效整合，故采宽严适中、兼容并蓄之管理措施。而在需求增加之同时，为健全长期照顾服务体系之发展，确保服务质量，保障接受长期照顾服务者之尊严及权益，并使长期照顾制度具有完备之法源基础，爰拟具‘长期照护服务法’草案。”[②] 台湾阳明大学卫生福利研究所教授、台湾地区长期照护专业协会理事长吴肖琪则进一步指出，“‘长期照护服务法’之设计，为有效整合并建置完善长期照顾服务体系与制度等计划、方案之推动，应对人员、机构、质量有妥适之规范，保障接受长期照顾服务者之尊严及权益，并使长期照顾制度具有完备之‘法源’基础。”[③] 具体来说，“长期照顾服务法”的制订、颁行有助于台湾地区长期照顾服务体系在运行中达到“解决多类法规并存紊乱之情形、建构有法源依据的长期照顾资源网络、确保提供实证为基础的长期照顾政策、确保各类长期照顾服务质量的一致性、有效管理长期照顾机构名称及广告”[④] 等五个维度的目标。

台湾行政主管部门于 2011 年 3 月 31 日通过“长期照护服务法（草案）”［简称台湾行政主管部门版“长期照顾服务法（草案）”］并送交台湾立法主管部门审议，该“法案草案”共包括七章 55 个条款。其中第一章为总则，包括第一条至第六条。该章开宗明义地提出了本“法案”的

---

① 台湾行政主管部门：《“台湾地区社会福利政策纲领——迈向公平、包容与正义的新社会”》，http：//www. ey. gov. tw/Upload/RelFile/26/86027/%E4%B8%AD%E8%8F%AF%E6%B0%91%E5%9C%8B%E5%BB%BA%E5%9C%8B%E4%B8%80%E7%99%BE%EF%A6%8E%E7%A4%BE%E6%9C%83%EF%A8%9B%EF%A7%9D%E6%94%BF%E7%AD%96%E7%B6%B1%EF%A6%B4. pdf，2012-02-07。

② 参见台湾地区行政主管部门版“长期照护服务法（草案）”。

③ 吴肖琪、翟文英：《“长期照护服务法”之研议》，http：//www. mohw. gov. tw/MOHW_Upload/dmc_history/UpFile/Period50/%E9%95%B7%E6%9C%9F%E7%85%A7%E8%AD%B7%E6%B3%95%E4%B9%8B%E7%A0%94%E8%AD%B0. pdf，2011-11-17。

④ 吴肖琪、翟文英：《“长期照护服务法”之研议》，http：//www. mohw. gov. tw/MOHW_Upload/dmc_history/UpFile/Period50/%E9%95%B7%E6%9C%9F%E7%85%A7%E8%AD%B7%E6%B3%95%E4%B9%8B%E7%A0%94%E8%AD%B0. pdf，2011-11-17。

“立法”目的、主管机关、用词定义、主管部门“掌理”事项分工、长期照顾服务有关事项咨询事宜等内容。第二章为长期照顾服务及长期照顾体系的相关规定，包括第七条至第十条共计 4 条。该章规定了接受长期照顾服务者的具体评估方式、长期照顾服务提供方式的类别、长期照顾有关资源与需要的调查、长期照顾服务发展计划及此案去的必要奖助措施、长期照顾服务发展基金的设置等方面的内容。第三章的重点在于长期照顾人员的管理，由第十一条至第十三条组成，共计三条。其中第十一条规定，“非长期照顾人员，不得提供长期照顾服务”；第十二条则规定“长期照顾人员应登录于长期照顾机构，并由该机构报所在地主管机关核定后，始得提供长期照顾服务；长期照顾机构不得容留非长期照顾人员提供长期照顾服务”；第十三条则明定了长期照顾人员的保密义务。第四章的重点在于长期照顾机构的管理，含该“法案”第十四条至第三十条共计 17 条，该章是台湾行政主管部门版“长期照顾服务法（草案）”的重点章节，具体规定了长期照顾机构的服务内容、“长期照顾机构设立、扩充、迁移的审批”、各类机构的设立标准与负责人资格、“长期照顾机构停业、歇业、复业或许可证明登载事项变更”、长期照顾机构名称订定的规范、长期照顾服务广告、长期照顾机构负责人的责任与代理制度、“长期照顾机构的收费项目、金额以及收据的给付”、长期照顾机构信息公开的相关事宜、长期照顾机构评鉴、长期照顾机构停业或歇业的相关规定等。第五章的重点在于规范接受长期照顾服务者的相关权益保障。共计包括第三十一条、第三十二条、第三十三条、第三十四条，该章明定了长期照顾机构应与接受长期照顾服务者或代理人签订契约、个人隐私、规范长期照顾机构及其人员不得作为的事项、陈情机制等。第六章为罚则，共包括第三十五条至第四十七条在内的 13 个条款。该章对违反“长期照护服务法”的各种情形明定具体处罚措施。第七章为附则，共包括第四十八条至第五十五条在内的 8 项条款，包含对前述条文不足之处的相关说明、细则及实施日期的订定依据等方面的内容。具体来说，该“草案”第四十八条明定罚则由“地方主管机关”裁处，第四十九条及第五十条规定“‘本法’施行前已从事长期照顾服务之人员及已依其他‘法律’规定从事长期照顾服务之机关（构）、法人、团体、合作社、事务所等，于‘本法’施行后一定期间内仍得提供长期照顾服务之过渡规定。”第五十一条则确认“依‘退除役官兵辅导条例’设立之‘荣誉国民之家’，不适用‘本法’关于长期照顾机构许可、核定相关条文之规定”。第五十二条指出，“个人看护者除接受主管机关公告指定训练外，不适用‘本法’之规定”。该“草案”第五十三条还规定，“失能者由家庭自行照顾或个人看护时，得由长期照顾机构提供支持性服务之规定”。

然而，台湾地区“长期照顾服务法（草案）”的“立法”进程并非一帆风顺。在台湾地区行政主管部门版本的“长期照护服务法（草案）”于2011年5月提交到台湾地区“立法”主管部门进行初审的时候，同期提交的还有另外15个版本的“长期照护服务法（草案）”，分别由台湾地区政界陈节如、许添财、黄昭顺、李应元、林淑芬、刘建国、罗淑蕾、苏清泉、王育敏、翁重钧、徐少萍、徐欣莹、杨丽环、杨玉欣、郑汝芬等15位知名人士提交，加上台湾行政主管部门版本的“长期照护服务法（草案）”共计16个之多。台湾地区一些民间团体与社会组织亦基于自身立场纷纷提出了对于“长期照顾服务法”的“立法”观点抑或草案版本。

台湾地区行政主管部门版本的“长期照护服务法（草案）”在台湾“立法”主管部门启动相关程序进行逐条初审时，因为对于该草案名称究竟应该称为“长期照护服务法”还是“长期照顾服务法”各方争论时间长达2个小时之久，原因在于台湾地区政界多名知名人士纷纷抨击台湾地区行政主管部门版本的“长期照护服务法（草案）”过于“偏重医疗、不符合长期照顾的精神，使得‘服务法’沦为‘机构管理办法’”，最后决议的结果是将该“法”从“长期照护服务法”改名为“长期照顾服务法”，并将家庭照顾者的权益，在第一条“立法精神”中即开宗明义的点出。“长期照顾服务法（草案）”“难产”的种种表现，一方面显示台湾地区社会各界对于这一民生“法案”的深度关切，另一方面也意味着由于社会各界尚未就“立法”方向达成共识。历经波折之后，“长期照顾服务法（草案）”已经台湾“立法”主管部门下属的“社福卫环委员会”审议，共通过48条，保留7条待送台湾“立法”主管部门专项会议进行“党团”协商，是否能“立法”，何时能“立法”尚未有最终结论。面对“长期照顾服务法”在“立法”进程中面对的诸多争议，台湾地区长期照护保险筹备小组总顾问李玉春教授指出，就“立法”策略而言，当前“长期照顾服务法”的“立法”进程可能存在六种方案：[①] 其一是继续依现行规划，先推“长服法”再推“长保法”；其二是直接推动“长保法”，不立“长服法”；其三是将部分“长服法”条文，纳入“长保法”推动；其四是同步推动“长期照顾双法”；其五是以“长期照护机构管理法”取代“长服法”；其六是将“长期照护”纳入健保给付。然“若‘政府’预计于2016年开办长保，而‘长服法’迟迟无法通过，则有可能采取3~6之替代方案，以加速‘立法’”。[②]

第四节　理顺相关“法规”、机构、业务与资源

一　整合长期照顾服务相关“法规”，增强“法规”体系的内洽性

在台湾地区长期照顾服务体系建构的实践中，源于其所依据“法源”的不同，造成了“卫政体系”“社会福利体系”“退辅会体系”等三大体系分割式发展，其他“部会”服务零星分布的“碎片化”格局。如图8-2所示，“卫政体系”的“法源”基础在于“护理人员法”“精神卫生法”“医疗法”，而社会福利体系的“法源”主要依托在“老人福利法”“身心障碍者权益保障法”，而“退辅会体系”的“合法性基础”建立在“退除役官兵辅导条例”上。通过收集、浏览、比较上述“法源”的“立法”记录与“法律”文本可以发现，上述“法律”在主体规范、主管机关、服务类别、长期照顾机构的设置标准、长期照顾相关人员的管理、长期照顾服务的监督机制上均各不相同。在规划实施长期照顾保险制度几成定局的背景下，“不同类型照护单位服务提供之品质与管理变得益形重要，将相关照护单位纳入相同‘法规’中，将有助于长期照顾体系之整体发展、促进资源均衡发展

① 此六种方案参见李玉春、林丽婵、吴肖琪等《台湾长期照护保险之规划与展望》，《社区发展季刊》2013年第1期，第41页。

② 李玉春、林丽婵、吴肖琪等：《台湾长期照护保险之规划与展望》，《社区发展季刊》2013年第1期，第41页。

及提升照护品质，故有其整合及立法之必要性及迫切性”。①

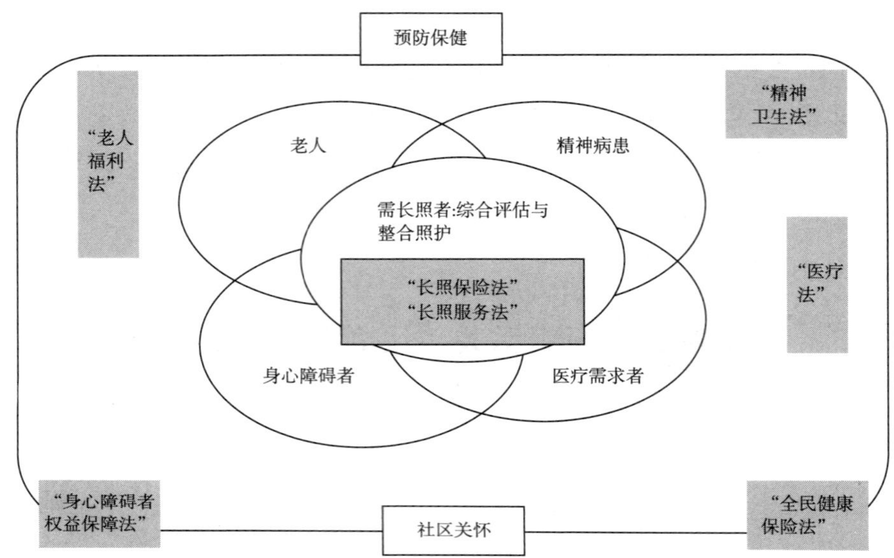

图 8-2　台湾地区长期照顾保险与保健、医疗、健保及福利体系无缝接轨

资料来源：李玉春：《台湾地区长期照顾保险之规划与展望》，台北台湾地区“银”领协会，2014 年 7 月 17 日。

那么应如何做到现有“法令”的整合与必要“法令”的“立法”呢？笔者认为，一方面，要整合“护理人员法”“精神卫生法”“医疗法”“老人福利法”“身心障碍者权益保障法”“退除役官兵辅导条例”相关规定，增强条块分割的各“法令”的“立法精神”及其具体条文之间的内洽性；另一方面，对于仍在规划审议中的台湾地区“长期照顾服务法”深化完善而言，应“针对各项‘长期照护’资源配置、机构管理、设施供需、设置标准、服务供给者的资格条件、质量规范与评鉴标准等执行面的内涵，审慎加以研议拟订，以便促成‘长期照护’服务体系健全发展，确保服务质

① 黄惠玑、杜敏世、陈丽华等：《长期照顾》，台北（县）新文京开发出版股份有限公司，2012。

量，维护与保障接受照护者的尊严及权益”[①]，从而确保台湾地区长期照顾服务体系的转型发展具有完备的“法源”基础。

二　通过整合实现长期照顾保险与保健、医疗、健保及福利体系的无隙接轨

对于正在规划“立法”的台湾地区“长期照顾保险法”与“长期照顾服务法”而言，如何通过此“长期照顾双法”尤其是“长期照顾保险法”的制订达到台湾地区长期照顾保险与保健、医疗、健保及福利体系的无缝接轨至关重要。对此，李玉春教授领衔的台湾地区长期照护保险筹备小组认为，应分三个层次开展整合以顺利完成这一工作。就长期照顾保险制度与健康保险制度各自定位与分工的细化整合，筹备小组认为，“凡属医疗、可治疗、可逆的服务归健保给付，属‘照护’且长期者归长保给付。例如一个洗肾（或使用呼吸器）病人若同时失能，其洗肾（呼吸治疗）系属医疗服务，由健保给付，而长保则给付其照顾服务”。[②] 就全民健保、急性后期照顾（中期照顾）、亚急性照顾与长期照顾保险的无缝接轨，筹备小组建议“急性后期照顾由全民健康保险推动试办计划……未来健保可重新精算费率，涵盖‘亚急性照护’[③]（sub-acute care），鼓励医院藉此替代较昂贵的急性医疗，提升服务效率……而长保则衔接失能六个月以上的‘长期照顾服务’之给付”。[④] 为避免各自为政，台湾地区长期照顾保险制度与全民健康保险制度、“卫政体系”“社会福利体系”的无缝接轨至关重要。就此，在“长期照顾保险法”（草案）中规划建立“‘长期照护’单一评估窗口，进行综合性、整合性评估，并依据评估结果拟订以需照顾者为中心的整合性‘照护计划’（含‘照护’管理），其经费视需照顾者

① 邱文达：《卫生福利的融合综效——长期照护的前瞻》，《研考双月刊》2011 年第 2 期，第 124~125 页。

② 李玉春、林丽婵、吴肖琪等：《台湾长期照护保险之规划与展望》，《社区发展季刊》2013 年总第 141 期，第 39 页。

③ 所谓亚急性照顾是指病患出院后的六个月之内需要密集性复健、技术护理、呼吸治疗等照顾服务，通过这些服务可以避免病患失能的情形出现。

④ 李玉春、林丽婵、吴肖琪等：《台湾长期照护保险之规划与展望》，《社区发展季刊》2013 年总第 141 期，第 39 页。

之失能程度、资格、福利身份、服务需要，由长保、健保、卫政或社政单位给付或补助。借单一管道评估、整合性服务与多元财源，促成服务单位与服务提供之整合（如各类居家服务单位），避免重复接受评估，或服务提供者各自为政，真正达成无缝接轨的目的。”[①]

三　推动长期照顾机构、责任业务、照顾服务与资源的深度整合

之所以要推动台湾地区长期照顾机构、责任业务、照顾服务与资源的深度整合，其原因在于：首先，虽然“卫生福利部”已经成立，但基层长期照顾主管机构的整合未完成，这将在极大程度上保持长期照顾服务碎片化运作的状态。时任台湾地区“卫生福利部部长”邱文达曾经指出，“近年来未婚人口增加、总生育率下降、新移民增加等，导致台湾地区人口及社会结构逐渐改变，其相对应之社会政策，特别是中老年医疗保健及长期照护服务、身心障碍者复健、妇女权益、儿童养育、国民年金、社会保险等业务之规划等，均需要未雨绸缪及早因应，故整合医药卫生与社会福利相关业务，将有助于资源整体调配与福利政策规划，以建构完善的社会福利、社会照护及医疗保健体制”。[②] 要积极推动辅导“地方政府”体系整合，即台湾行政主管部门以计划方式规划政策，“地方”则通过计划之执行，先行整合社区资源，建构社区的卫生福利网络，再向上整合乡镇区卫生所及社会课之业务服务，最后达成卫生局与社会局（处）之业务整合。[③] 在这一整合流程尚未启动之前，作为应急性的因应之策，应该加强各县市卫生局、社会局的横向连接与整合，通过强化长期照顾管理中心的专业技能，做好各类服务资源的评估、管理与连接功能，确保让失能者能获得连续性的服务。

其次，就需求层面而言，无论是老人，抑或身心障碍者[④]，其对于长期照顾的需求是多元且动态变化的。其背后的原因在于，长期照顾对象的

---

① 李玉春、林丽婵、吴肖琪等：《台湾长期照护保险之规划与展望》，《社区发展季刊》2013年总第141期，第39页。

② 邱文达：《卫生福利政策之擘画与展望》，《社区发展季刊》2014年总第145期，第10页。

③ 邱文达：《卫生福利政策之擘画与展望》，《社区发展季刊》2014年第1期，第15页。

④ 这两类人群的交集是罹患身心障碍的老年人抑或老年身心残障人士。

身体状况和家庭照顾资源供给的质与量会随时发生改变。因此，其所需要的长期照顾服务类别亦非一成不变，可能随时需要作适当的服务类别转换，方能满足其已改变的身体状况与家庭照护状况。就供给层面而言，如图 8-3 所示，“‘长期照护’涵盖医疗层面与社会照顾两端，分别由‘卫政’与‘社政’主导管理，但其服务的连续性可以依其失能程度，依照其不同时候的需要，转换到光谱上适合的服务类别”。[①] 正因为如此，连续性长期照顾网络的建构与完善就成为为长期照顾服务对象提供适切的长期照顾服务的必经之路。就此，台湾学者赵明玲、古玉幸、蓝章杰等人认为，事实上在考量使用各种服务类别的成本和品质因素下，亦当整合各类“长期照护”服务，并建立有效率的转介机制，方能达成上述“长期照护”资源运作的主要目标。[②] 换言之，由于现实中长期照顾服务与资源呈断裂性状态与碎片化分布，基于异质性服务对象差别化服务需求的现实，做好长期照顾服务体系与资源的整合工作，创造出整合、连续的长期照顾服务模式至关重要。为此，必须进行四个维度的横向连接：首先，台湾行政主管部门层面上必须做好各“部会”间的横向连接与整合，在台湾地区“卫生

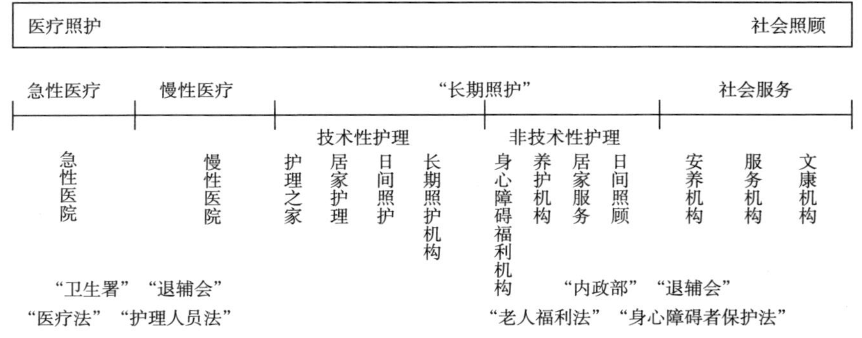

图 8-3 台湾地区持续性照顾体系

资料来源：徐慧娟、叶玲玲、朱侨丽等：《长期照护政策与管理》，台北洪叶文化事业有限公司，2013：15。有所修改。

① 徐慧娟、叶玲玲、朱侨丽等：《长期照护政策与管理》，台北洪叶文化事业有限公司，2013。

② 赵明玲、古玉幸、蓝章杰等：《长期照护》，台北永大书局，2014。

福利部”成立后，下一个步骤应该将“退辅会”系统中与“荣民”相关的长期照顾业务整合进来，并最终推动长期照顾行政系统的集权式管理，避免政出多门现象的再现；其次，各县市行政系统必须加强横向连接与整合；再次，各服务单位间必须加强横向连接与整合；最后，“在长期照顾设施供给总量当中，居家式及社区式照顾资源，应超过机构的数量，而‘政府’应积极在社区中推展多样化老人照顾模式，如照顾住宅、失能或失智老人日间照顾模式、居家复健服务、家庭托顾服务等；并鼓励在某些社区中视其可近性与便利性，联结或整合数家小型养护机构彼此之资源，提供照护专业经验，发展各类型社区式、居家式照顾服务”①，以弥补现行长期照顾服务体系中机构式照顾服务资源相对过剩，而居家式照顾与社区式照顾服务资源严重不足的问题。

① 李孟芬、石泱、曾蔷儿等：《长期照顾概论——社会政策与福利服务取向》，台北洪叶文化事业有限公司，2013。

第九章

台湾地区长期照顾服务体系转型发展经验及其对大陆地区的启示

2013 年《中国老龄事业发展报告》数据显示，中国人口老龄化趋势已不可逆转，当年中国老年人口数量首次越过 2 亿大关。此外，更应当引起社会各界高度警觉的是，2050 年中国 60 岁以上的老年人口预计将突破 4.8 亿，其中 80 岁以上的"老老人"数量预计将超过 1 亿。[①] 由此可见，人口老龄化背景下失能风险俨然已构成中国社会运行中的显性风险。如前文所述，老年人口并非长期照顾服务的唯一需求对象，但日益加剧的人口老龄化趋势无疑将给一个国家或者地区的长期照顾服务体系带来沉重的压力。正因为如此，"中国老年人'长期照护'问题已经成为制约养老体系发展的新瓶颈，迫切需要国家和社会采取积极行动在支持性服务和'长期照护'制度建设上寻求突破"。[②] 海峡两岸，一衣带水。那么大陆地区可以从台湾地区长期照顾服务体系转型发展的实践经验中获得哪些有益启示呢？这一问题正是本章研究的重点。

① 本组数据转引自杜鹏《中国老年人长期照护：需求、服务与制度建设》，《中国社会科学报》2013-04-26（A08）。

② 本组数据转引自杜鹏《中国老年人长期照护：需求、服务与制度建设》，《中国社会科学报》2013-04-26（A08）。

第一节 福利国家的目标：社会政策与福利服务发展的一个分析框架

福利国家经济学的主要奠基人、著名福利经济学家尼古拉斯·巴尔（Nicholas Barr）在其代表性著作《福利国家经济学》一书中指出，所谓“福利国家”是指“以下三种社会活动的简要概括：收入转移、促进健康和医疗、教育。”① 在充分肯定多年以来，特别是在1993年以后，中国大陆地区在失业保险、贫困救济、养老保险、卫生医疗等社会保障领域取得显著成绩的同时，在该书中巴尔亦指出了大陆地区在如上领域转型发展过程中所存在的一些不可忽视的症结，有如“私人资金的发展受到限制、管理及立法工作进展受到限制、基金的管理与监管工作有待于进一步完善、系统风险”② 等。就该书的理论价值，笔者认为，尼古拉斯·巴尔有关福利发展问题的论述对于促进各个国家与地区社会福利的发展无疑有着重要的参考价值，但其更重要的贡献在于巴尔借由这一著作在“传统的经济学理论框架与福利国家的相关问题之间建立起一个自然地‘对话渠道’和桥梁，即试图使前者适用于后者”③。

如同台湾地区是中国领土不可分割的一部分一样，长期照顾政策与长期照顾服务亦是社会政策与福利服务体系中不可缺失的一环。回到本书的研究主旨，基于其相似性，巴尔书中所述福利国家的各项目标也应当是台湾地区长期照顾服务体系转型发展进程中的应然目标。进而言之，笔者认为，巴尔有关福利国家的目标（参见表9-1）的相关论述对于系统梳理、总结台湾地区长期照顾服务体系转型发展进程中的相关经验具有重要的理论指导意义。基于“效率、维持生活水平、减少不公、社会融合与行政管理的可行性”等五个一级目标及其下属的“宏观效率、微

① 〔英〕尼古拉斯·巴尔：《福利国家经济学》，郑秉文、穆怀中译，北京中国劳动社会保障出版社，2003。

② 〔英〕尼古拉斯·巴尔：《福利国家经济学》，郑秉文、穆怀中译，北京中国劳动社会保障出版社，2003。

③ 〔英〕尼古拉斯·巴尔：《福利国家经济学》，郑秉文、穆怀中译，北京中国劳动社会保障出版社，2003。

观效率、激励作用、贫困救济、保险、收入平稳、纵向公平、横向公平、尊严、社会团结、清晰、谨慎”等十二个二级目标，可以比较系统、全面的凝练出台湾地区在长期照顾服务体系转型发展进程中积累的各方面经验，进而可以为大陆地区长期照顾服务体系构建与完善的实践提供宝贵的经验启示。

表 9-1　福利国家的目标：嵌入长期照顾服务体系转型发展的语境中

一级目标	二级目标	二级目标内容：以长期照顾政策与服务为例	备注
效率	1. 宏观效率	“宏观效率”是指长期照顾服务相关政策的出台应避免费用扩大化的趋势	目标 1~3 属于分配效率的不同方面，有时候，特别是在涉及卫生保健与教育时，这些目标也被称为外部效率
	2. 微观效率	“微观效率”更多体现在具体长期照顾服务项目的设置上，有如长期照顾服务类型、是否考虑照顾者津贴等	
	3. 激励作用	“激励作用”是指长期照顾服务体系的构建与完善应能促进劳动力供给、就业和储蓄的优化为目标	
维持生活水平	4. 贫困救济	“贫困救济”这一目标的意蕴在于长期照顾照顾服务相关政策的制订应有助于减轻照顾对象及其家庭的贫困程度	/
	5. 保险	“保险”这一二级目标的含义在于使得失能人口在面对失能这一现实风险时能借由长期照顾服务给付尽可能地维持其原有的生活品质	目标 5 和目标 6 是从属于经济保障这个大目标之下的两个不同方面
	6. 收入平稳	在“收入平稳”这一目标上，应通过长期照顾服务体系的合理设计与实施实现个人生命周期内收入与消费的合理再分配	
减少不公	7. 纵向公平	“纵向公平”是指长期照顾服务的给付应能实现对低收入者及其家庭收入再分配的目的	这一目标存在争议
	8. 横向公平	“横向公平”是指长期照顾服务的给付内容与形式应综合考量长期照顾服务对象的年龄、失能程度、家庭实际照顾能力等异质性因素给予差别化待遇	医疗服务的差别也应该只反映那些相关性的因素，而不应涉及无关因素

续表

一级目标	二级目标	二级目标内容：以长期照顾政策与服务为例	备注
社会融合	9. 尊严	“尊严”是指在提供长期照顾服务或者给予照顾津贴时应维护长期照顾服务受益者的人格尊严，避免使长期照顾服务对象与家庭照顾者产生不必要的耻辱感	/
	10. 社会团结	“社会团结”是指提供长期照顾服务或者给予照顾津贴时必须以社会团结为根本目标，将长期照顾服务与照顾津贴给付脱钩于个人的社会经济地位	与济贫的目标非常相近
行政管理的可行性	11. 清晰	“清晰”是指长期照顾服务体系应尽可能简单明了，以达到便于管理的目的	/
	12. 谨慎	“谨慎”是指长期照顾服务的给付应尽可能节俭，避免浪费	/

资料来源：表格中一级目标、二级目标与备注由笔者利用尼古拉斯·巴尔《福利国家经济学》一书相关章节中的内容整理而得，可参见〔英〕尼古拉斯·巴尔《福利国家经济学》，郑秉文、穆怀中译，北京中国劳动社会保障出版社，2003。二级目标内容由笔者根据《福利国家经济学》一书中的相关内容嵌入长期照顾服务体系转型发展的语境中自行整理添加而成。

第二节　台湾地区长期照顾服务体系转型发展的经验及其启示

任何事物的产生及其发展变化皆是对其所置身的文化环境、社会环境、历史环境、政治环境与制度环境的一种能动反应的认识。对于大陆与台湾地区长期照顾服务体系转型发展问题的研究也必须嵌入海峡两岸具体的文化环境、社会环境、历史环境、政治环境与制度环境之中。基于这一认识，笔者认为，台湾地区长期照顾服务体系转型发展的经验之所以特别值得大陆地区借鉴，主要基于如下两个方面的原因：首先，大陆与台湾地区同胞同根同源、同文同种、习俗相近、语言相通，特别是海峡两岸均有尊老敬老的文化传统，在同一传统文化背景下系统研究台湾地区长期照顾服务体系发展的实践与经验，无疑对于大陆地区长期照顾服务体系构建与完善的规划具有宝贵的启示意义。其次，无论是从人口老龄化进程抑或从经济发展的角度来看，大陆与台湾地区长期照顾服务体系转型发展的社会背景具有一定的相似性。具体来说，一方面，大陆与台湾地区均已进入人口快速老龄化的发展阶段，相对而言，台湾地区比大陆更早进入老龄化社会，在长期照顾服务体系等养老服务体系构建方面积累了比较丰富的经验；另一方面，随着大陆地区经济发展水平的快速提升，海峡两岸经济发展水平正呈快速拉近之势。在此类似社会背景下系统总结台湾地区长期照顾服务体系转型发展的经验，特别是该地区长期照顾服务体系的领衔计划（制度）从长期照顾十年计划向长期照顾保险制度转移升级的战略规划，无疑对于大陆地区完善养老保障服务体系特别是长期照顾服务体系积极应对人口老龄化挑战具有弥足珍贵的启示意义。

一　效率目标下的经验及其启示

如表 9-1 所示，在“效率”这一福利国家的一级目标之下可细分为三个二级目标，分别为“宏观效率、微观效率与激励作用”。基于巴尔的福利国家目标学说，嵌入长期照顾服务体系转型发展的语境中，所谓“宏观效率”是指长期照顾服务相关政策的出台应避免费用扩大化的趋势；而所谓“微观效率”则更多体现在具体长期照顾服务项目的设置上，有如长期照顾服务类型、是否考虑照顾者津贴等；就“激励作用”的维度，长期照顾服务体系的构建与完善应以能促进劳动力供给、就业和储蓄的优化为目标。

就“宏观效率”的目标，台湾地区长期照顾服务体系构建与完善的实践过程中值得大陆地区借鉴的经验体现在如下两个方面：首先，在台湾地区长期照顾服务体系的构建与完善进程中，各类社会组织、营利组织、“政府”与社区等各方联合扮演着重要的服务提供者及专业服务的开发者的角色，亦是家庭照顾者的支持及陪伴者，这一颇具社会治理意蕴的服务供给结构在有力激发各界社会治理热情的同时，无疑有助于抑制长期照顾费用的扩大。有如，台湾弘道老人基金提供居家服务，是该地区长期照顾服务输送系统之中不可缺失的一环，而台湾长期照顾专业协会及相关专业人员则扮演着专业长期照顾服务开发者的角色。为了增进对该地区家庭照顾者的社会支持及日常陪伴，由学者、护理师、医师、职能治疗师、社工师等专业人士共同组织的台湾地区家庭照顾者关怀总会及各县市家庭照顾者关怀协会做了大量工作。其次，基于中华传统文化之中的孝道文化，注重家庭观念，重视家庭在台湾地区长期照顾服务提供之中的基础性作用亦是“宏观效率”层面值得大陆地区借鉴的一个明显经验，特别是海峡两岸同样深受孝道文化的影响。

就“微观效率”的目标，台湾地区值得大陆地区借鉴的经验体现在如下两个方面。首先，在台湾地区长期照顾服务体系不断构建与完善的进程中，该地区发展出了机构式照顾、社区式照顾以及居家式照顾等三种长期照顾服务模式，在各种服务模式之下均培育出了种类丰富且各具特色的照顾服务类型，从而将具有异质性长期照顾需求的差别化照顾对象都列入各类长期照顾服务项目之中。以台湾地区的社区式照顾为例，在这一服务模式之下包含喘息服务、交通接送服务、日间照顾/护（包含医疗型的日间照护与社会型的日间照顾）、家庭托顾、社区照顾关怀据点等具体长期照顾服务。其次，作为台湾地区长期照顾服务体系进一步转型发展进程中具有决定性意义的“立法”，在台湾地区“长期照顾保险法（草案）”的规划中该保险以实物给付为主，照顾者津贴为辅，保险给付项目共计 13+1 类。其中，混合给付项目有身体照顾服务、家务服务、安全看视服务、照顾者津贴等四类；而规划中该保险的实物给付内容则包括护理服务、生活自立或复健训练服务、辅具服务、居家无障碍空间规划或修缮服务、交通接送服务、喘息服务、照顾训练服务、照顾咨询服务与关怀访视服务等九类。此外，“+1”类给付项目特指“其他经主管机关公告之项目”。由此可见，台湾地区长期照顾保险制度的规划设计可谓在不同类型的长期照顾服务项目与照顾者津贴之间做出了比较合理的分配。

那么，台湾地区长期照顾服务体系在构建与完善的实践过程中是否达成了“激励作用”的目标呢？这无疑是比较有争议的。其原因在于，台湾地区长期照顾服务体系的发展面临着外劳依赖与本土长期照顾服务人力资源严重短缺的问题。然而，经过实地考察，笔者发现台湾地区相关“政府部门”非常重视长期照顾服务人力培训，这对于大陆地区在规划长期照顾服务体系战略时是值得跟进学习的，有如台湾地区“内政部”于 2005 年完成老人福利社工人员分科分级训练课程及培训、规划照顾服务督导员训练课程等；而“教育部”则鼓励大专院校开设照顾（护）服务等课程，在 2007 年开设了 127 门相关课程，并鼓励专科学校设置老人照顾学系，培训照顾服务人力。[①] 当然，大陆地区应当汲取台湾地区的经验、教训，一方面要积极吸纳长期照顾专业人才进入长期照顾服务行业，另一方面，要在专业培训、薪酬、社会舆论等方面出台强力举措稳定住既有长期照顾人力资源队伍，真正达成“激励作用”目标。

二　维持生活水平目标下的经验及其启示

如表 9-1 所示，在“维持生活水平”这一福利国家的一级目标之下可细分为三个二级目标，分别为“贫困救济、保险与收入平稳”。基于巴尔的福利国家目标学说，嵌入长期照顾服务体系转型发展的语境中，“贫困救济”这一目标的意蕴在于长期照顾照顾服务相关政策的制定应有助于减轻照顾对象及其家庭的贫困程度；“保险”这一二级目标的含义在于使得失能人口在面对失能这一现实时能借由长期照顾服务给付尽可能地维持其原有的生活品质；而在“收入平稳”这一目标上，则应通过长期照顾服务体系的合理设计与实施实现个人生命周期内消费的合理再分配。

在实现“贫困救济”这一目标中，台湾地区长期照顾服务体系值得大陆地区借鉴的经验主要体现在对于贫困人群与贫困地区的额外扶助上。首先，基于弱者优先的原则，对于通过家庭资产调查的低收入家庭老年人，给予提供免费的长期照顾服务。其次，针对偏远以及长期照顾服务资源不足地区，主管部门对设置长期照顾服务据点给予奖励，同时对照顾管理模式进行统筹整合，以社区需求为基础积极发展在地化及多元功能的综合照顾服务模式。

基于生命周期理论，在实现“保险”这一目标中，台湾地区长期照顾服务体系值得大陆地区借鉴的经验主要体现在保险体制的选择上，规划中的台湾地区长期照顾保险制度倾向于采取“强制性社会保险，全民纳保”的模式。相对于税收制，这一筹资模式可以使得失能人口在面对失能这一现实困境时能借由长期照顾保险服务给付尽可能地维持其原有的生活品质。在实现“收入平稳”这一目标进程中，台湾地区长期照顾服务体系值

① 李孟芬、石泱、曾蔷儿等：《长期照顾概论——社会政策与福利服务取向》，台北洪叶文化事业有限公司，2013。

得大陆地区借鉴的经验则主要体现在规划中的长期照顾保险制度采取全民纳保的方式，而这一参保方式可以促进就业公平，避免因为将参保对象界定在 40 岁之上而诱发企业为规避保费而不愿意雇佣中高龄人士的道德风险，从而间接有助于台湾地区民众在其个人生命周期内实现收入与消费的合理再分配。

三 减少不公目标下的经验及其启示

如表 9-1 所示，“减少不公”这一福利国家的一级目标之下可细分为两个二级目标，分别为“纵向公平与横向公平”。嵌入长期照顾服务体系转型发展的语境中，所谓“纵向公平”是指长期照顾服务的给付应能实现对低收入者（家庭）收入再分配的目的；而所谓“横向公平”则是指长期照顾服务的给付内容与形式应综合考量长期照顾服务对象的年龄、失能程度、家庭实际照顾能力等异质性因素给予差别化待遇。

在实现“纵向公平”这一目标中，比较值得大陆地区借鉴的经验在于，台湾地区长期照顾服务体系的领衔计划（制度）从长期照顾十年计划向长期照顾保险制度转型升级的过程中其筹资方式亦实现了从税收制向社会保险制的转型。由于规划中的长期照顾保险采取全民纳保的方式，以大数法则分担风险，缴纳保险费的人越多，保险费负担越低，亦较符合社会公平正义以及世代互助精神，并可降低家庭整体照顾负担及财务压力，因此能较好地实现对低收入者（家庭）收入再分配的目的。在实现“横向公平”这一目标的实践中，比较值得大陆地区借鉴的实践经验体现如下两个方面：一方面，在完善台湾地区家庭照顾者服务网络建置的进程中台湾地区相关主管部门针对高风险家庭照顾者提供个性化的家庭照顾者服务，具体服务项目包括提供家庭照顾者主动电话关怀、照顾技巧咨询、心理协谈、同侪照顾经验分享、营养信息咨询、照顾资源咨询与联结及法律咨询等。另一方面，在长期照顾十年计划 2013 年至 2016 年的实施规划中，台湾地区“卫生福利部”在提高长期照顾服务覆盖水平的进程中根据实际财政状况以及长期照顾服务资源存量状况采取循序渐进的推进策略亦值得大陆地区借鉴。基于群体划分的视角，系统考察 2013 年至 2016 年台湾地区提高长期照顾服务覆盖水平的规划，其优先级的制定规则依次是：将满足现行长期照顾十年计划适切服务对象的长期照顾服务需求排在首位；将发展长期照顾服务资源不足以及偏远地区（包含山地离岛地区）的社区式长期照顾服务体系排在第二位；将满足经过审核确认目前有长期照顾服务需要但暂未被纳入长期照顾十年计划之中的失能者的服务需求列为第三位；在上述三个位序的长期照顾服务需求被满足之后，再根据实际财政状况不断提高长期照顾服务的数量与质量。

四 社会融合目标下的经验及其启示

如表 9-1 所示，在“社会融合”这一福利国家的一级目标之下可细分为两个二级目标，分别为“尊严与社会团结”。嵌入长期照顾服务体系转型发展的语境中，其中“尊严”是指在提供长期照顾服务或者给予照顾津贴时应维护长期照顾服务受益者的人格尊严，避免使长期照顾服务对象与家庭照顾者产生不必要的耻辱感；而所谓“社会团结”则是指提供长期照顾服务或者给予照顾津贴时必须以社会团结为根本目标，将长期照顾服务与照顾津贴给付脱钩于个人的社会经济地位。

在实现“尊严”这一目标中，值得大陆地区借鉴的经验主要体现在规划中的台湾地区长期照顾保险制度不必开展资产调查，而以税收制为基础的长期照顾十年计划则将服务对象区分为中低与一般户，对中低收入户必须进行资产调查。因而，从长期照顾十年计划向长期照顾保险制度转型发展的变革有助于维护长期照顾服务受益者的人格尊严。而在实现“社会团结”这一目标中，值得大陆地区借鉴的经验主要体现在规划中的台湾地区长期照顾保险制度倾向于采取“强制性社会保险，全民纳保”的“普惠制”模式，这相对“残补式、选择性”的长期照顾十年计划而言无疑有助于“社会团结”目标的实现。

五 行政管理的可行性目标下的经验及其启示

如表 9-1 所示，在“行政管理的可行性”这一福利国家的一级目标之下可细分为两个二级目标，分别为“清晰与谨慎”。嵌入长期照顾服务体系转型发展的语境中，“清晰”是指长期照顾服务体系应尽可能简单明了，以达到便于管理的目的；“谨慎”则是指长期照顾服务的给付应尽可能节俭，避免浪费。

在“行政管理的可行性”此一级目标之下，台湾地区在实现“清晰”与“谨慎”这两个二级目标相关的经验主要体现在如下三个方面。首先，基于“在地老化”与“社会福利社区化”的理念，台湾地区积极促进以社区为依托发展该地区长期照顾服务体系。其次，值得大陆地区借鉴的经验之一在于，该地区具有通过严谨、完善的“法令”制定来推动长期照顾服务体系转型发展的传统。有如，1980 年台湾地区“老人福利法”与“残障福利法”的快速通过并颁行开创了台湾地区长期照顾服务体系“法制化”发展的新局面；同样的后续转型发展的过程亦是长期照顾服务相关“法令”制定的过程。如前文所述，推动“长期照顾十年计划”向长期照顾保险制度转型发展亦借由“长期照顾保险法”与“长期照顾服务法”此“长期照顾双法”的制定而有序展开。再次，台湾地区长期照顾服务体系的主要领衔制度（计划）基础从长期照顾十年计划向长期照顾保险制度转型发展的进程中，无论是其主管机关的组织架构的重组抑或是长期照顾保险制度服务输送流程的优化设计，其最明显的变化之一在于其制度设计愈加简单明了而其服务输送系统则更加便捷高效，特别是长期照顾服务的连续性得到提升，这一制度设计上的优势无疑将传导至长期照顾服务给付的成本控制上，有利于抑制浪费现象的发生。

参考文献

[1]〔美〕尼尔·吉尔伯特、保罗·特勒尔:《社会福利政策导论》,黄晨熹、周烨、刘红译,华东理工大学出版社,2003,第76~103页。

[2]〔美〕尼尔·吉尔伯特、保罗·特勒尔:《社会福利政策引论》,沈黎译,华东理工大学出版社,2013,第73~112页。

[3]〔英〕海瑟·克拉克、海伦·古夫、安·麦克法蓝:《"不只保本,还有红利":英国现金给付制度与老人社区照顾》,杨培珊译,台北学富文化事业有限公司,2007,第5~14、85~92页。

[4] 蔡淑凤、王秀红:《台湾长期照护政策发展》,《护理杂志》2008年第4期,第24~29页。

[5] 蔡淑凤、吴济华:《台湾第一个立案护理之家经营管理口述史研究》,《护理杂志》2006年第3期,第34~43页。

[6] 蔡金宏:《台湾长期照护制度之发展》,《经济前瞻》2011年第138期,第48~52页。

[7] 蔡雅竹:《论台湾长期照护双法草案及其法律问题——兼论德国之长期照顾保险制度》,台湾大学硕士学位论文,2014,第55~190页。

[8] 陈亮汝:《嘉义市长期照顾管理制度之建置策略与成果》,台湾大学博士学位论文,2010,第10~12页。

[9] 陈年、林伯冈、罗保罗等:《老人服务事业概论》,台北威仕曼文化事业股份有限公司,2008,第185~234页。

［10］陈怡如、曾蔷薇、徐明仿等：《老人福利服务》，台北华格纳企业有限公司，2013，第1~44页。

［11］陈丽芬、王顺民：《社会福利服务析论——当代台湾地区的方案计划讨论》，台北洪叶文化事业有限公司，2013，第44~46页。

［12］陈雪萍：《以社区为基础的老年人长期照护体系构建——基于杭州市的实证分析》，浙江大学出版社，2011，第64~99页。

［13］陈奕翰、苏丽晶、刘淑娟：《长期照护专业间合作策略——以居家营养服务为例》，《护理杂志》2013年第3期，第223~228页。

［14］陈家容：《护理之家机构特性与照护品质相关性研究》，《护理杂志》2003年第3期，第62~70页。

［15］陈晶莹：《老人之长期照护》，《台湾医学》2003年第3期，第404~413页。

［16］陈惠姿：《长期照护实务》，台北永大书局，2010，第1~12页。

［17］陈燕桢、谢儒贤、施教裕：《社区照顾：老人餐食服务模式之探讨与建构》，《社会政策与社会工作学刊》2005年第1期，第121~161页。

［18］陈清惠、宋慧娟、田玫等：《长期照顾》，台北华格纳企业有限公司，2013，第2~10页。

［19］陈正芬、吴淑琼：《家庭照顾者对长期照护服务使用意愿之探讨》，《人口学刊（台湾）》2006年第32期，第83~121页。

［20］陈正芬：《从老人居住安排及未满足需求论台湾长期照顾政策》，台湾中正大学博士学位论文，2006，第1~55页。

［21］陈正芬：《台湾长期照顾政策之规划与发展》，《社区发展季刊》2011年第1期，第197~208页。

［22］陈正芬：《台湾长期照顾体系欠缺的一角：照顾者支持服务》，《社区发展季刊》2013年第1期，第203~213页。

［23］戴玉慈、张媚、吕宝静等：《社区式照顾管理模式的设立于初步评价》，《台湾医志》2004年第3期，第197~208页。

［24］陈玉华：《失智症综合照顾》，《社区发展季刊》2013年第1期，第343~353页。

［25］戴卫东：《长期护理保险——理论、制度、改革与发展》，经济科学出版社出版，2014，第1~10页。

[26] 戴卫东：《台湾地区人口老龄化下长期护理政策及走向》，《人口学刊》2011年第4期，第61~67页。

[27] 戴卫东：《中国长期护理保险制度构建研究》，人民出版社，2012，第23~24页。

[28] 方敬纶、刘淑娟：《论台湾推动长期照顾保险与其可能带来的挑战》，《源远护理》2013年第7期，第11页。

[29] 方黎明：《台湾失能老人长期照护政策的变革》，《台湾研究》2013年第2期，第48~52页。

[30] 郭登聪：《“卫生福利部”下行政体制运作的检视与调整》，《社区发展季刊》2014年第1期，第56~72页。

[31] 古允文、李易骏、孙健忠等：《台湾大未来社福——回到根本：重构台湾的基本生活安全网》，台北财团法人厚生基金会，2008，第107~128页。

[32] 顾柳堃：《台湾长期照护制度研究》，西北大学硕士学位论文，2013，第20~38页。

[33] 黄于玲：《老人居住安排与社会支持对生活满意度之影响》，台湾亚洲大学硕士学位论文，2007，第17~27页。

[34] 黄志成、王丽美、王淑桢：《身心障碍者的福利服务》，台北亚太图书出版社，2011，第5~134页。

[35] 黄惠玑、杜敏世、陈丽华等：《长期照顾》，台北新文京开发出版股份有限公司，2012，第2~20、41~43、48~82页。

[36] 胡月瑗、叶莉莉、王琪珍：《居家照顾需求初探——外籍看护工与家属主照顾者比较》，《长期照护杂志》2009年第13期，第339~350页。

[37] 简惠娟、陈玉芬：《新机构、新角色与新承担~“卫生福利部社会及家庭署”愿景与展望》，《社区发展季刊》2014年第1期，第19~36页。

[38] 蒋钦尧：《长期照护立法的伦理基础》，《应用伦理研究通讯》2007年第44期，第67~77页。

[39] 景天魁：《普遍整合的福利体系》，中国社会科学出版社，2014，第39~44、200~230、600~606页。

［40］景天魁、葛雨琴、高和荣等：《海峡两岸社会福利基本经验》，鹭江出版社，2013，第 59～74、220～240、341～351 页。

［41］蓝玉珠、饶育蕾：《台湾地区长期照护自负费用推估的研究》，《保险职业学院学报》2007 年第 1 期，第 52～58 页。

［42］廖了以：《弱势照顾与台湾长期照顾政策之规划与推动》，《研考双月刊》2009 年第 2 期，第 88～95 页。

［43］陆敏清：《国家担保责任于长期照护之实现》，台北大学博士学位论文，2010，第 121～172 页。

［44］吕宝静：《支持家庭照顾者的长期照护政策之构思》，《台湾政策季刊》2005 年第 4 期，第 26～40 页。

［45］吕宝静：《社会工作与台湾社会》，台北巨流图书股份有限公司，2011，第 130～165 页。

［46］吕慧芬、赵美敬：《韩国启动长期照顾保险机制：老人长期疗养保险》，《台湾社会福利学刊》2009 年第 2 期，第 146～147 页。

［47］李宗派：《美国长期照顾体系之发展趋势》，《台湾老人保健学刊》2013 年第 1 期，第 1～19 页。

［48］李孟芬、石泱、曾蔷儿等：《长期照顾概论——社会政策与福利服务取向》，台北洪叶文化事业有限公司，2013，第 1～32、34～64、117～136、203～260 页。

［49］李明德：《台湾居家护理的概况》，《老人教育》1996 年第 8 期，第 6～16 页。

［50］李易骏：《社会福利概论》，台北洪叶文华事业有限公司，2013，第 315～320 页。

［51］李元昌：《“外籍看护工申审机制与‘台湾’照顾服务体系接轨”之实施现况与成效初探——以台北县为例》，台湾政治大学硕士学位论文，2008，第 14～39 页。

［52］李玉春、林丽婵、吴肖琪等：《台湾长期照护保险之规划与展望》，《社区发展季刊》2013 年第 1 期，第 26～44 页。

［53］李世代：《长期照护与照顾（护理）管理》，《社区发展季刊》2013 年第 1 期，第 141～160 页。

［54］李世代：《“长期照护”的发展与推动》，《台湾医界》2010 年第

1 期，第 44~50 页。

[55] 刘慧敏:《荷兰长期照护保险制度的启示》,《全民健康保险双月刊》2014 年第 9 期，第 36 页。

[56] 刘金涛:《老年人长期护理保险制度研究》，科学出版社，2014，第 1~15 页。

[57] 刘淑娟、叶玲玲、蔡淑凤等:《长期照护》，台北华杏出版股份有限公司，2013，第 35~71 页。

[58] 林明禛:《“合作式竞合”抑或“冲突性竞合”——从日间照顾推动困境评析“长期照顾十年计划”照顾服务》,《台湾健康照顾研究学刊》2011 年第 10 期，第 18~36 页。

[59] 林惠芳:《长期照顾推动的关键焦点——充实照顾服务网络减轻全民照顾负荷》,《社区发展季刊》2009 年第 3 期，第 205 页。

[60] 林万亿:《台湾的社会福利——历史与制度的分析》，台北五南图书出版股份有限公司，2012，第 519~541 页。

[61] 林万亿:《台湾的社会福利——历史经验与制度分析》，台北五南图书出版股份有限公司，2008，第 390~391、417~428 页。

[62] 林万亿:《台湾卫生与福利整并后的困境与解决之道》,《社区发展季刊》2014 年第 1 期，第 37~55 页。

[63] 林美色:《长期照护保险：德国荷兰模式析论》，台北巨流图书股份有限公司，2011，第 1~34、147~176、351~374 页。

[64] 林蓝萍、刘美芳:《德、日长期照护保险制度之简介》,《台湾老人保健学刊》2005 年第 2 期，第 75~94 页。

[65] 林志鸿:《德国长期照顾制度之发展、现况与未来》,《研考双月刊》2008 年第 6 期，第 68~78 页。

[66] 林静湄:《老人居住安排决定过程之探讨》，台湾大学硕士学位论文，2001，第 1~15 页。

[67] 凌文豪、李文杰:《农村老年人口长期照护问题研究》，中国社会科学出版社，2014，第 12~15 页。

[68] 卢美秀、陈静敏、张淑卿等:《长期照护：护理综论》，台北华杏出版股份有限公司，2013，第 521 页。

[69] 卢美秀、陈静敏:《长期照护：跨专业综论》，台北华杏出版股

份有限公司，2014，第 196 页。

［70］裴晓梅、房莉杰：《老年长期照护导论》，社会科学文献出版社，2010，第 72～110 页。

［71］邱文达：《卫生福利的综合融效——长期照护的综合前瞻》，《研考双月刊》2011 年第 2 期，第 123～130 页。

［72］邱文达：《卫生福利政策之擘画与展望》，《社区发展季刊》2014 年第 1 期，第 9～18 页。

［73］仇国平、温卓毅：《中国农民工政策的重大调整：走向新政策范式》，《中国社会政策评论》（第 1 卷），第 157～169 页。

［74］施巍巍：《发达国家老年人长期照护制度研究》，知识产权出版社，2012，第 3～54 页。

［75］苏惠珍：《台湾老人社区式长期照顾阶层需求与服务模式之研究》，东海大学博士学位论文，2011，第 7～52 页。

［76］苏逸玲、陈小妮、王威苹：《从立法与管理看台湾长期照护之现况》，《护理杂志》2005 年第 6 期，第 5～10 页。

［77］苏惠珍：《老人长期照顾自愿服务：对台湾志愿服务之回应》，《高龄服务管理学刊》2011 年第 1 期，第 107～136 页。

［78］孙正成：《台湾地区长期护理体系概述及启示》，《台湾研究集刊》2013 年第 1 期，第 31～37 页。

［79］谭开元、蔡闫闫、陈秀玫：《老人长期照护现况及新世纪医疗网》，《长期照护杂志》2011 年第 1 期，第 1～12 页。

［80］周台龙：《台湾长期照护财源筹措论文集》，台湾政治大学博士学位论文，2009，第 3～10 页。

［81］唐咏：《压力与应对：以城乡高领失能老人照顾者福利实践为视角》，中国社会科学出版社，2014，第 20～61 页。

［82］王卓圣、郑赞源：《台湾长期照顾制度之发展脉络及借鉴——历史制度论》，《社会科学学报》2012 年第 19 期，第 90～125 页。

［83］伍小兰、曲嘉瑶：《台湾老年人的长期照护》，中国社会出版社，2010，第 44～71 页。

［84］吴玉韶：《老龄蓝皮书：中国老龄事业发展报告（2013）》，社会科学文献出版社，2013，第 1～24、25～47 页。

[85] 吴淑如：《长期照顾机构护理人员之赋权、个人效应及留职意愿模式之建构》，高雄医学大学博士学位论文，2010，第13~26页。

[86] 吴淑琼、庄坤洋：《在地老化：台湾二十一世纪长期照护的政策方向》，《台湾公共卫生杂志》2001年第3期，第192~201页。

[87] 吴淑琼：《长期照护资源的过去、现在与未来》，《社区发展季刊》2000年总第92期，第19~31页。

[88] 吴淑琼：《人口老化与长期照护政策》，《国家政策季刊》2005年第4期，第5~24页。

[89] 吴淑琼：《从“建构长期照护体系先导计划”之执行看台湾社区式长期照顾体系之建构》，《社区发展季刊》2004年总第106期，第88~98页。

[90] 吴玉琴：《台湾老人长期照顾政策之回顾与展望：老盟观点》，《社区发展季刊》2011年第4期，第251~263页。

[91] 吴玉琴：《照顾服务人力的培育与留任》，《社区发展季刊》2013年第1期，第113~130页。

[92] 吴肖琪、周世珍、沈文君等：《台湾长期照护相关法规之探讨》，《长期照护杂志》2007年第1期，第35~50页。

[93] 吴晋玮：《他们为什么逃跑？从外籍劳工逃跑现象检视台湾看护类移工政策》，台湾大学硕士学位文化，2012，第32~71页。

[94] 萧文高：《台湾社区工作的政策典范与治理——社区照顾关怀据点的省思》，暨南国际大学博士学位论文，2007，第89~150页。

[95] 萧新煌：《台湾的社会福利运动》，台北巨流图书有限公司，2001，第231~256页。

[96] 谢荣堂、周佳宥：《德国照护保险法制之研究——作为台湾未来立法借镜》，《法学论著（军法专刊）》2009年第5期，第12~34页。

[97] 徐慧娟、叶玲玲、朱侨丽等：《长期照护政策与管理》，台北洪叶文化事业有限公司，2013，第19~41、80~102、369~384页。

[98] 徐慧娟：《长期照护财源筹措》，《护理杂志》1997年第6期，第20~24页。

[99] 徐月宾、刘凤芹、张秀兰：《中国农村反贫困政策的反思——从社会救助向社会保护转变》，《中国社会科学》2007年第3期，第42~

43 页。

[100] 许佩蓉、张俊喜、林静宜:《机构式长期照护综论》,《台湾老年医学杂志》2006 年第 4 期,第 198~215 页。

[101] 杨嘉玲:《护理之家照护品质指标:以老年住民、家属以及护理人员的观点探讨》,《台湾公共卫生杂志》2001 年第 3 期,第 238~247 页。

[103] 杨培珊:《长期照护资源管理与社会工作》,《台湾政策季刊》2005 年第 4 期,第 93~108 页。

[104] 叶至诚:《老人长期照顾政策》,台北扬智文化事业有限公司,2012,第 173~196 页。

[105] 庄秀美:《营利部门与非营利部门于照顾服务提供之竞合——日本介护保险制度的服务提供多元化政策分析》,台北松慧有限公司,2012,第 59~94 页。

[106] 詹火生:《台湾社会工作》,中国社会出版社,2014,第 100~123 页。

[107] 詹火生、陈怡如、曾蔷薇等:《老人福利服务》,台北华格纳企业有限公司,2013,第 5~15 页。

[108] 张卜泓:《中国台湾地区长期护理保险发展经验及借鉴思考》,《金融发展研究》2013 年第 9 期,第 69~72 页。

[109] 周台龙、郑文辉:《台湾多层次长期照顾财务保障架构之探讨》,《台湾社会福利学刊》2008 年第 1 期,第 65~122 页。

[110] 周世珍:《日本介护保障法制及其基本理念之发展》,《明新学报》2007 年第 33 期,第 105~128 页。

[111] 周世珍:《荷兰健康照护法制新趋势》,《长期照护杂志》2006 年第 2 期,第 138 页。

[112] 周韦诗:《机构式长期照护需求之影响因素及建构长期照护体系之雏议》,台湾大学博士学位论文,2006,第 74~75 页。

[113] 曾蔷霓:《以家庭为中心的就地照顾政策成本:长期照护费用动态推估之研究》,台湾中正大学博士学位论文,2003,第 51~74 页。

[114] 曾中明:《台湾老人与身心障碍者长期照顾之现况与规划》,《长期照护杂志》2006 年第 2 期,第 93~100 页。

［115］曾中明：《台湾老人福利概况及政策展望》，《台湾老年医学杂志》2006年第3期，第119~120页。

［116］郑文辉：《长期照顾保险制度之规划》，《研考双月刊》2008年第6期，第3~11页。

［117］郑文辉：《台湾实施长期照护保险之可行性评估》，《台湾政策季刊》2005年第4期，第69~92页。

［118］钟秉正：《社会保险法论》，台北三民书局，2014，第327~363页。

［119］Berdes，C.，1996，"Driving the System：Long-term-care Coordination in Manitoba"，*Journal of Case Management*，Vol. 5（4），pp. 168-172.

［120］Diwan，S.，1999，"Allocation of Case Management Resources in Long-term Care：Predicting High Use of Case Management Time"，*Gerontologist*，Vol. 39（5），pp. 580-590.

［121］Friedman，M. M.，1992，Family Nursing：Theory and Assessment（3rd ed.），Appleton & Lange.

［122］Hall，P. A.，1993，"Policy Paradigms，Social Learning and the State：The Case of Economic Policymaking in Britain"，*Comparative Politics*，Vol. 25（3），pp. 275-296.

［123］Halamandaris，V. j.，1987，"Long-term Care：Filling the Gap"，*Caring*，Vol. 6（10），pp. 18-22.

［124］Kane，R. A.，Kane，R. L.，1987，Long-term Care：Principles，Programs，and Policies，Springer Publishing Co.

［125］L. C. Lin et al.，2004，"Depressive Symptoms in Long-term Care Residents in Taiwan"，*Journal of Advanced Nursing*，51（1），pp. 30-37.

［126］Martin，L. L.，Ketter，P. M.，1996，Mangeing the Performance of Human Services Program，Sage.

［127］Morel，N.，2006，"Proving coverage against new social risks in Bismarckian welfare states：the case of long term care"，in K. Armingeon and G. Bonoli（eds.），2006，The Politics of Post-Industrial WelfareStates：adapting post-war social policies to new social risks，NY：Routledge. pp.

227-247.

[128] Nadash & Shih, 2013, "Introducing Social Insurance for Long-term Care in Taiwan: Key Issues", *International Journal of Social Welfare*, 2013 (22), pp. 69-79.

[129] Quinn, J., 1993, Successful Case Management in Long-term Care, Springer Publishing Co.

[130] S.-Y. Chao, P. Roth, 2005, "Dimensions of Quality in Long-term Care Facilities in Taiwan", *Journal of Advanced Nursing*, 52 (6), pp. 609-619.

[131] Weissert, W. G., Hedrick, S. C., 1994, "Lessons Learned From Research on Effects of Community-based Long-term Care", *Journal of American Geriatric Society*, Vol. 42 (348), p. 53.

后 记

政治哲学家迈克尔·沃尔泽（Walzer M.）认为，致谢和引文事关分配正义，是我们支付智力债务的通用货币。此刻，我正在福州飞往大连的航班途中。万米高空，阳光灿烂，写一些文字表达“高度”致谢之意可谓恰逢其时。

本书由我的博士学位论文修改而成。要感谢我的导师赵建国教授。还记得2010年的初夏，老师不嫌弃我的愚笨木讷，欣然把我收入门下，让我在工作了六年之后，又获得了继续深造攻读博士学位的机会。东财学习的经历让我有了领略导师与东财其他学术先进智慧和才气的荣幸。此为平生一大快事。令自己汗颜的是，在学位论文的写作过程中，因研究兴趣转换，我三易其题，老师虽然为我着急，但还是耐心、细致地为我指导，字斟句酌，让我既感动，又惭愧。我常常想，愚笨如我，对于导师的学术水平与创新意识我只能高山仰止了；对于师恩我此生更是难以回报的。不喧哗，自有声。只求能自我超越，努力将自己有限的智慧发挥到极致，倾心教学、认真科研、踏实生活，认认真真做一点成绩出来，不求闻达于闽，但求不辱没师门。

感谢东财遍植的银杏。这种树生长速度极为缓慢，但寿命极长，自然条件下从栽种到结果儿要二十多年，四十年后才能硕果累累，是它们让我明白，做研究要有耐心，不浮躁，要有“公种而孙得食”的恒心。

要感谢我的父母，是他们把我带到这个世界，从而有机会历经人生的酸甜苦辣，有机会去爱与被爱，有机会通过不懈的努力去小小地证明一下自己存在的价值。记得父亲曾经说起，在他年轻的时候，为了应征入伍改变自身命运，从修机场的驻地披星戴月整整走了一宿赶回村里报名。当时我们村的村长并不看好他，还打赌如果他能当上兵就杀猪为他送行。但他最终通过了体检和政审顺利入了伍，村长也如约让一头肥猪“祭刀”。因为个性过于耿直，历经许多坎坷，但父亲终以个体的努力在城镇和体制内谋得一份差事，为我的成长奠定了比较好的环境。行伍出身的父亲，从小到大，对我异常严格，甚至可以说教育方法是非常简单粗暴的。学习成绩不好而忘性又超大的我没少和他的皮带直接对话，当然对话的结果通常是他的皮带断了，而我的皮则厚实许多。母亲则是传统的客家妇女，很疼爱甚至溺爱自己的孩子，常常在父亲打骂我的时候护着我，为我说情。她没读太多书，但能说会道人缘甚佳，而且异常勤奋。有三件事令我此生难忘：一是当年父亲单位招合同工，因为名额有限，需要通过文化考试才能录取，母亲在众多同单位家属的质疑声中报了名。由于文化水平不高，面对厚厚一堆复习资料，许多题目她压根不大理解是什么意思；但她硬是早上 5 点多起，晚上 12 点多睡，每天全力以赴、死记硬背地备考了两个月，在当年许多高中毕业的家属都没有通过这次考试的情况下，竟然奇迹般地以不错的分数通过并被录取。二是当年因为家境比较困难，母亲在完成单位工作的同时，还开荒了一片土地，种上许多青菜、瓜、豆；经常晚上摘菜、洗菜到寒冷的冬夜，第二天一大早挑去卖，卖完菜匆匆扒上两口稀饭赶去上班。就这样五毛、一块地慢慢积攒下一点储蓄。三是我在读大学的有一年，一次母亲因为到福州培训出差，她自己舍不得花 1 元吃一碗拌面，却因为怕我钱不够花而将牙缝中省下的 500 元塞到我手里。这就是我的母亲！她始终以自己的言行在告诉我们兄弟俩，克勤克俭，靠自己一双勤劳的手，也有机会改变自身的命运！这是她给我的此生最大的财富吧！犹记得 1994 年，那年我中考成绩不理想没能被重点高中录取，她毅然决定花 8500 元的“天价”让我去重点中学寄读，对于一个仅能满足基本温饱的家庭来说，这种胆识无疑是惊人的。因为我知道这笔钱中的每一分都沉浸着她的汗水。在一些父母同单位同事看来，愚人戴重发的我能考上大学估计只能是小概率事件。高中期间我成绩确实一直不佳，而且阴差阳错身在理科班的我最终报考的是文科，但最终还是经过高三下学期的自学与苦读以不错的成绩顺利考上本科。18 年前的某一天，当我告诉母亲我高考成绩的时候，她因为一直为我担忧而紧绷的心因为压力释放而泪奔的情形我依然历历在目。

我的父母，他们操劳一生，终于退休了，老了；我长大了，工作了，成家了，却没为他们尽过太多孝心，心里非常惭愧。原本身体健壮的父亲2010 年初在退休前几个月确诊罹患肺癌，在福建省协和医院做手术的时候需要家属签字，我不知道手术是否会顺利，签字笔搁在手上的那种纠结与无助真是难以言说。幸好手术顺利，在家人的悉心照料下他似乎康复了。但 2014 年父亲又被发现手脚不灵便的症状，检查之后才发现是肺癌脑转移。2014 年过完年之后马上进行手术，虽然顺利，但从此他右手不听使唤，只能用左手吃饭，走路也不大灵便。他再也不是那个可以骑着自行车一前一后带着我和我弟弟冲上山坡的那个父亲了；他再也不是那个可以自己只身进山去伐木，一个人扛着一大根圆木回家作为打造家具原料的那个父亲了；他再也不是退休后可以一整天去跳老年交谊舞 10 个小时的父亲了。在父亲两次生病手术期间，需要家属将做完手术的病患从推车上搬到病床上，但我作为家中长子居然没有力气抱起并不重的父亲，心里真是羞愧难当。手术之后他的手脚不便，尤其是右手哆哆嗦嗦，难以执筷，不时哀声叹气于自己居然也需要家人照顾，而且这种情形应该不可逆转了。

都说家庭是社会的细胞，我想我家遇到的问题许许多多中国家庭都将遇到，最终会演化成为一个社会问题。在人口老龄化的背景下，中国老年人将普遍面临计生政策下少子女化的压力，加之人口流动与家庭规模变迁，家庭成员作为非正式照顾力量的作用日渐式微，中国老年人长期照顾服务供需断裂的问题是值得我深入研究。因为之前就一直关注养老保障体系问题的研究，加之有了这个念头，许多夜里辗转难眠，这个想法在我心头挥之不去，并最终让我破釜沉舟决定将博士论文的选题转移到长期照顾制度与服务体系这个主题之上。我想，随着人口老龄化趋势的加剧，作为一个社会问题，长期照顾服务体系的供需失衡风险将日渐凸显，如果这个难题不能很好解决，对于家庭照顾者而言无疑将陷入一片“苦海”；而作为一个研究领域，长期照顾服务体系构建与完善问题的研究则应该是一片蓝海。

感谢在台湾大学访学期间结识的许多学术先进。基于“国家急需、区域特色、不可替代"的选题三原则，在长期照顾这个研究方向中，我反复斟酌之后选择了《台湾长期照顾服务体系转型发展》这个细分研究作为切入点，同时也将之确立为我博士论文的最终选题。其间，我很幸运地得到去台湾大学社会工作学系访学的机会，合作导师是台大社工系前任系主任古允文教授。古老师作为台湾地区社会保障与社会政策学界的著名学者，为人却很谦和，颇有君子之风，对我这个从大陆慕名而来的年轻后进非常热心。作为台大的大牌教授，令我印象异常深刻的是，经常在晚上 9 点多还看到他在研究室里认真伏案做研究。在台湾大学访学期间，正是在古老师的悉心指导和帮助下，我比较系统地掌握了台湾地区长期照顾服务体系的历史、现状、问题、规划与展望的许多资料，拜访了台湾地区高校、研究院所、实务工作部门的许多学者，为本书的写作奠定了良好基础。我想，这一次的台湾之行应该算不虚此行了罢，访学期间台大社工楼 317C 研究室每天持续到凌晨 2 点到 3 点的灯光和访学结束后少掉的那十斤体重是最好的见证吧！

还要感谢台湾大学林万亿教授、杨培珊教授、王云东教授与傅从喜助理教授、阳明大学李玉春教授、"中央研究院"许雪姬研究员、游鉴明研究员、世新大学邱志淳教授、铭传大学纪俊臣教授、淡江大学杨景尧副教授、辅仁大学罗秀华副教授、哥伦比亚大学博士后曾薰慧，他们或在各类讲座中给予了我许多学术灵感、或直接给我指导，或接受我的访谈，或赠送给我资料，又或帮我推荐台湾地区的相关学者，为我这个陌生的学术后进者完成论文伸出了援助之手。特别是邱志淳教授，他是台湾地区知名行政管理学者，又有着极高的音乐水准，在台湾期间给予了我许多帮助，让我对于普通台湾人的生活方式与喜怒哀乐有了一定的了解。在我博士论文写作屡屡遇阻、一筹莫展的时候，我经常打开他赠送的原创音乐光盘聆听他的佛教音乐，尤其是一曲《戒定真香》，其纯净的音符每每令我心情安定，扫除诸多烦扰。此外杨景尧先生同样令我异常感动，他同父亲一样罹患肺癌脑转移，但还是抽空会见了我这一陌生的大陆访者，就研究范围给我的指点可谓醍醐灌顶。还要感谢台湾地区银龄学会、中华海峡两岸文经教育推广协会、台湾"中央研究院"社会学所等许多社会组织和学术单位的热心人，同时也要感谢接受我访谈和问卷请求的台湾地区各界人士，通过他们，我听了许多讲座，收集了很多资料，也做了许多访谈，可谓受益良多。我想，有了他们的帮助和鼓励，在本书的基础上，继续开展两岸养老保障体系比较与合作交流机制的研究还是有许多工作可做的。还要感谢台大社工系秘书翁晓雯老师，是她为我的访学琐事忙前忙后，其间的辛苦让我感动，令我难忘。最后，还要感谢台大正门的椰林大道，是椰林大道路径两旁的大王椰子林让我明白深扎根方能成就伟岸之躯的生存发展逻辑。

感谢我工作单位的领导和同事。是他们在各种场合为我伸出援助之手，让我能看得更清，脚步更快，走得更远。特别要感谢刘大可副校长，是他让我认识到，踏踏实实地走学术的路子也是一条有前景、有未来的光明大道。作为我年轻的老领导，非常清晰地记得他在许多场合说过的一些话，现在回想起来，都是他结合了自己成长实践的经验之谈。比如，他所说过的，作为年轻人，我们要感谢为我们挑水灭火的人，更要感激提醒我们预防火灾发生的人。又比如，我们开展职业生涯规划，要有政策预见性与敏感性，要做好充分的准备才能在机会来临的时候抓住机会。换言之，要有在十字路口等红绿灯的意识，在红灯的时候你做好充分的准备，才能在绿灯开启的时候跑在前头。他既给了我实质性的直接帮助与提携，让我收获了“鱼儿”，比如我在读博士期间中标的国家社科基金项目、省社科规划项目、全国党校系统重点调研课题、全国行政学院科研合作基金课题等一些科研项目，又比如我能顺利去台大访学从而在既有研究方向中增加了台湾研究的视角，都和他的直接点拨、关心与帮助密不可分；他在不同场合的许多语重心长的话语，让我坚定了往学术这条道路上努力的决心，他让我明白，不要用时间这个“真金”去换钞票这一“白银”，要抓紧时间做研究，否则上了年纪则一切都晚了。正是他的告诫，让我锁定了比较清晰可行的研究方向，编制好了属于自己的“渔网”。“海峡两岸基于老龄化、少子女化与人口流动风险的社会政策创新研究”将是我今后的主要研究方向，是有许多工作可以去做的。

感谢我所在工作单位里密植的一棵棵芒果树。一到夏天的时候这些貌不惊人的树儿就结满了黄橙橙的芒果，在纵情享受这些许酸甜的时候也让我明白了，即便我们生来平凡且不起眼，也要努力给这个社会增加一点味道。

要感谢我辛劳的妻子和我可爱的女儿。她们都属猪，我经常笑侃“我这条蛇要养你们两头猪真心不容易啊”，但这也给了我努力奋斗的充沛动力。作为“穷二代”，认真工作辛苦养家是每一天所需要面对的，让我深深感受到求发展与求生存的双重压力。但即便如此，回想起来在职读博士的这几年我对妻子照顾得还是很不够，每年大大小小的节日，囊中羞涩的我基本是带菜花而不是鲜花回家。江宁宁女士，幸亏这一世你我夫妻缘长，举案齐眉尚有时日，你且耐心等待……作为父亲，虽然我自认为对女儿陪伴、教育、谈心的时间投入上毫不吝惜，甚至在很大程度上影响了我博士学业的进展，但还是感觉自己不够耐心，有时候在写论文冥思苦想而不得解她又“不识趣”地带着各种各样古怪天真的问题跑过来没完没了地问这问那，高压下的我经常怒目以对令她猝不及防、抱头鼠窜……都说动不动就闹脾气是进化不够彻底的表现，而我在她这小人儿面前动辄摔书掷笔的行为只能说明修养还很不及格。作为普通人，我清楚知道，借由个人微薄的努力可能对其产生一些正面影响的对象不外乎家人、孩子。但我还是因为各种缘由错过了孩子成长的许多场合。犹记得，她读幼儿园的许多重要时刻，比如小班时六一儿童节的汇报表演，中班亲子开放日的活动，大班的毕业演出，我都因为在东财上课，在江浙一带调研或者在台大访学而不能在台下为她加油、为她鼓劲、为她喝彩。这积累的许多遗憾甚至让我对于“工作—家庭平衡的社会政策”的研究产生了许多兴趣，我想，等我完成博士学业，我一定要写一篇有关于这方面的小论文以示纪念。幸亏，她才读小学三年级，按照同窗马文成博士“壮游、无间、心谈”的六字育儿经，我尚且有许多时间可以陪伴她的成长。沈一诺小朋友，虽然你太过调皮且费心费力，但你也是我此生永远无法结项也不愿结项的重大项目。爸爸爱你！希望你长大之后像我们小区门口那两排美丽异木棉一样——美丽、有益于社会却又不失个性与韧劲。

要感谢匿名的评审专家，是他（她）们的宝贵意见让这篇很不成熟的文章可以得以进一步修改完善。还要感谢许多人，如刘巍教授、逯宇铎教授、张军涛教授、张向达教授、王雅莉教授、刘晓梅教授、徐雪梅教授、赵秋成教授、朱宇研究员、唐亚林教授、徐延辉教授、陈世奎教授、许斗斗教授、谢宏忠教授、杨小冬教授、叶志坚教授、周玉教授、张君良教授、林星教授、程丽香教授、肖剑楠教授、余文鑫博士、徐纪阳博士、于春洋博士、孙秀艳博士、胡金华博士、邓小琴博士、李英伟博士、钱鼎炜博士、张义祯博士、陈颐博士、郭荣茂博士、陈心颖师姐、林娜师姐、吴燕霞师姐、郑恒锋副教授、祖群英副教授、陈豫副教授、林文秀先生、方毓峰先生、林翔先生……特别要感谢我的同门李佳博士与廖藏宜博士，他们是“赵家屯”的最杰出者，是师门的骄傲，福州到大连航程1687公里，可谓遥途，由于我在职读博多有不便，许多事情均劳累他们忙前忙后。还要感谢我的老同学吴俪俪与邱志玮在我人生关键时刻伸出的无私援手，让我顺利渡过难关。因为他（她）们在我成长的过程中对我这老男孩付出了真挚的爱与帮助，应该对这些大度、无私和热心之举表达应有的敬意与感激。恕我不逐一提及他（她）们的大名，而只将他（她）们给予的温暖深深刻在心里了。

此刻，笔者乘坐的福州飞往大连的航班即将顺利抵达。万米高空，阳光灿烂。

沈君彬

2016年9月1日

图书在版编目（CIP）数据

台湾长期照顾服务体系的转型发展 / 沈君彬著. --
北京：社会科学文献出版社，2018.12（2019.6 重印）
（海西求是文库）
ISBN 978-7-5201-4249-6

Ⅰ. ①台… Ⅱ. ①沈… Ⅲ. ①社会服务-研究-台湾
Ⅳ. ①D669.3

中国版本图书馆 CIP 数据核字（2019）第 024081 号

海西求是文库
台湾长期照顾服务体系的转型发展

著　　者 / 沈君彬

出 版 人 / 谢寿光
项目统筹 / 王　绯
责任编辑 / 孙燕生

出　　版 / 社会科学文献出版社 · 社会政法分社（010）59367156
地址：北京市北三环中路甲 29 号院华龙大厦　邮编：100029
网址：www.ssap.com.cn
发　　行 / 市场营销中心（010）59367081　59367083
印　　装 / 三河市龙林印务有限公司

规　　格 / 开　本：787mm × 1092mm　1/16
印　张：17.75　字　数：288 千字
版　　次 / 2018 年 12 月第 1 版　2019 年 6 月第 2 次印刷
书　　号 / ISBN 978-7-5201-4249-6
定　　价 / 78.00 元

本书如有印装质量问题，请与读者服务中心（010-59367028）联系